Schöningh

EinFach Deutsch

Unterrichtsmodell

Peter Stamm

Agnes

Von
Christine Mersiowsky

Herausgegeben von
Johannes Diekhans

Baustein 3: Postmodernes Erzählen (S. 63–96 im Modell)			
3.1	Die Handlungsstruktur	ges. Roman	Textarbeit Tafelskizzen
3.2	Die Erzähltechnik	ges. Roman	Textarbeit Tafelskizzen Arbeitsblatt 8
3.3	Leitmotive, Symbole und Chiffren	ges. Roman	Textarbeit Tafelskizze Arbeitsblatt 9
3.4	Sprache und Schreibstil	ges. Roman	Textarbeit Tafelskizzen Arbeitsblatt 10
3.5	Intertextuelle Bezüge im Roman	ges. Roman	Gruppenpuzzle Textarbeit Tafelskizze Arbeitsblätter 11–14

Baustein 4: Rezeption und Wirkung (S. 97–109 im Modell)			
4.1	Zeitgenössische Kritik	ges. Roman	Textarbeit Tafelskizzen Arbeitsblatt 15
4.2	*Exkurs:* Autobiografische Bezüge im Roman	ges. Roman	Textarbeit Tafelskizze Arbeitsblatt 16
4.3	Eigene Rezeption	ges. Roman	Kreatives Schreiben Arbeitsblätter 17–18

Baustein 1: Einstieg in den Roman (S. 16–25 im Modell)			
1.1	Antizipation: Buchdeckel und Klappentext	S. 1	Textarbeit
1.2	Die Funktion des Romananfanges	S. 9–12	Textarbeit Tafelskizze
1.3	Lektürephase: Erstellen eines Inhaltsverzeichnisses	ges. Roman	Schreibauftrag Tafelskizze
1.4	Reflexion der Lektürephase	ges. Roman	div. Schreibaufträge Arbeitsblätter 1–2

Baustein 2: Liebe als zentrales Thema des Romans (S. 26–62 im Modell)			
2.1	Symmetrien und Asymmetrien: Die Figurenkonstellation	ges. Roman	Textarbeit Arbeitsblätter 3–4
2.2	Bilder, Bildnisse und Porträts: Was ist Liebe?	ges. Roman	Textarbeit Tafelskizzen Arbeitsblatt 5
2.3	Nähe, Distanz und Freiheit: Glücks- und Lebenskonzepte	ges. Roman	Textarbeit Tafelskizzen
2.4	Spuren und Zeichen: Lebenskrisen und Identitätsprobleme	ges. Roman	Textarbeit Tafelskizze Arbeitsblatt 6
2.5	Reden und Schweigen: Kommunikation zwischen Mann und Frau	ges. Roman	Textarbeit Tafelskizze
2.6	Kälte, Schnee und Tod: Das Scheitern einer Liebe	ges. Roman	Textarbeit Tafelskizzen Arbeitsblatt 7

Bildnachweis:

S. 9, 125, 129: © picture-alliance/akg-images – **S. 57:** © picture-alliance/Mary Evans Picture Library – **S. 58, 110, 116, 122:** © picture-alliance/KPA – **S. 59:** Rainer Funk, Erich Fromm-Archiv, Tübingen – **S. 106:** © Gaby Gerster – **S. 108:** © Duwentaester/teamwork – **S. 127, 128 re.:** Archiv für Kunst und Geschichte – **S. 128 li., 129 li.:** © akg-images/Erich Lessing

www.schoeningh-schulbuch.de
Schöningh Verlag, Jühenplatz 1–3, 33098 Paderborn

Druck 5 4 3 2 1 / Jahr 2016 15 14 13 12
Die letzte Zahl bezeichnet das Jahr dieses Druckes.

Umschlaggestaltung: Jennifer Kirchhof
Druck und Bindung: westermann druck GmbH, Braunschweig

ISBN 978-3-14-022529-8

Vorwort

Der vorliegende Band ist Teil einer Reihe, die Lehrerinnen und Lehrern erprobte und an den Bedürfnissen der Schulpraxis orientierte Unterrichtsmodelle zu ausgewählten Ganzschriften und weiteren relevanten Themen des Faches Deutsch bietet.
Im Mittelpunkt der Modelle stehen Bausteine, die jeweils thematische Schwerpunkte mit entsprechenden Untergliederungen beinhalten.
In übersichtlich gestalteter Form erhält der Benutzer/die Benutzerin zunächst einen Überblick zu den im Modell ausführlich behandelten Bausteinen.

Es folgen:

- Hinweise zu den Handlungsträgern
- Zusammenfassung des Inhalts und der Handlungsstruktur
- Vorüberlegungen zum Einsatz des Romans im Unterricht
- Hinweise zur Konzeption des Modells
- Ausführliche Darstellung der einzelnen Bausteine
- Zusatzmaterialien

Ein besonderes Merkmal der Unterrichtsmodelle ist die Praxisorientierung. Enthalten sind kopierfähige Arbeitsblätter, Vorschläge für Klassen- und Kursarbeiten, Tafelbilder, konkrete Arbeitsaufträge, Projektvorschläge. Handlungsorientierte Methoden sind in gleicher Weise berücksichtigt wie eher traditionelle Verfahren der Texterschließung und -bearbeitung.
Das Bausteinprinzip ermöglicht es dabei den Benutzern, Unterrichtsreihen in unterschiedlicher Weise und mit unterschiedlichen thematischen Akzentuierungen zu konzipieren. Auf diese Weise erleichtern die Modelle die Unterrichtsvorbereitung und tragen zu einer Entlastung der Benutzer bei.

Das vorliegende Modell bezieht sich auf folgende Textausgabe: Peter Stamm: Agnes. Frankfurt/M.: Fischer Taschenbuch Verlag, 3. Auflage 2010. ISBN: 978-3-596-17912-1

Arbeitsfrage
Einzelarbeit
Partnerarbeit
Gruppenarbeit
Unterrichtsgespräch
Schreibauftrag
szenisches Spiel, Rollenspiel
Mal- und Zeichenauftrag
Bastelauftrag
Projekt, offene Aufgabe

Inhaltsverzeichnis

Agnes

Georges-Pierre Seurat: Un Dimanche d'été à l'Île de la Grande Jatte (1884–1886)

„Es muss etwas passieren, damit die Geschichte interessanter wird", sagte ich endlich zu Agnes.
„Bist du nicht glücklich, so wie wir es haben?"
„Doch", sagte ich, „aber Glück macht keine guten Geschichten. Glück lässt sich nicht beschreiben. Es ist wie Nebel, wie Rauch, durchsichtig und flüchtig. Hast du jemals einen Maler gesehen, der Rauch malen konnte?"
Wir gingen ins Art Institute of Chicago und suchten, ob wir ein Nebel- oder Rauchbild fänden oder ein Bild von glücklichen Menschen. Vor Seurats *Un Dimanche d'été à l'Île de la Grande Jatte* blieben wir lange stehen. Seurat hatte keine glücklichen Menschen gemalt, aber das Bild strahlte eine Ruhe aus, die dem, was wir suchten, am nächsten kam.

Hauptfiguren des Romans „Agnes“

Agnes:

Die 25-jährige Amerikanerin ist diplomierte Physikerin, hat eine Teilzeit-Assistentenstelle am Mathematischen Institut der Chicago University und arbeitet hier an ihrer Dissertation über die Symmetrien der Symmetriegruppen von Kristallgittern. Neben ihrer Arbeit spielt sie in einem Streichquartett Cello und interessiert sich zudem für Malerei und Gedichte. Darüber hinaus hat sie kaum Hobbys.
Auch Agnes' Bekanntenkreis ist nicht sonderlich groß, denn abgesehen von Herbert, auf den der Ich-Erzähler offenbar eifersüchtig ist, lebt sie eher zurückgezogen, bis sie eines Tages den Ich-Erzähler kennenlernt und sich in ihn verliebt.

Ich-Erzähler:

Der aus der Schweiz stammende und seit ungefähr einem Jahr in Chicago lebende Ich-Erzähler, dessen Namen der Leser nicht erfährt, ist etwa 40 Jahre alt und von Beruf Schriftsteller. Sein ursprüngliches Vorhaben, einen Roman zu schreiben, ist kläglich gescheitert, weshalb er sich seither auf das Verfassen von Sachbüchern beschränkt.
Die Recherchen für sein aktuelles Werk über amerikanische Luxuseisenbahnen führen ihn oft in die Stadtbibliothek, wo er Agnes auch das erste Mal begegnet. Er interessiert sich auf Anhieb für diese junge Frau und kommt auch gleich mit ihr ins Gespräch.

Louise:

Die selbstbewusste, etwa 30 Jahre alte Tochter eines französischen Kornhändlers und einer Amerikanerin ist in wohlhabenden, großbürgerlichen Kreisen aufgewachsen. Und obwohl sie bereits ihr halbes Leben in den Vereinigten Staaten verbracht hat, scheint sie sich noch nicht vollständig an die Mentalität der Amerikaner, welche sie für dekadente Wilde hält, gewöhnt zu haben. Wie Agnes hat auch sie in Chicago studiert und arbeitet in der Public-Relations-Abteilung eines großen Unternehmens, welches Güterwagen vermietet.
Auf der Halloween-Party der amerikanischen Bahngesellschaft Amtrak lernt sie den Ich-Erzähler kennen, flirtet unverhohlen mit ihm und gibt ihm schließlich ihre private Telefonnummer.

Herbert:

Während der Diplomfeier drei Jahre zuvor lernt Agnes ihren bis dato einzigen Freund kennen, welcher bei dieser Veranstaltung für einen Catering-Service arbeitet. Mehr aus Trotz ihren Eltern gegenüber, zu denen sie ein gespaltenes Verhältnis hat, tanzt und flirtet sie an diesem Abend mit ihm. Abgesehen von einem Kuss kommt es jedoch zu keinen weiteren Intimitäten oder gar einer Liebesbeziehung, da Herbert ihrer Einschätzung nach aufgrund ihrer Intelligenz eingeschüchtert ist.
Da der ausgebildete Schauspieler in Chicago kein festes Engagement finden konnte und er es offenbar leid war, sich mit Gelegenheitsjobs über Wasser zu halten, ist er mittlerweile fortgezogen und lebt jetzt in New York. Hier hat er eine Stelle in einem Shopping-Center gefunden, wo er die Durchsagen macht. Seine Hoffnung, irgendwann vielleicht entdeckt zu werden, hat er Agnes zufolge jedoch noch nicht verloren.

Inhalt des Romans

Der Roman „Agnes" handelt vom Scheitern der Liebesbeziehung zwischen dem etwa 40-jährigen **Ich-Erzähler**, dessen Name der Leser nicht erfährt, und der 25-jährigen **Agnes:** Der gebürtige Schweizer ist Sachbuchautor und schreibt derzeit an einem neuen Fachbuch über amerikanische Luxuseisenbahnen, weshalb er sich bereits seit knapp einem Jahr in Chicago aufhält. Bei seinen Recherchen in der öffentlichen Stadtbibliothek von Chicago begegnet er eines Tages im April einer jungen Frau, für die er sich auf Anhieb interessiert und mit der er auch gleich ins Gespräch kommt. Sie heißt Agnes, ist in Chicago aufgewachsen, hat Physik studiert und schreibt derzeit an ihrer Dissertation „Über die Symmetrien der Symmetriegruppen von Kristallgittern".

In den nächsten Tagen sehen sie sich dort häufiger und gehen später zusammen aus. Allmählich kommen sich die beiden näher, bis Agnes ihn schließlich in seine Wohnung begleitet. Hier schlafen sie miteinander und sind von nun an ein Liebespaar.

Als sie erfährt, dass der Ich-Erzähler in der Vergangenheit einen Roman begonnen, diesen jedoch nie vollendet und auch ein bereits veröffentlichter Band mit Kurzgeschichten nicht die gewünschten Verkaufszahlen erbracht hat, bittet sie ihn, eine Geschichte über sie selbst zu schreiben – ein „Porträt", welches sie so zeigt, wie sie wirklich ist. Er ist bereit, diese Aufgabe zu übernehmen und beginnt, ihre gemeinsame Liebesgeschichte niederzuschreiben, welche er anfänglich ganz realistisch und schnörkellos erzählt.

In den folgenden Wochen kniet sich der Ich-Erzähler in diese neue Aufgabe hinein, sodass er darüber sogar seine eigentliche Arbeit über die Luxuseisenbahnwagen vernachlässigt. Die fertigen Kapitel liest er ihr vor, wobei sie immer wieder verwundert sind, dass Agnes und der Ich-Erzähler viele Dinge anders erlebt oder unterschiedlich in Erinnerung haben, was beide jedoch nicht als störend empfinden.

Im September zieht Agnes in die Wohnung des Ich-Erzählers ein, ohne ihre eigene Wohnung endgültig aufzugeben. Sie verbringen eine glückliche Zeit miteinander, der Alltag gestaltet sich zwar gleichförmig, aber harmonisch. Erste Probleme zwischen den Liebenden entstehen, als der Ich-Erzähler mit seiner Geschichte über Agnes die Gegenwart einholt und Begebenheiten einfließen lässt, welche die Zukunft betreffen. Agnes wird mehr und mehr zu einem Geschöpf seiner Gedankenwelt, das Schreiben gerät zunehmend außer Kontrolle.

Der Bruch dieser Beziehung ist unvermittelt da, als Agnes ihrem Geliebten mitteilt, ein Kind von ihm zu erwarten: Der Ich-Erzähler reagiert ablehnend auf diese Nachricht, denn sein persönlicher Lebensentwurf sieht keine Vaterschaft vor, weshalb Wirklichkeit und Fiktion nun weit auseinanderklaffen. Agnes fühlt sich von ihm im Stich gelassen und verlässt ihn.

Der Ich-Erzähler denkt ununterbrochen an die schwangere Agnes und das ungeborene Kind, weshalb er nicht in der Verfassung ist, konzentriert an seinem Sachbuch über die Luxuseisenbahnen weiterzuarbeiten. Fest entschlossen, sein Leben zu ändern, fährt er mit seiner Geschichte über Agnes fort und erzählt von der Geburt ihrer gemeinsamen Tochter, Margaret. Um sich auf einen Neuanfang mit Agnes und dem Ungeborenen vorzubereiten, kauft er auf dem Weg zu ihrer Wohnung zudem einen Ratgeber für werdende Eltern.

Bei Agnes zu Besuch muss er jedoch von ihr erfahren, dass sie das Kind verloren hat, worüber er zwar innerlich erleichtert ist, sich aber gleichzeitig auch für dieses Gefühl schämt. Obwohl Agnes dies instinktiv weiß, zieht sie erneut zu ihm.

In den folgenden Wochen muss der Ich-Erzähler erkennen, dass die Fehlgeburt Agnes nach wie vor sehr belastet, denn wenngleich sie aktiv ist wie selten zuvor (sie spielt wieder Cello, treibt viel Sport und widmet sich erneut ihrer wissenschaftlichen Arbeit), gibt sie sich ihm gegenüber distanzierter und unnahbarer als zuvor.

Versessen darauf, das Ende ihrer „Familiensaga" zu erfahren, drängt sie ihn zudem dazu, diese fortzuführen, weshalb er den fiktiven Verlauf ihres gemeinsamen Lebens und den ihres

Kindes weiter ausschmückt: Agnes und der Ich-Erzähler heiraten und bekommen bald darauf ihr zweites Kind. Alle sind glücklich. – An dieser Stelle jedoch stockt der Ich-Erzähler, da er zunächst nicht weiß, wie die Geschichte zu Ende gehen soll.
Als Agnes schließlich aufgrund einer fiebrigen Erkältung ermattet das Bett hütet, hat der Ich-Erzähler eine innere Eingebung und verfasst den Schluss von Agnes' Geschichte wie im Rausch. Beim anschließenden Lesen des Textes beschließt er dann, ein neues, besseres Ende für Agnes zu finden. Den ursprünglichen Ausgang löscht er nicht, sondern speichert diesen unter „Schluss2" ab. Mit dem neuen Ende ist der Ich-Erzähler wiederum selbst unzufrieden. Er spürt, dass dieses nicht wahrhaftig ist, weshalb er den „einzig wahren Schluss" heimlich fertig schreibt.
An Silvester ist Agnes nach wie vor krank, weshalb er allein zur Feier von **Louises** Eltern, die er Ende Oktober bei der Halloween-Party der amerikanischen Bahngesellschaft Amtrak kennengelernt hat, fährt. Und obwohl Louise ein Auge auf ihren Lebensgefährten geworfen hat, scheint Agnes es vordergründig nichts auszumachen, dass er allein dorthin geht. In angetrunkenem Zustand verbringt er schließlich die Nacht mit Louise, welche ihrerseits am Neujahrsmorgen verbittert ist, als sie erkennt, dass der Ich-Erzähler zu Agnes zurückkehren will.
Zurück in seiner Wohnung muss der Ich-Erzähler feststellen, dass Agnes fort ist, aber bis auf ihren Mantel keine Gegenstände von ihr fehlen. Beim Aktivieren des Bildschirms seines Coputers erscheint der „Schluss2", welchen er vor Agnes verbergen wollte.

Vorüberlegungen zum Einsatz des Romans im Unterricht

Aus heutiger Sicht zählt Peter Stamm zu den bekanntesten Debütanten der 90er-Jahre: Als der seinerzeit 35-jährige Schweizer Autor 1998 seinen ersten Roman „Agnes" veröffentlichte, fand dieser im deutschsprachigen Raum auf Anhieb eine große Resonanz; denn Stamms Roman greift wichtige Themen deutscher Gegenwartsliteratur auf und regt somit zur kritischen Reflexion über zum einen grundlegende Wert- und Orientierungsfragen (Identität, Geschlechterrollen usw.), zum anderen aber auch über aktuelle Probleme (Heimatlosigkeit und Fremdheit, soziale Isolation, unerfüllte Sehnsucht nach Liebe, Bindungsunfähigkeit, Wirkung und Macht der Medien usw.) in einer postmodernen Gesellschaft an.

Das Werk eignet sich somit auf der inhaltlichen Ebene für die Erarbeitung unterschiedlichster Unterrichtsaspekte, wobei diverse Ansatzpunkte für einen fächerübergreifenden Unterricht auszumachen sind. Darüber hinaus hat der Autor mit seiner modernen Erzähltechnik insgesamt einen wertvollen literarischen Beitrag geleistet, sodass der Roman „Agnes" zudem vielfaltige Anlässe für sprachanalytisch bzw. ästhetisch ausgerichtete Betrachtungen (Sprache, Erzähltechnik, Intertextualität usw.) bietet.
Vor diesem Hintergrund stellt der Roman, welcher ausnahmsweise einmal wirklich das Prädikat „aktuelle Gegenwartsliteratur" verdient, eine Bereicherung für den Deutschunterricht in der gymnasialen Oberstufe dar, weshalb er zunehmend Eingang in den Literatur-Kanon an Schulen findet.

Der Leseprozess sollte so organisiert werden, dass zunächst Buchdeckel und Klappentext eingehend studiert und der Romananfang gemeinsam gelesen wird, um die Schülerinnen und Schüler auf die Thematik sowie das grundlegende Bauprinzip des Romans einzustimmen und sie zur weiteren Lektüre zu motivieren (vgl. Baustein 1).
Anschließend sollte der Roman jedoch vollständig gelesen werden, da die Werkkenntnis die Grundlage für das weitere Vorgehen bildet. Um den Leseprozess zu begleiten, sollten die Kursteilnehmer angehalten werden, ein kommentiertes Inhaltsverzeichnis über die insgesamt 36 teilweise sehr kurzen Abschnitte zu führen.

Zur eigenen Vorbereitung dient der wissenschaftliche Aufsatz von Barbara Rowinska-Januszewska „Liebe, Tod und virtuelle Realität. Zum Roman *Agnes* von Peter Stamm"[1] aus dem Jahre 2009 aus dem von Dariusz Komorowski herausgegebenen Sammelband „Jenseits von Frisch und Dürrenmatt" (Verlag Könighausen & Neumann, ISBN 978-3-826-03913-3). Die Verfasserin handelt hier auf wenigen Seiten die wesentlichen Aspekte ab und hält dabei erste wertvolle Interpretationsansätze bereit.
Die von Margret Möckel verfassten Erläuterungen zu Peter Stamms „Agnes", welche 2001 in Hollfeld (Bange Verlag, ISBN 978-3-8044-1690-1) erschienen sind, enthalten neben Auszügen aus verschiedenen Rezensionen auch Informationen zur Biografie des Autors, welche wiederum das Bild abrunden.

In den Zusatzmaterialien (vgl. **Zusatzmaterial 1**, S. 110 ff.) befinden sich verschiedene Vorschläge für eine abschließende **Lernerfolgskontrolle**. Generell können jedoch auch viele

1 Rowinska-Januszewska (2009), S. 95–108

der in diesem Unterrichtsmodell gestellten Arbeitsaufträge zu geeigneten **Klausurthemen** ausgeweitet werden.

Das Modell bezieht sich auf folgende Textausgabe: Peter Stamm: Agnes. Frankfurt/M.: Fischer Taschenbuch Verlag, 3. Auflage 2010

Konzeption des Unterrichtsmodells

Das vorliegende Unterrichtsmodell ist in vier Bausteine unterteilt. Dabei finden sowohl textanalytische als auch produktionsorientierte Methoden Anwendung, um möglichst allen Schülerinnen und Schülern einen Zugang zu diesem Roman zu verschaffen. Zudem wurde darauf geachtet, dass die im Fach Deutsch gängigen Aufsatzarten (Erörterung, Textanalyse usw.) weiter geübt werden.

Baustein 1 ist ausschließlich dem Einstieg in den Roman gewidmet und bietet demzufolge alternative Vorschläge, um einerseits die Leseerfahrungen der Schülerinnen und Schüler abzurufen und sie andererseits für das weitere Vorgehen zu motivieren.

Baustein 2 widmet sich der Handlung und den handelnden Figuren. Im Fokus steht folglich die Liebe als zentrales Thema dieses Romans einschließlich der Beziehungsprobleme zwischen Agnes und dem Ich-Erzähler, welche sich auf mehreren Ebenen ergeben und sich letztlich in der Kommunikationsunfähigkeit, insbesondere des Mannes, manifestieren. Hierauf bauen die anschließenden Bausteine auf.

Baustein 3 beschäftigt sich mit der Erzähltechnik des Werkes. Gegenstand sind hier zum einen die gängigen Begriffe der Erzähltheorie (Zeitstruktur, Erzählverhalten, Darbietungsformen usw.), die eingeführt werden und auf den Primärtext anzuwenden sind. Zum anderen bilden Stamms sprachliche und stilistische Besonderheiten sowie seine Symbolik einen wesentlichen Bestandteil dieses Bausteins. Den Abschluss dieses Abschnittes bildet ein kurzer Einblick in die Theorie postmodernen Erzählens im Rahmen der übergeordneten Fragestellung, inwiefern Stamms Roman als typisch postmoderne Literatur zu bezeichnen ist.

Baustein 4 hat die Rezeption bzw. Wirkung des Romans zum Gegenstand. Dabei soll nicht nur die zeitgenössische Kritik genauer analysiert werden, vielmehr sollen die Lernenden den Roman selbst rezensieren. Auf diese Weise erfolgt gleichzeitig eine kurze Einführung in den Bereich der Literaturkritik.

Die thematischen Bausteine des Unterrichtsmodells

Baustein 1

Einstieg in den Roman

1.1 Antizipation: Buchdeckel und Klappentext

Als Einstieg in diese Unterrichtsreihe bietet es sich an, den Buchdeckel (einschließlich Titel) sowie den Klappentext des Romans näher zu betrachten, bevor die Schülerinnen und Schüler das Werk zu Hause lesen. Anhand der gegebenen Informationen sollen Vermutungen insbesondere über die Handlung und die Figurenkonstellation angestellt werden. Zugleich soll auf diese Weise die Lesemotivation gefördert werden.

Auffällig ist auf den ersten Blick die große, graue und völlig leere Wand, vor der die nahezu nackte Frau am rechten unteren Bildrand verschwindend klein erscheint. Dieser Eindruck wird zusätzlich dadurch verstärkt, dass sie ihre Arme vor ihrem Körper verschränkt und ihre Schultern möglicherweise zudem leicht hochgezogen hat, was durch die bewusst erzielte Unschärfe des Bildes nicht eindeutig zu erkennen ist. In jedem Falle strahlt die Frau, welche durch den Titel „Agnes" mit der Heldin dieses Romans in Verbindung gebracht werden soll, zum einen eine noch nicht näher zu konkretisierende Schutzbedürftigkeit und zum anderen Einsamkeit aus.
Dass ihr Gesicht aufgrund der Unschärfe nicht einmal ansatzweise zu erkennen ist, verleiht dieser Botschaft eine gewisse Allgemeingültigkeit und verweist folglich auf aktuelle Probleme und Tendenzen innerhalb unserer modernen Gesellschaft. Gleichzeitig wird auf diese Weise der Schluss des Romans indirekt vorausgedeutet, denn Agnes verschwindet spurlos und löst sich demzufolge sinnbildlich in Luft auf (zur Identitätsproblematik vgl. Baustein 2.4, S. 41 ff.).

Durch eine kurze Diskussion über die Wirkung dieses Buchdeckels auf den Betrachter in Verbindung mit dem Titel sowie dem Klappentext kann unter Umständen bereits hier ein wesentlicher Charakterzug der Protagonistin Agnes, nämlich ihre Sensibilität, geschlussfolgert und/oder eine Prognose hinsichtlich ihres weiteren Schicksals abgegeben werden.
Die folgenden Impulse für das Unterrichtsgespräch lenken die Schülerinnen und Schüler in die gewünschte Richtung:

- *Was ist auf dem Buchdeckel zu sehen?*
  Wie wirkt dieses Bild auf Sie?
  Welche Wesenszüge erwarten Sie bei der Figur Agnes?
  Wovon könnte der Roman handeln? Welche Erwartungen haben Sie?
  Worauf deutet die Unschärfe des Bildes möglicherweise hin?

Die geäußerten Vermutungen über die Handlung des Romans sowie über die Figur Agnes werden auf einem Wandplakat zusammengefasst und im Klassenraum aufgehängt, um nach der Lektürephase darauf zurückgreifen zu können. In diesem Zusammenhang könnte etwa in einer Feedback-Runde abgeglichen werden, inwiefern die Erwartungen des Einzelnen erfüllt wurden.
Das Wandplakat könnte in etwa wie folgt aussehen:

Peter Stamms Roman „Agnes": Buchdeckel und Klappentext

- Agnes wirkt seltsam schutzbedürftig und verlassen.
  - große, graue und völlig leere Wand
  - spärlich bekleidet
  - vor dem Körper verschränkte Arme
- Agnes' Gesicht ist wegen der Unschärfe nicht zu erkennen. Dies lässt auf
  - ihre Unscheinbarkeit und/oder
  - die Allgemeingültigkeit der Problematik

  schließen.

↓

unsere Erwartung:
unglückliche Liebesbeziehung zwischen Agnes und möglicherweise einem Schriftsteller

1.2 Die Funktion des Romananfanges

Es ist anzunehmen, dass die Schülerinnen und Schüler schnell Zugang zu Peter Stamms Roman „Agnes" finden werden, da zum einen die Sprache einfach und ökonomisch ist (vgl. Baustein 3.4, S. 75ff.) und zum anderen das Thema „Liebe" an ihre Lebenswelten bzw. -erfahrungen anknüpft. Etwas unvermittelt und überraschend hingegen könnte ihnen möglicherweise der Romananfang erscheinen, weshalb es sinnvoll erscheint, das erste Kapitel (S. 9–12) gemeinsam zu lesen.

In einem ersten Schritt sollen die Kursteilnehmer jedoch nur mit den ersten vier Sätzen (S. 9, Z. 1–4) konfrontiert werden[1], weshalb es sich an dieser Stelle methodisch anbietet, dass die Lehrkraft diese mittels Folie visualisiert und entweder selbst vorträgt oder aber vortragen lässt:

[1] Vgl. Reckefuß (2004), S. 45.

Der Beginn des Romans

„Agnes ist tot. Eine Geschichte hat sie getötet. Nichts ist mir von ihr geblieben als diese Geschichte. Sie beginnt an jenem Tag vor neun Monaten, als wir uns in der Chicago Public Library zum ersten Mal trafen." (S. 9, Z. 1–4)

↓

Wirkung auf den Leser:
- unvermittelter Beginn: Konfrontation mit der Situation, dass die Protagonistin zum gegenwärtigen Zeitpunkt bereits tot ist („Paukenschlag")
- Erzeugung von Spannung: verlangt nach Aufklärung des Todesfalles (Krimi?)

Im Folgenden werden die Schülerinnen und Schüler gebeten, ihre spontanen Eindrücke und/oder Fragen zu diesem Zitat zu äußern, welche im Rahmen eines Unterrichtsgespräches diskutiert werden können. Die wesentlichen Ergebnisse zu den folgenden Fragestellungen werden ebenfalls auf der Folie (s. o.) notiert.

- *Was fällt Ihnen spontan ein, wenn Sie diesen Romananfang lesen?*
  Wie wirken diese ersten vier Sätze auf Sie?
  Stellen Sie Vermutungen darüber an, was geschehen sein könnte.

Um die Schülerinnen und Schüler für die expositorische Funktion des Romananfanges zu sensibilisieren, sollen sie das erste Kapitel (S. 9ff.) im Anschluss daran vollständig lesen und die folgenden Arbeitsaufträge mit ihrem Sitznachbarn bearbeiten:

- *Lesen Sie den Romananfang (S. 9–12) und notieren Sie stichwortartig, was der Leser über den Ort, die Zeit sowie die Figuren der Handlung erfährt.*
- *Erläutern Sie die Funktion, die dieser Anfang demzufolge hat.*

Die Ergebnisse dieser ersten ausführlicheren Textanalyse können zu folgendem Tafelbild[1] zusammengefasst werden:

[1] In Anlehnung an Reckefuß (2004), S. 47

„Agnes": Der Romananfang (S. 9–12)

Ort: Chicago, USA (vgl. S. 9)

Zeit: Gegenwart: Winter (vgl. S. 9)
Rückblick: „vor neun Monaten" (S. 9), d. h. etwa April

Figuren: **Agnes**
- kindlich (vgl. S. 10)
- ernst (vgl. S. 11)
- schüchtern bzw. (kamera-)scheu (vgl. S. 11)
- lehnt die gemeinsame (?) Wohnung sowie die Stadt ab (vgl. S. 12)
- ängstlich (vgl. S. 12)
- kann nicht über ihre Ängste sprechen (vgl. S. 12)
- klammert sich an den Ich-Erzähler (vgl. S. 12)

➔ unsichere bzw. verunsicherte Frau

Ich-Erzähler
- trauert um seine tote Freundin (vgl. S. 10)
- hat kein Verständnis für Agnes (vgl. S. 10)
- hat nur ein unscharfes Bild von ihr (vgl. S. 11)
- lacht seine Freundin aus (vgl. S. 12)

➔ dominanter bzw. sich überlegen fühlender Mann

↓

Funktion des Romananfangs:
Einführung in die Handlung und Figuren **(Exposition)**
➔ ungleiche Liebesbeziehung zweier gegensätzlicher Menschen

In einem abschließenden Unterrichtsgespräch sollte zudem der Grundkonflikt (s. o.), welcher sich allein schon durch den mehrfachen Gebrauch von Schlüsselwörtern wie etwa „Kälte", „tot" usw. (vgl. Resümee des Tafelbildes) zwischen den beteiligten Figuren anbahnt, identifiziert werden.
Auf diese Weise erfolgt hier der Transfer des in diesem Lernabschnitt bisher Erarbeiteten auf eine allgemeine Ebene, zudem müssen die Lernenden auf vorangegangene Ergebnisse zurückgreifen und diese mit dem Lerngegenstand vernetzen.

- *Welcher (Grund-)Konflikt bahnt sich hier bereits an?*
  Woran wird dies durch den Gebrauch der Sprache deutlich?

1.3 Lektürephase: Erstellen eines Inhaltsverzeichnisses

Im Anschluss an die Einführungsphase sollen die Schülerinnen und Schüler den Roman zu Hause lesen. Begleitend zur Lektüre soll ein Inhaltsverzeichnis für die insgesamt 36, teilweise sehr kurzen Abschnitte geführt werden, welches der Orientierung dient und das spätere (Wieder-)Finden geeigneter Textbelege erleichtern soll. Durch das Zusammenfassen der Handlung der jeweiligen Abschnitte und der damit verbundenen Abstraktion erfolgt dabei bereits eine erste intensivere Auseinandersetzung mit dem Roman.
Der folgende Arbeitsauftrag kann mündlich erteilt und gegebenenfalls durch ein Muster an der Tafel visualisiert werden:

- *Lesen Sie den Roman und legen Sie auf einem gesonderten Blatt ein Inhaltsverzeichnis an, in welchem Sie für die insgesamt 36 Abschnitte jeweils Ort und Zeit notieren, die Handlung in wenigen Sätzen zusammenfassen und die Seitenzahlen angeben.*

Inhaltsverzeichnis zum Roman „Agnes"

Kapitel	Ort/Zeit	Handlung
1 (S. 9–12)	Wohnung des Ich-Erzählers/Winterabend (Gegenwart)	Der Ich-Erzähler schaut sich ein Video von einer gemeinsamen Wanderung mit Agnes an.
...	...	...

1.4 Reflexion der Lektürephase

Bevor die einzelnen Aspekte des Romans im Detail aufgearbeitet werden (vgl. Bausteine 2ff.), sollten die Kursteilnehmer zunächst die Gelegenheit bekommen, ihre Eindrücke – insbesondere ihre Fragen und Anregungen – zu artikulieren. Zu diesem Zweck werden im Folgenden alternative Möglichkeiten aufgezeigt.

Literaturgespräch

Im Rahmen eines lockeren Unterrichtsgespräches im Sitzkreis erhalten die Schülerinnen und Schüler die Gelegenheit, neben ihren ersten Eindrücken auch sonstige Beobachtungen, Interpretationsansätze usw. auszutauschen und eventuelle Fragen zu klären. Mithilfe der folgenden Leitfragen kann diese Diskussion initiiert werden:

- *Was kommt Ihnen als Erstes in den Sinn, wenn Sie an den Roman zurückdenken?*
  Welche Textstelle hat Sie am meisten beeindruckt? Was haben Sie dabei empfunden?
  Welche Figuren waren Ihnen sympathisch bzw. unsympathisch? Warum?
  Welche Figur wären Sie am liebsten selbst, wenn Sie wählen könnten?
  Was ist an diesem Roman aus Ihrer Sicht gut gemacht, was nicht?

Zum Abschluss dieses Literaturgespräches sollte zudem mithilfe des bereits erstellten Wandplakates (vgl. Baustein 1.1, S. 16) abgeglichen werden, ob die hinsichtlich der Handlung und der Figurenkonstellation geäußerten Vermutungen der Schülerinnen und Schüler richtig waren bzw. inwiefern ihre Erwartungen erfüllt wurden.

Buchinterview

Alternativ zum Unterrichtsgespräch im Plenum kann die Beantwortung dieser und/oder ähnlicher Fragen auch in Partnerarbeit erfolgen. Durch diese Vorgehensweise soll insbesondere den ruhigeren Schülerinnen und Schülern ein geeigneter Rahmen geschaffen werden, sich in einer intimeren Atmosphäre zu ihren Leseeindrücken äußern zu können.

Zu diesem Zweck wird die Klasse in zwei Hälften geteilt: Die eine übernimmt in dem Interview zum Roman „Agnes“ die Rolle des Interviewers, die andere verkörpert die Leserschaft, welche das Werk bereits interessiert zur Kenntnis genommen hat.
Mithilfe der **Arbeitsblätter 1a und 1b** (S. 23f.) kann das Buchinterview initiiert werden:

<u>Gruppe „Interviewer(in)“</u>

- *Bereiten Sie sich auf Ihre Rolle als* ***Interviewer(in)*** *vor, indem Sie …*
  1. *sich eine geeignete Begrüßung überlegen, um sich Ihrem Gesprächspartner vorzustellen und den Anlass der Befragung kurz zu erläutern.*
  2. *die aus Ihrer Sicht fünf wichtigsten Fragen aus dem Fragenkatalog auswählen und/oder eigene formulieren.*
  3. *Ihre fünf Fragen jeweils auf einer gesonderten Karteikarte notieren. (Notieren Sie die Antworten des Lesers auf der Rückseite.)*
  4. eine für Sie sinnvolle Reihenfolge festlegen.
- *Bereiten Sie die Ergebnisse Ihrer Befragung, z. B. mithilfe einer Mindmap, für einen Kurzvortrag auf.*

<u>Gruppe „Leser(in)“</u>

- *Bereiten Sie sich auf Ihre Rolle als* ***Leser(in)*** *vor, indem Sie …*
  1. *die oben aufgeworfenen Fragen für sich beantworten.*
  2. *sich stichwortartige Notizen hierzu machen.*
- *Verfassen Sie einen kurzen Eintrag für das „Literatur-Forum“, in dem Sie eine begründete Leseempfehlung aussprechen bzw. vom Kauf dieses Romans abraten.*

Die Ergebnisse der jeweils zweiten Aufgabe werden abschließend vor der Klasse vorgetragen und ausgewertet.

Stummes Schreibgespräch

Bei dieser Variante erfolgt die Reflexion der Schülerrezeption in Kleingruppen. Jede Gruppe erhält ein Plakat, in dessen Mitte „Peter Stamm: Agnes“ stehen sollte, sowie Stifte in unterschiedlichen Farben.
Das stumme Schreibgespräch verläuft in folgenden drei Schritten: Zunächst notieren alle Teilnehmer die aus ihrer Sicht bedeutsamen Eindrücke während der Erstrezeption auf dem Plakat und formulieren gegebenenfalls ihre Fragen an den Roman. In der zweiten Phase erhalten die Schülerinnen und Schüler Gelegenheit, die Beiträge der anderen Gruppenmitglieder zu kommentieren und die aufgeworfenen Fragen zu beantworten, sodass ein gemeinsamer „Text“ entsteht.
Während die bisherigen Phasen still verlaufen sollen, sprechen die Gruppenmitglieder im letzten Schritt über ihre Ergebnisse und bereiten eine kurze Präsentation vor.
Zur Orientierung der Schülerinnen und Schüler kann die Vorgehensweise wie folgt mithilfe einer Folie visualisiert werden:

- *<u>Phase 1:</u> Schreiben Sie die aus Ihrer Sicht wichtigsten Gedanken, Einschätzungen und Fragen zu dem Roman „Agnes“ auf das Plakat. Vermeiden Sie es, dabei zu sprechen.*
- *<u>Phase 2:</u> Treten Sie in einen stummen (!) Dialog mit Ihren Gruppenmitgliedern, indem Sie deren Niederschrift auf dem Plakat kommentieren oder befragen.*

■ *Phase 3: Diskutieren Sie über Ihre Ergebnisse und bereiten Sie diese für einen Kurzvortrag auf, indem Sie die wesentlichen Beiträge des Schreibgespräches markieren.*

Zitate aus dem Roman

Die Schülerinnen und Schüler erhalten das **Arbeitsblatt 2** (S. 25), welches mehrere bezeichnende Textstellen aus dem Roman enthält, von denen sie diejenige auswählen sollen,

- die ihnen am besten gefällt,
- zu der sich ihnen noch (Verständnis-)Fragen stellen,
- die in sprachlicher und/oder erzähltechnischer Hinsicht besonders auffällig ist.

Im Sitzkreis stellen die Kursteilnehmer die Textstelle vor und begründen kurz ihre Auswahl, wodurch sich verschiedene Gesprächsanlässe über den Inhalt, die Sprache sowie die Erzähltechnik der Erzählung ergeben. Sofern bereits zu diesem frühen Zeitpunkt bestimmte Aspekte angesprochen werden sollen, kann die Lehrkraft die Zitatensammlung entsprechend ergänzen bzw. modifizieren oder selbst eine eigene Textstelle aus der Erzählung auswählen, um diese in die Gesprächsrunde einzubringen.
In jedem Fall können die angeführten Begründungen der Schülerinnen und Schüler stichwortartig auf einem Wandplakat gesammelt werden, um im Verlauf der weiteren Unterrichtsreihe zu gegebener Zeit darauf zurückgreifen zu können.
Die Feedback-Runde findet daher unter folgender Leitfrage statt:

■ *Warum haben Sie sich ausgerechnet für diese Textstelle entschieden?*

Ein Buchinterview führen
Gruppe: Interviewer(in)

In der heutigen Stunde wollen wir eine Leserbefragung zu Peter Stamms Roman „Agnes" durchführen, bei der möglichst viele von Ihnen die Gelegenheit erhalten sollen, sich zu den ersten Eindrücken nach der Lektüre zu äußern.

Rollenkarte
Interviewer(in)

Sie sind der Interviewer/die Interviewerin und möchten mit einigen gezielten Fragen die Leseeindrücke Ihres Gesprächspartners zu Peter Stamms Debütroman „Agnes" ermitteln. Da auch der Verlag sehr an den Ergebnissen Ihrer Leserbefragung interessiert ist, planen Sie außerdem, diese anschließend in Form eines Kurzvortrags zu präsentieren.

Im Rahmen Ihrer Vorbereitungen haben Sie sich schon einmal Gedanken gemacht, welche Fragen Sie dem geneigten Leser stellen könnten:

- Was kommt Ihnen als Erstes in den Sinn, wenn Sie an den Roman zurückdenken?
- Fiel Ihnen das Lesen schwer oder war es ein Genuss? Warum?
- Welche Textstelle hat Sie am meisten beeindruckt?
- Was haben Sie dabei empfunden?
- Welche Figuren waren Ihnen sympathisch bzw. unsympathisch? Warum?
- Welche Figur wären Sie am liebsten selbst, wenn Sie wählen könnten?
- Können Sie das Verhalten der Protagonisten nachvollziehen und/oder gutheißen?
- Was ist an diesem Roman aus Ihrer Sicht gut gemacht, was nicht?
- Was würden Sie den Autor fragen oder ihm sagen, wenn Sie ihm begegneten?
- Hat Sie dieser Roman im Hinblick auf Ihr Wissen, Ihre Lebenseinstellung und/oder Ihr Selbstbild persönlich bereichert?

■ *Bereiten Sie sich auf Ihre Rolle als Interviewer(in) vor, indem Sie …*
1. *sich eine geeignete Begrüßung überlegen, um sich Ihrem Gesprächspartner vorzustellen und den Anlass der Befragung kurz zu erläutern,*
2. *die aus Ihrer Sicht fünf wichtigsten Fragen aus dem Fragenkatalog auswählen und/oder eigene formulieren,*
3. *Ihre fünf Fragen jeweils auf einer gesonderten Karteikarte notieren, (notieren Sie die Antworten des Lesers auf der Rückseite)*
4. *eine für Sie sinnvolle Reihenfolge festlegen.*

■ *Bereiten Sie die Ergebnisse Ihrer Befragung, z. B. mithilfe einer Mindmap, für einen Kurzvortrag auf.*

Ein Buchinterview führen
Gruppe: Leser(in)

In der heutigen Stunde wollen wir eine Leserbefragung zu Peter Stamms Roman „Agnes" durchführen, bei der möglichst viele von Ihnen die Gelegenheit erhalten sollen, sich zu den ersten Eindrücken nach der Lektüre zu äußern.

Rollenkarte
Leser(in)

Sie sind der/die interessierte Leser/in und werden in Kürze zu dem von Ihnen gelesenen Roman „Agnes" interviewt. Das ist für Sie kein Problem, denn Literatur ist Ihre Leidenschaft, weshalb Sie über das Gelesene ohnehin stets intensiv nachdenken und sich zudem gerne mit Gleichgesinnten im Literatur-Forum darüber austauschen.

Folgende Fragen beschäftigen Sie nach der Lektüre immer am meisten:

- Was kommt mir als Erstes in den Sinn, wenn ich an den Roman zurückdenke?
- Fiel mir das Lesen schwer oder war es ein Genuss? Warum?
- Welche Textstelle hat mich am meisten beeindruckt?
- Was habe ich dabei empfunden?
- Welche Figuren waren mir sympathisch bzw. unsympathisch? Warum?
- Welche Figur wäre ich am liebsten selbst, wenn ich wählen könnte?
- Kann ich das Verhalten der Protagonisten nachvollziehen und/oder gutheißen?
- Was ist an diesem Roman aus meiner Sicht gut gemacht, was nicht?
- Was würde ich den Autor fragen oder ihm sagen, wenn ich ihm begegnete?
- Hat mich dieser Roman im Hinblick auf mein Wissen, meine Lebenseinstellung und/oder mein Selbstbild persönlich bereichert?

■ *Bereiten Sie sich auf Ihre Rolle als **Leser(in)** vor, indem Sie …*
1. die oben aufgeworfenen Fragen für sich beantworten,
2. sich stichwortartige Notizen hierzu machen.

■ *Verfassen Sie einen kurzen Eintrag für das „Literatur-Forum", in dem Sie eine begründete Leseempfehlung aussprechen bzw. vom Kauf dieses Romans abraten.*

Tipp
Ihr Beitrag könnte z. B. folgendermaßen beginnen: „Die Lektüre des Romans ‚Agnes' hat sich (sehr/nur bedingt/nicht) gelohnt, weil …"

Zitate aus Stamms Roman „Agnes"

1. „Agnes ist tot. Eine Geschichte hat sie getötet." (S. 9)

2. „Ich kannte kaum jemanden in der Stadt. Niemanden, um genau zu sein. Ein paarmal hatte ich mich verliebt in ein Gesicht, aber ich hatte gelernt, solchen Gefühlen auszuweichen, bevor sie zu einer Bedrohung wurden." (S. 14 f.)

3. „Wenn wir diskutierten, lag in allem, was Agnes sagte, ein seltsamer Ernst, ihre Ansichten waren streng." (S. 21)

4. „Solange man leidet, lebt man doch wenigstens. Ich fürchte mich nicht vor dem Sterben. Ich habe Angst vor dem Tod – einfach, weil dann alles zu Ende ist." (S. 24)

5. „Ich will nicht ewig leben. Im Gegenteil. Ich möchte keine Spuren hinterlassen." (S. 28)

6. „Ich habe es nie geschafft, meine Stoffe zu beherrschen. Es blieb immer alles künstlich. Ich habe mich an meinen eigenen Worten berauscht." (S. 30)

7. „Ein Mann, der so schöne Briefe schreibt, kann kein schlechter Mensch sein." (S. 37)

8. „'Ich glaube, ich war ein bisschen verliebt', sagte Agnes, ,wir haben ziemlich lange getanzt. Herbert hat mich auch geküsst. [...] Aber passiert ist nichts. Ich glaube, er hatte zuviel Respekt vor meinem Talar.'" (S. 41)

9. „Es ging schon lange nicht mehr um die Geschichte. Vielleicht war sie wirklich nicht gut, sicher aber war sie besser als alles, was ich in den letzten zehn Jahren geschrieben hatte." (S. 43)

10. „,Ganz tief in fast allem ist Symmetrie. [...] Asymmetrien haben immer einen Grund', sagte Agnes. ,Es ist die Asymmetrie, die das Leben überhaupt erst möglich macht. Der Unterschied zwischen den Geschlechtern. [...] Asymmetrien haben immer einen Grund und eine Wirkung.'" (S. 44 f.)

11. „,Könntest du nicht eine Geschichte über mich schreiben? [...] Es wäre ein Porträt. [...] Es gibt kein einziges gutes Bild von mir. Auf dem man mich sieht, wie ich bin.'" (S. 48)

12. „,Ich weiß nie, was dabei herauskommt', sagte ich, ,ich habe keine Kontrolle darüber. Vielleicht wären wir beide enttäuscht.'" (S. 50)

13. „Meine Liebe zu Agnes hatte sich verändert, war nun anders als alles, was ich früher gekannt hatte. Ich fühlte fast eine körperliche Abhängigkeit, hatte das demütigende Gefühl, nur ein halber Mensch zu sein, wenn sie nicht da war. [...] Ich begann, Agnes zu beobachten, und merkte erst jetzt, wie wenig ich sie kannte." (S. 61)

14. „Jetzt war Agnes mein Geschöpf." (S. 62)

15. „,Es muss etwas passieren, damit die Geschichte interessanter wird', sagte ich endlich zu Agnes. ,Bist du nicht glücklich, so wie wir es haben?' ,Doch', sagte ich, ,aber Glück lässt sich nicht beschreiben. Es ist wie Nebel, wie Rauch, durchsichtig und flüchtig. Hast du jemals einen Maler gesehen, der Rauch malen konnte?'" (S. 68)

16. „Es heißt, zu erfrieren sei ein schöner Tod." (S. 78)

17. „Es ist schwer zu erklären, obwohl ich sie liebte, mit ihr glücklich gewesen war, hatte ich nur ohne sie das Gefühl, frei zu sein. Und Freiheit war mir immer wichtiger gewesen als Glück." (S. 110)

18. „,Sie mussten eine Ausschabung machen. Das Kindsmaterial, hat der Doktor gesagt. Damit es keine Infektion gibt. Es war nicht lebensfähig. Das Kindsmaterial.'" (S. 111)

19. „,[...] Ich frage mich manchmal, ob die Schriftsteller wissen, was sie tun, was sie mit uns anstellen.'" (S. 120)

20. „,Ihr Männer seid Idioten', sagte Louise, ,ihr könnt nur lieben, wenn ihr zurückgestoßen werdet [...].'" (S. 146)

Peter Stamm: Agnes. S. Fischer Verlg GmbH, Frankfurt am Mein 2009

■ *Wählen Sie ein Zitat nach einem selbst festgelegten Kriterium (Gefallen/Nicht-Gefallen, Verständlichkeit/Unverständlichkeit, sprachlich-stilistische Besonderheiten usw.) aus und begründen Sie Ihre Entscheidung.*

Baustein 2

Liebe als zentrales Thema des Romans

Das Thema „Liebes- bzw. Beziehungsproblematik" markiert in den letzten Jahren einen wichtigen Trend in der deutschsprachigen Literatur aus der Schweiz[1], wie unter anderem die Romane von Urs Widmer („Der Geliebte der Mutter", „Das Buch des Vaters"), Adolf Muschg („Sutters Glück") sowie Martin Suter („Lila, Lila", „Der letzte Weynfeldt") belegen. Auch der Roman „Agnes" reiht sich „in die Gruppe der Beziehungsromane [ein], in denen eine Welt gezeigt wird, die zunehmend eine Welt der Singles ist und in der Beziehungslosigkeit oder Beziehungsunfähigkeit in zunehmendem Maße zu finden sind"[2].

Peter Stamms „Agnes" handelt von der Liebesbeziehung zweier völlig gegensätzlicher Menschen (vgl. Baustein 2.1, S. 26ff.) von ihrem Anfang bis zum Scheitern (vgl. Baustein 2.6, S. 49ff.). Dementsprechend schwer vereinbar sind folglich auch die unterschiedlichen Glücks- und Lebenskonzepte von Agnes und dem Ich-Erzähler (vgl. Baustein 2.3, S. 35ff.), der trotz seines Erfahrungsvorsprungs gegenüber Agnes sein eigentliches Lebensziel noch nicht gefunden zu haben scheint (vgl. Baustein 2.4, S. 41ff.), weshalb neben der „Frage nach der Freiheit und dem Glück in der Liebe" (vgl. Baustein 2.2, S. 31) insbesondere auch Probleme der Einsamkeit und Entfremdung der beiden Protagonisten berührt werden. Die hieraus resultierende Beziehungsunfähigkeit wiederum manifestiert sich in der fehlenden Kommunikation zwischen Agnes und dem Ich-Erzähler (vgl. Baustein 2.5, S. 46).

2.1 Symmetrien und Asymmetrien: Die Figurenkonstellation

Die Liebesbeziehung in Stamms Roman entwickelt sich zwischen der 25-jährigen Diplomphysikerin Agnes und dem Ich-Erzähler, dessen Namen der Leser nicht erfährt und von dem er lediglich weiß, dass er aus der Schweiz stammt und seit etwa einem Jahr in Chicago lebt, um Recherchen für sein neues Sachbuch über amerikanische Luxuseisenbahnen anzustellen.

Äußerlich wird **Agnes** als „nicht auffallend [...], schlank und nicht sehr groß" (S. 14) mit dichtem, schulterlangem Haar beschrieben, ihr Gesicht ist „bleich und ungeschminkt" (S. 14). Dieser nicht sehr positive erste Gesamteindruck des Ich-Erzählers ist sicherlich zum einen auf die frühe Jahreszeit (April) und zum anderen auf die zeitintensive Arbeit an ihrer Dissertation zurückzuführen.
Obwohl Agnes offenbar keine derjenigen Frauen ist, in welche man sich auf Anhieb verliebt, räumt der Ich-Erzähler ein, sich bereits bei ihrer ersten Begegnung für sie zu interessieren: So ist es vor allem ihr außergewöhnlicher Blick, mit dem sie „Worte [zu] vermitteln" (S. 14) vermag und der ihn gefangen nimmt, wenngleich er dessen Sprache nicht versteht (vgl. S. 53 und S. 15).
Agnes hat eine „Teilzeit-Assistentenstelle am Mathematischen Institut der Chicago University" und schreibt hier an ihrer Dissertation über „die Symmetrien der Symmetriegruppen

[1] Vgl. Rowinska-Januszewska (2009), S. 95.
[2] Möckel (2001), S. 77

von Kristallgittern" (S. 20). Ganz offensichtlich liebt sie ihre Arbeit, was insbesondere daran deutlich wird, dass sie dem Ich-Erzähler gegenüber voller Begeisterung davon spricht (vgl. S. 21 und S. 45). Im Gegensatz hierzu bleibt sie bei Dingen, welche ihr Privatleben betreffen, auffällig verschlossen (vgl. S. 21, S. 45, S. 57 und S. 134f.).

Neben ihrer Arbeit hat Agnes lediglich ein Hobby, nämlich die Kunst: So interessiert sie sich für die Malerei, weshalb sie in ihrer Freizeit entsprechende Ausstellungen besucht (vgl. S. 20 und S. 68ff.), und liest gerne die Gedichte der „Norton Anthology of Poetry" (vgl. S. 20, S. 39 und S. 121), die ihr auch dabei helfen, ihre gegenwärtige Situation zu reflektieren bzw. zu verarbeiten (vgl. S. 130). Sie selbst spielt zudem Cello, weshalb sie sich einmal in der Woche mit den Frauen ihres Streichquartetts trifft (vgl. S. 20).

Ihre Kontakte zur Außenwelt sind im Wesentlichen auf die wöchentlichen Proben beschränkt; ansonsten lebt Agnes zurückgezogen, weshalb sie, abgesehen von Herbert (vgl. S. 18 und S. 40f.), kaum Freunde hat (vgl. S. 20). Dies ist zum einen darin begründet, dass Agnes, wie sie selbst glaubt, „kein sozialer Mensch" (S. 20) ist. Zum anderen hat sie in ihrer Kindheit nur unzureichend elterliche Liebe erfahren, sodass sie nicht genügend Selbstbewusstsein entwickeln konnte. Letzteres ist wiederum daran ersichtlich, dass insbesondere das Verhältnis zu ihrem Vater sehr angespannt ist (vgl. S. 40f.)[1].

Umso mehr klammert sich Agnes an den Ich-Erzähler (vgl. S. 12), welchen sie trotz der auch ihr bewussten starken Asymmetrie zwischen ihnen (Alter, Herkunft, Interessen, Standpunkte, Temperament usw.)[2] liebt (vgl. S. 129), und ist sogar bereit, die Beziehung mit ihm fortzusetzen, obwohl er sie anlässlich ihrer Schwangerschaft zutiefst verletzt und im Stich gelassen hat (vgl. S. 113 und S. 126).

Es ist offensichtlich, dass die bisherigen Erfahrungen Agnes geprägt haben, denn trotz ihres jungen Alters ist sie alles andere als ein unkomplizierter, lebensfroher und spontaner Mensch, sondern bereits sehr ernst. Dies entgeht auch dem Ich-Erzähler nicht, denn wann immer sie „diskutierten, lag in allem, was Agnes sagte, ein seltsamer Ernst" und „ihre Ansichten waren streng" (S. 21). Ein Indiz hierfür ist neben ihrer Vorliebe für die melancholische Musik Schuberts (vgl. S. 121) insbesondere ihre intensive Beschäftigung mit existenziellen Themen wie etwa Tod und Vergänglichkeit (vgl. S. 23f. und S. 26ff.) und der Macht bzw. Gewalt des geschriebenen Wortes (vgl. S. 119f. und S. 62).

Diese Reflexionen (vgl. S. 21) offenbaren ihre geheimen Ängste sowie ihre Sensibilität und Verletzbarkeit, welche zudem an verschiedenen Verhaltensweisen zu erkennen ist: Agnes meidet Fahrstühle, da sie hierbei „den Boden unter den Füßen [verlieren könnte]" (S. 49), mag keine geschlossenen Fenster (vgl. S. 26) und leidet unter Schlafstörungen (vgl. S. 46). Zwar möchte sie „nicht unnahbar" (S. 55) sein, ist häufig jedoch „abweisend und verschlossen" (S. 38), begegnet fremden Menschen mit Misstrauen (vgl. S. 29) und wahrt Distanz zu anderen Menschen (vgl. S. 62), weshalb sie Badezimmertüren instinktiv sogar dann verriegelt, wenn sie allein ist (vgl. S. 29).

Sie ist einerseits schüchtern (vgl. S. 17), vermeidet Blickkontakt (vgl. S. 14) und errötet leicht (vgl. z.B. S. 38), ist andererseits in sexueller Hinsicht jedoch völlig unbefangen, obwohl sie zuvor „noch nie mit einem Mann geschlafen" (S. 26) hat, und bereit dazu, sich auf eine Liebesbeziehung mit dem Ich-Erzähler einzulassen – möglicherweise auch, um ihre Einsamkeit zu überwinden; denn Agnes leidet hierunter so sehr, dass sie den Lärm der Dampfheizung als angenehm empfindet, da er ihr das Gefühl vermittelt, nicht allein zu sein (vgl. S. 46).

Diese Widersprüchlichkeit[3] ist generell ein elementarer Wesenszug der Romanheldin: Obwohl sie den Ich-Erzähler liebt (vgl. S. 129) und offenbar nicht gern allein ist, erhält sie ihre

[1] Eine vertiefende Auseinandersetzung dieser problematischen Vater-Tochter-Beziehung hält der Klausurvorschlag 2 (vgl. Zusatzmaterial 1, S. 113 ff.) bereit.

[2] Vgl. Möckel (2001), S. 34.

[3] Möglicherweise entsteht dieses widersprüchliche Bild von Agnes auch nur aufgrund des Umstandes, dass der Leser alle Informationen über Agnes ausschließlich durch den Ich-Erzähler erfährt, was wiederum zum einen in seiner mangelnden Empathie (vgl. Baustein 2.2, S. 31 ff.) und zum anderen an seiner Unzuverlässigkeit in seiner Rolle als Erzähler begründet sein könnte (vgl. Baustein 3.2, S. 69 ff.).

Unabhängigkeit ein Stück weit aufrecht, indem sie ihre Wohnung auch dann nicht aufgibt, als sie schon längst zu ihm gezogen ist (vgl. S. 66). Agnes ist zudem einerseits eine selbstständige junge Frau (vgl. S. 65, S. 67 und S. 122f.), die sich ihre eigene Meinung bildet und diese auch vehement vertritt (vgl. S. 24). Andererseits kann sie sich der Sogwirkung von Literatur bzw. der Macht des Dichters nur erwehren, indem sie für sich beschlossen hat, nicht mehr (so viel) zu lesen (vgl. S. 120), weshalb sie außer „einer Reihe von Fachbüchern und Computermanuals [...] nur die *Norton Anthology of Poetry*" (S. 39) besitzt.
Dass ihre wenigen Bücher „ordentlich aufgereiht in einem niedrigen Gestell" (S. 39) stehen, ist nur ein Indiz für Agnes' Ordnungsliebe und Bedürfnis nach Sauberkeit, welche sie ebenfalls auszeichnen. So ist auch ihre Wohnung derart aufgeräumt und sauber, dass sie auf den Betrachter wie unbewohnt wirkt (vgl. S. 39 und S. 112). Briefe und Postkarten, welche an sie adressiert gewesen sind, bewahrt sie etwa in einer Schachtel mit Register auf (vgl. S. 112). Für die Wohnung des Ich-Erzählers, in welcher sie zeitweilig lebt, fühlt sie sich ebenfalls verantwortlich und motiviert ihn zum großen, gemeinsamen Hausputz, da zu „Weihnachten [...] alles sauber sein" (S. 123) muss.
Agnes ist intelligent und tiefgründig, weshalb sie sowohl schwierigen existenziellen Problemstellungen wie der Frage nach einem möglichen Leben nach dem Tod (vgl. S. 23f.) als auch wissenschaftlichen mit derselben Neugier und Akribie auf den Grund geht. Es überrascht daher keineswegs, dass sie für ihre Dissertation ausgerechnet die geheimnisvolle „Leere in der Mitte", nämlich „das, was man nicht sieht, die Symmetrieachsen" (S. 45), zu erforschen versucht.
Auffällig ist hieran außerdem, dass alles, „was sie erkennt, [...] in einen größeren, allgemeineren Zusammenhang gestellt"[1] wird: So ist es nach Agnes „die Asymmetrie, die das Leben überhaupt erst möglich macht" und welche aus ihrer Sicht im „Unterschied zwischen den Geschlechtern" (S. 45) begründet ist; denn ihr ist bewusst, dass „Asymmetrien [...] immer einen Grund und eine Wirkung" (S. 45) haben.

Der Leser muss ziemlich schnell feststellen, dass der **Ich-Erzähler** sowohl ihm als auch Agnes gegenüber sehr verschlossen ist und nur punktuell etwas von sich selbst preisgibt. Bezeichnend ist daher, dass der Leser bis zum Schluss des Romans nicht einmal seinen Namen erfährt. Auch die wahren Interessen und Motive seines Handelns offenbart er nur sehr eingeschränkt, weshalb das Bild des Lesers im übertragenen Sinn ebenso „unscharf" (S. 11) bleibt wie das, welches Agnes von ihm festzuhalten versucht[2].
Allerdings kann gerade durch diese Verhaltensweise sowie die Art, wie der Ich-Erzähler bestimmte Begebenheiten während der etwa neun Monate andauernden Liebesbeziehung mit Agnes erzählt oder aber (bewusst) auslässt (vgl. Baustein 3.2, S. 69ff.), auf weitere Charaktereigenschaften der männlichen Hauptfigur dieses Romans geschlossen werden:
Der aus der Schweiz stammende Sachbuchautor ist schätzungsweise Anfang bis Mitte vierzig; zum einen wird sein „Haar [...] langsam dünn" (S. 142), zum anderen könnte er fast Agnes' Vater sein (vgl. S. 26). Seine Schreibversuche im ursprünglich belletristischen Bereich hat er vor geraumer Zeit aufgegeben (vgl. S. 47), da es ihm, wie er selbst einräumen muss, nicht gelingt, Kontrolle über den Stoff zu erlangen (vgl. S. 30 und S. 50). Außerdem „blieb immer alles künstlich" (S. 30).
Dieses Bedürfnis, in jeder Situation Herr der Lage bleiben zu wollen, ist zudem eine wesentliche Charaktereigenschaft des Ich-Erzählers und zieht sich durch sämtliche Lebensbereiche. Unvorhergesehene Begebenheiten wie etwa Agnes' Ohnmacht versetzen ihn in „panische Angst" (S. 73). Auch seine unangemessene Reaktion auf ihre Eröffnung, schwanger zu sein (vgl. S. 89f.), und sein siegesgewisser Ton, dass Agnes in seiner Fiktion nun endlich sein

[1] Möckel (2001), S. 36
[2] Vgl. Möckel (2001), S. 37.

„Geschöpf" (S. 62) sei, dessen Zukunft er nunmehr planen wolle, gehören in diesen Sinnzusammenhang und sprechen Bände.
Das Leben in der Welt der Bücher, seine berufliche Tätigkeit sowie seine Faszination von luxuriösen Eisenbahnen kennzeichnen somit insgesamt „seine sachlich-konkrete Attitüde zur Welt, in der es für unberechenbare Affekte kaum Platz gibt."[1] Letzteres verweist zudem „auf seine eisernen, festgelegten Wege im Leben, auf seine Abneigung gegen irrationale, tiefe Gefühle, die zur Verifizierung des bisherigen Lebensszenariums führen könnten"[2]: So ist er zwar schon mehrfach verliebt gewesen, hat inzwischen jedoch gelernt, „solchen Gefühlen auszuweichen, bevor sie zu einer Bedrohung wurden" (S. 14f.), weshalb er bereits mehrere gescheiterte Liebesbeziehungen hinter sich hat (vgl. S. 110).
Festgelegt ist auch seine Sichtweise auf bestimmte Dinge: So setzt er seine Meinung nicht nur im Hinblick auf das gemeinsam Erlebte durch (vgl. S. 56), sondern beharrt auch stur darauf, dass Agnes ihn verlassen habe (vgl. S. 126 und S. 128f.). Der Ich-Erzähler erweist sich folglich als uneinsichtig und unempfänglich für Kritik, weshalb er Agnes zudem für die Schwangerschaft verantwortlich macht und ihr mangelnde Liebe vorwirft, da diese Wendung in dieser Beziehung nicht seinen Vorstellungen entspricht (vgl. S. 89f.).[3]
In diesem Zusammenhang sind auch Agnes' mutmaßlicher Tod, für welchen er jegliche Schuld strikt von sich weist (vgl. S. 9 und S. 153), sowie seine Eitelkeit zu nennen. So ist für ihn die Erkenntnis, dass Agnes eine Geschichte verfasst hat, welche „besser [war] als alles, was ich in den letzten zehn Jahren geschrieben hatte" (S. 43), unerträglich. Agnes registriert seine Eifersucht (vgl. S. 47), weshalb sie ihren Text kurzerhand löscht, das Thema wechselt und ihn sogar dazu animiert, „eine Geschichte über mich [zu] schreiben" (S. 48).
Ebenso eifersüchtig reagiert der Ich-Erzähler auf Agnes' Freund Herbert, in welchem er einen potenziellen Konkurrenten sieht (vgl. S. 81 und S. 94), obwohl Agnes ihm glaubhaft versichert, nur ihn zu lieben (vgl. S. 129). Auch ihre Gleichgültigkeit in Bezug auf Louise kränkt ihn (vgl. S. 114).
Ein weiterer charakteristischer Wesenszug des Ich-Erzählers ist dessen Neugier: So geht er bei seinen Recherchen „nicht immer gradlinig vor, sondern lässt sich durchaus von seiner Neugier leiten"[4]. Diese weckt auch sein Interesse an Agnes, denn ihr Blick, ihr Verhalten sowie ihre Ansichten geben ihm Rätsel auf (vgl. S. 14f.), welche es zu lösen gilt. In diesem Zusammenhang ist zudem Agnes' Bitte, eine Geschichte über sie zu schreiben, in der „man mich sieht, wie ich wirklich bin" (S. 48), anzuführen, denn schnell nimmt er die Herausforderung an und ist dabei „gespannt, ob das Experiment gelingen" (S. 50) wird.
Ebenso wie Agnes ist auch der Ich-Erzähler kein kontaktfreudiger Mensch, denn obwohl er bereits seit etwa einem Jahr in Chicago lebt (vgl. S. 148), kennt er, abgesehen von dem „Verkäufer unten im Laden" (S. 148), über welchen er jedoch auch nichts Näheres weiß, „kaum jemanden in der Stadt. Niemanden, um genau zu sein" (S. 15), wie er sich selbst eingestehen muss. Dementsprechend schwer fällt es ihm sogar, mit Agnes über sich und seine Gefühle zu reden (vgl. S. 90).[5]
Um sich der Figurenkonstellation anzunähern, sollen die Schülerinnen und Schüler in einem <u>ersten Schritt</u> ein Persönlichkeitsprofil zu jeweils einer der beiden zentralen Figuren erstellen, um diese zu charakterisieren. Hierfür erhalten sie das **Arbeitsblatt 3a** bzw. **3b** (S. 55f.), welches als vorbereitende Hausaufgabe erteilt werden kann. Um sicherzustellen, dass beide Figuren in etwa gleich verteilt sind, sollte der Kurs hierfür in zwei Hälften geteilt werden.

---

1 Rowinska-Januszewska (2009), S. 96
2 Rowinska-Januszewska (2009), S. 96
3 Ähnliche Vorwürfe hatte der Ich-Erzähler bereits einer früheren Freundin unterbreitet, woran auch diese Liebesbeziehung letztlich scheiterte (vgl. S. 92ff.).
4 Möckel (2001), S. 38
5 Näheres zur Kommunikation der Liebenden ist dem Abschnitt 2.5 (S. 46ff.) zu entnehmen.

- *Suchen Sie geeignete Textstellen, die Auskunft zu der Frage „Was erfahre ich über den Ich-Erzähler (bzw. Agnes)?" geben.*
- *Erstellen Sie für den Ich-Erzähler (bzw. Agnes) ein Persönlichkeitsprofil, indem Sie sich jeweils entscheiden, wie stark die eine oder andere Charaktereigenschaft aus Ihrer Sicht auf diese Figur zutrifft, sofern ein begründetes Urteil möglich ist. Kreuzen Sie die betreffende Ziffer an.*
- *Verbinden Sie die Kreuze anschließend zu einer Kurve.*

Zunächst werden die Arbeitsergebnisse der Schülerinnen und Schüler im Unterrichtsgespräch verglichen, bei Bedarf kann eine gemeinsame Lösung erarbeitet werden. Das Ziel der anschließenden Reflexion ist jedoch in jedem Fall, in einem zweiten Schritt die Gegensätzlichkeit beider Figuren (Figurenkonstellation) bzw. deren „Asymmetrie" (vgl. S. 44 f.) im Hinblick auf Alter, Herkunft, Interessen, Standpunkte, Temperament usw. herauszustellen und als eine mögliche Ursache für das Scheitern dieser ungleichen Liebesbeziehung zwischen Agnes und dem Ich-Erzähler zu erkennen.
Umgekehrt sind die wenigen charakterlichen Übereinstimmungen wie insbesondere die Verschlossenheit, wenngleich diese jeweils anders zum Tragen kommt, sowie die mangelnde Kontaktfreudigkeit beider Protagonisten darüber hinaus alles andere als beziehungsfördernd.
Es bietet sich die Arbeit mit Folien an, welche übereinandergelegt werden können, um auf diese Weise den über weite Strecken diametralen Kurvenverlauf aufzuzeigen. Mithilfe des folgenden Lehrerimpulses wiederum kann die Diskussion der Schülerinnen und Schüler untereinander initiiert werden:

- *Lesen Sie die Seiten 44 f. erneut und erläutern Sie, worin die „Asymmetrie" zwischen den Liebenden konkret besteht.*

Je nachdem, wie viel Zeit für diesen Untersuchungsaspekt zur Verfügung steht, sollte abschließend die hier von Stamm entfaltete Figurenkonstellation auf einen allgemeinen Zusammenhang zurückgeführt werden:
Agnes entspricht vordergründig „überhaupt nicht [...] dem Stereotyp eines modernen amerikanischen Mädchens", da sie auf der einen Seite äußerlich „seltsam körper- und schwerelos"[1] wirkt und häufig unsicher, geradezu verängstigt und somit schutzbedürftig ist. Auf der anderen Seite fasziniert sie gleichzeitig durch ihre Andersartigkeit, Widersprüchlichkeit und Undurchschaubarkeit, sodass der Leser den Eindruck gewinnt, als sei sie ein Wesen aus einer anderen Welt[2].
Agnes ist, wie schon der sprechende Name dieser Figur signalisiert, „eine junge, unschuldige, idealistisch gesinnte Frau, die trotz schwieriger Kindheit und komplizierter Beziehungen mit den Eltern keine Angst vor echten Gefühlen hat"[3] (vgl. S. 129). Sie verkörpert in diesem Roman folglich eine moderne Femme fragile[4], welche zwar nicht unbedingt keusch ist, diesbezüglich aber dennoch keine leichtfertigen Entscheidungen trifft (vgl. S. 26 und S. 29). Ihr „Interesse für Kristalle und Symmetrie in Physik sowie Asymmetrie im Leben" versinnbildlicht darüber hinaus ihren reinen, edlen Charakter sowie „ihre Sehnsucht nach [...] Wahrheit und Transparenz"[5]. Während ihre Beschäftigung mit den Naturwissenschaften

---

1 Möckel (2001), S. 35
2 Vgl. Möckel (2001), S. 35.
3 Rowinska-Januszewska (2009), S. 97
4 Die **Femme fragile** (= die furchtsame und zerbrechliche Frau) ist ein gängiges Frauenbild in der Literatur um 1900 und verkörpert im Gegensatz zur Femme fatale die reine, unschuldige Frau. Sie verzichtet auf jegliche Sexualität, damit der Mann und sie selbst eine erweiterte Bewusstseinsebene (= „höheres Ich des geistigen Seins") erreichen können.
5 Rowinska-Januszewska (2009), S. 97

sowie der Symmetrie den rational-empirischen Teil ihres Lebens repräsentiert, stehen hingegen die Asymmetrie sowie ihre Leidenschaft für die Bildenden Künste, Literatur und Musik für die irrationale Seite von Agnes' Psyche[1].
Zusammenfassend ist festzustellen, dass Agnes als Kontrastfigur zu dem Ich-Erzähler fungiert, welcher wiederum den Prototyp des abgeklärten, desillusionierten Mannes („Ich bin kein guter Mann", S. 147) verkörpert und dabei für „geistigen Konformismus und unkomplizierte Oberflächlichkeit"[2] (vgl. S. 24, S. 61, S. 107 und S. 127) steht.
Obwohl der Schweizer Sachbuchautor deutlich älter ist als Agnes (vgl. S. 26), ist sie ihm nicht nur intellektuell überlegen, sondern überragt den Ich-Erzähler auch bei weitem in der Lebenskunst, da sie den Mut aufbringt, zu lieben, die Herausforderungen des Alltags anzunehmen, und sich in Ausnahmesituationen zudem als überaus realitätsnah, pragmatisch und somit lebensklug erweist (vgl. S. 94).
In Verbindung mit ihrem Idealismus und Enthusiasmus stellt sie im Sinne des Frauenbildes der Femme fragile (s. o.) demzufolge seine einzige Möglichkeit, sein Leben zum Positiven zu verändern, dar (vgl. S. 107). Dieser Deutungsansatz wird unter anderem auch durch Agnes' Begegnung mit der toten Frau auf dem Gehsteig nahegelegt, deren Schicksal sie sehr berührt, weshalb sie sich der Angehörigen selbstlos annimmt (vgl. S. 22f. und S. 57).

Ausgangspunkt für die vertiefende Betrachtung der Figurenkonstellation bzw. Charakterisierung der Protagonistin ist die symbolische Bedeutung des Namens „Agnes" (vgl. **Arbeitsblatt 4**, S. 57), welche das Erkennen dieses übergeordneten Zusammenhangs erleichtern soll.

- *Fassen Sie die unterschiedlichen Bedeutungsebenen dieses Vornamens zusammen.*
- *Erläutern Sie auf der Grundlage Ihrer bisherigen Ergebnisse, welches Frauenbild Agnes in Stamms gleichnamigem Roman verkörpern soll. Treffen Sie analog zur Protagonistin auch eine Aussage im Hinblick auf die Männerfigur.*

2.2 Bilder, Bildnisse und Porträts: Was ist Liebe?

Die Liebe zählt zu den elementaren Dingen der menschlichen Existenz und wird in verschiedenen Konstellationen realisiert, wie etwa die Liebe zum eigenen Kind, zu den Eltern, Geschwistern oder eben auch zum Partner[3]. Insbesondere die letztere Form gilt als essenziell für ein glückliches und erfülltes Leben des Menschen, welche Stamm in seinem Roman „Agnes" thematisiert, wobei „er zwei parallel laufende Liebesgeschichten konzipiert, eine wirkliche und eine virtuelle, die aber voll im Zeichen des Todes stehen"[4], und gleichzeitig insbesondere an Max Frischs Beziehungs- und Bildnisproblematik anknüpfen[5].
Die neun Monate andauernde Liebesbeziehung zwischen Agnes und dem Ich-Erzähler strukturiert der Autor einerseits den Jahreszeiten entsprechend und andererseits nach der Dauer einer Schwangerschaft: Sie beginnt im April (vgl. S. 9), erlebt ihre Blütezeit im Sommer, währenddessen die Liebenden ihre glücklichste Zeit miteinander verleben (vgl. S. 67ff.), und endet jäh am Neujahrsmorgen (vgl. S. 147ff.), indem die Heldin von einer Geschichte getötet wird (vgl. S. 9), wie der Leser gleich zu Beginn des Romans erfährt, bzw.

---

[1] Vgl. Rowinska-Januszewska (2009), S. 97.
[2] Vgl. Rowinska-Januszewska (2009), S. 97.
[3] Fromm (2011), S. 78ff.
[4] Rowinska-Januszewska (2009), S. 96
[5] Erwähnt sei an dieser Stelle der Eintrag „Du sollst dir kein Bildnis machen" aus Frischs fiktivem „Tagebuch 1946–1949".

ohne Nachricht spurlos verschwindet (vgl. S. 152f.). In Form einer Rückblende wird eine moderne Geschichte über Liebe und Tod erzählt, bei der die Liebe für den Ich-Erzähler zunehmend zur Bedrohung wird (vgl. S. 61 ff.), weshalb er sich ihrer entledigen und diese somit systematisch – und im Zeitalter der Datenverarbeitung zudem digital – zerstören muss (vgl. S. 68 und S. 134ff.).
Trotz seiner Schwächen (vgl. Baustein 2.1, S. 26ff.) liebt **Agnes** den Ich-Erzähler offenbar aufrichtig (vgl. S. 129) und ist daher bereit, sich dem geliebten Menschen gegenüber zu öffnen und auf eine Liebesbeziehung mit ihm einzulassen. Ein Vertrauensbeweis ist ihre Bitte, ein „Porträt" (S. 48) von ihr anzufertigen, auf welchem „man mich sieht, wie ich [wirklich] bin" (S. 48). Zugleich erhofft sie sich hierdurch einen Einblick in seine Gefühle und Einstellungen ihr gegenüber (vgl. S. 50). Allmählich muss sie jedoch feststellen, dass der Ich-Erzähler sie ebenso wenig kennt wie die übrigen Menschen in ihrem sozialen Umfeld, weshalb sie schließlich resigniert feststellen muss, dass er überhaupt nichts von ihr wisse (vgl. S. 127 und S. 56f.).

Den **Ich-Erzähler** fasziniert vielmehr sein „Geschöpf" (S. 62), nämlich die fiktive Agnes seiner Geschichte, weshalb er der realen Agnes eine Rolle aufzuzwingen versucht, welcher sie mit Fortschreiten der Liebesbeziehung immer weniger entsprechen kann bzw. will (vgl. S. 65f., S. 89ff., S. 118f. und S. 121ff.). Da er somit die Kontrolle über Agnes bzw. ihre gemeinsame Liebesbeziehung zu verlieren droht, flüchtet der Schweizer zunehmend in seine fiktive Parallelwelt, in welcher er frei von jeglichen Zwängen ist (vgl. S. 49 und S. 61 f.) und die er ausschließlich nach seinen Vorstellungen gestalten kann (vgl. S. 135).
Hier gelingt es ihm, sich den Herausforderungen des Lebens zu stellen und die an ihn gerichteten Anforderungen in seiner Rolle als fürsorglicher und verantwortungsvoller Partner, Ehemann und Familienvater erfolgreich zu bewältigen (vgl. S. 80, S. 99, S. 107f. und S. 136f.), wohingegen er im wirklichen Leben in dieser Rolle versagt und letztlich nicht zu einer festen und glücklichen Liebesbeziehung fähig ist.
Da sich der Ich-Erzähler aus Angst vor tiefen Gefühlen und Nähe, was verschiedenste Ursachen hat (vgl. Baustein 2.1, S. 26ff. sowie Bausteine 2.3 bis 2.5, S. 35ff.), Agnes nicht bedingungslos hingeben kann, legt er sich ein geeignetes Bild von ihr zurecht (vgl. S. 55), welches er akzeptieren, tolerieren und lieben kann und welches eine Projektion seiner Wünsche und Bedürfnisse darstellt. Den Partner zu lieben bedeutet für den Ich-Erzähler augenscheinlich, sich eine feste Vorstellung von ihm zu machen und den anderen zu zwingen, sich dieser anzupassen.
Aus diesem Grund beschäftigt er sich vornehmlich mit dem Bild, das er sich von Agnes macht, anstatt die reale Agnes wirklich kennenzulernen (vgl. S. 127 und S. 56f.), weshalb er ihr im Art Institute of Chicago bezeichnenderweise auch eine falsche Figur auf Seurats Bild zuordnet (vgl. S. 69).
In seiner Fiktion ist darüber hinaus kein Raum für eine schwangere Agnes (vgl. S. 89), weshalb er sie für diesen Umstand verantwortlich macht und ihr mangelnde Liebe vorwirft, da sie an dieser Stelle seinem vorgefertigten Bild nicht entsprochen hat (vgl. S. 89). Gleichzeitig wird hieran deutlich, dass sich das von Beginn an ungleiche Verhältnis zwischen den Liebenden (vgl. Baustein 2.1, S. 26ff.) in der virtuellen Fiktion des Ich-Erzählers sogar noch potenziert.
Im Zusammenhang mit dieser Beziehungs- und Bildnisproblematik ist vor allem auf Frisch zu verweisen (s.o.), welcher vor schablonenhaftem Denken in Bildnissen warnt, mit denen eine Liebe verraten und sinnbildlich getötet wird, wie im Roman „Agnes". So stellt er Folgendes fest: „Es ist bemerkenswert, dass wir gerade von dem Menschen, den wir lieben, am mindesten aussagen können, wie er sei. Wir lieben ihn einfach. Eben darin besteht ja die Liebe, das Wunderbare an der Liebe, dass sie uns in der Schwebe des Lebendigen hält, in der Bereitschaft, einem Menschen zu folgen in allen seinen möglichen Entfaltungen"[1].

[1] Frisch (1950), S. 27

In einem ersten Schritt soll an die Lebenserfahrungen der Schülerinnen und Schüler angeknüpft werden, weshalb sie aufgefordert werden, ihre eigene Auffassung von Liebe im Sinne eines Brainwriting zu äußern. Zu diesem Zweck sollen sie den Satzanfang „Liebe ist(,) ...“ in arbeitsgleicher Gruppenarbeit auf Wandplakaten vervollständigen.

- *Vervollständigen Sie den folgenden Satzanfang:*
  „Liebe ist(,)...“

Im Anschluss an die Gruppenarbeit werden die Plakate im Klassenraum aufgehängt, miteinander verglichen und gegebenenfalls im Unterrichtsgespräch ergänzt. Diese Arbeitsergebnisse sollen für den weiteren Verlauf der Unterrichtsreihe sichtbar bleiben, um auch noch zu einem späteren Zeitpunkt hierauf zurückgreifen zu können (vgl. Baustein 2.6, S. 49ff.).

Liebe ist(,)...

- den anderen so zu akzeptieren, wie er ist, d.h. mit seinen Stärken und Schwächen.
- in schweren Zeiten erst recht zusammenzuhalten.
- das Wohl des anderen über sein eigenes zu stellen.
- für den anderen zu sorgen.
- den anderen mit kleinen Aufmerksamkeiten zu verwöhnen.
- sich dem anderen anzuvertrauen.
- sich gegenseitig zu unterstützen.
- die Fähigkeit, auch sich selbst akzeptieren bzw. lieben zu können.

Um die Schülerinnen und Schüler in einem zweiten Schritt für die problematische Liebesauffassung des Ich-Erzählers zu sensibilisieren, empfiehlt sich die Auseinandersetzung mit Max Frischs Tagebucheintrag „Du sollst dir kein Bildnis machen“, welcher vor diesem Hintergrund als Interpretation der im Roman entfalteten Liebesbeziehung zwischen Agnes und dem Ich-Erzähler anmutet und folglich als Ausgangspunkt für die folgende Textanalyse dienen soll (vgl. **Arbeitsblatt 5**, S. 58):

- *Erläutern Sie das Verhältnis zwischen „Liebenden“ aus der Sicht des Autors. Gehen Sie in diesem Zusammenhang auch auf den Begriff des Verrats (vgl. Z. 44) ein.*
- *Überprüfen Sie, ob und inwiefern die Aussagen auf die Liebesbeziehung zwischen Agnes und dem Ich-Erzähler zutreffen. Belegen Sie Ihre Ausführungen mithilfe geeigneter Textstellen.*

Die Ergebnisse zu beiden Aufgaben können zusammengefasst und in sprachlich reduzierter Form an der Tafel festgehalten werden:

Die Liebesauffassung des Ich-Erzählers oder: Was ist Liebe?

Max Frisch	Ich-Erzähler
• Liebe ist, dem anderen bedingungslos beizustehen (vgl. Z. 3 f.) • wer liebt, macht sich kein Bild des anderen, sondern akzeptiert ihn so, wie er ist (vgl. Z. 11 f.) • der geliebte Mensch ist bzw. bleibt folglich ein „erregendes Rätsel" (Z. 42) • den anderen zu kennen glauben bedeutet das Ende der Liebe (vgl. Z. 25 f.) • schablonenhaftes Denken bzw. sich ein Bildnis zu machen ist daher ein „Verrat" (Z. 43 f.) der Liebe bzw. tötet diese	• empfindet die für ihn neuen, tiefen Gefühle für Agnes als Bedrohung (vgl. S. 61) • wahrt daher Distanz zu Agnes und verschließt sich der Liebe (S. 14, S. 56 und S. 127) • stattdessen Flucht in die Fiktion und Projektion seiner Vorstellungen auf die literarische Figur: „Jetzt war Agnes mein Geschöpf." (S. 61 f.) • zerstört die Liebe, um die Kontrolle zurückzugewinnen (vgl. S. 68 und S. 134 ff.)

↓

fehlende Bereitschaft des Ich-Erzählers, Agnes kennen- und lieben zu lernen, als mögliche Ursache für das Scheitern dieser Liebesbeziehung

➡ „Du sollst dir kein Bildnis machen"

In einem abschließenden Unterrichtsgespräch sollen die Arbeitsergebnisse kritisch reflektiert, auf eine allgemeine Ebene zurückgeführt und auf die eigene Lebenswelt bezogen werden. Als mögliche Ausgangspunkte können dabei zudem die Äußerung des Ich-Erzählers „In meinem Kopf war unsere Beziehung schon viel weiter gediehen als in Wirklichkeit" (S. 17) sowie dessen Beschreibung seiner veränderten Gefühle für Agnes (vgl. S. 61 ff.) dienen.

Mithilfe der folgenden Leitfragen kann eine entsprechende Diskussion angeregt werden:

- *Hat sich Ihre Auffassung von Liebe nach intensiver Auseinandersetzung mit diesem Thema verändert? Warum (nicht)?*
  Dürfen wir den Partner in einer Liebesbeziehung nach unseren Vorstellungen formen?
  Ist eine Liebesbeziehung ohne ein selbst gefertigtes Bild des anderen überhaupt möglich?
  Ist Liebe eine erlernbare Kunst? Warum (nicht)?

Insbesondere die letzte Arbeitsfrage kann zugleich als Überleitung für die vertiefende Erarbeitung zu diesem zentralen Thema des Romans genutzt werden, ob und inwiefern für den Ich-Erzähler Hoffnung besteht, zukünftig doch noch ein erfülltes und glückliches Leben in einer Partnerschaft zu führen und auf diese Weise letztlich seine Einsamkeit zu überwinden (vgl. Baustein 2.5, S. 46, sowie insbesondere Abschnitt 2.6, S. 49 ff.).

2.3 Nähe, Distanz und Freiheit: Glücks- und Lebenskonzepte

Obwohl **Agnes** anfangs skeptisch ist, ob „das [Zusammenziehen] gutgeht" (S. 65), ist sie verliebt und zudem mutig genug, neben tiefen Gefühlen auch räumliche Nähe zu dem geliebten Menschen zuzulassen, weshalb sie bereit ist, auf ihre Unabhängigkeit teilweise zu verzichten, um an dieser Liebesbeziehung zu arbeiten und diese zu intensivieren. Ihr zunehmendes Vertrauen drückt sich unter anderem darin aus, dass sie, entgegen ihrer sonstigen Gewohnheit (vgl. S. 29), in Gegenwart des Ich-Erzählers darauf verzichtet, die Badezimmertür zu verschließen (vgl. S. 122).
Gleichwohl ist sie aber auch darauf bedacht, sich persönliche Freiräume und somit ein Stück weit Individualität zu bewahren: So gibt sie ihre eigene Wohnung vorerst nicht auf, nimmt „nur zwei Koffer mit Kleidern, ihr Cello und einige persönliche Dinge mit" (S. 66) und hält sich somit eine Rückzugsmöglichkeit offen. Auch Agnes' Cello-Spiel ist in diesem Zusammenhang zu nennen, denn an dieser eher spartanischen Ausstattung wird zudem deutlich, dass ihr Instrument sowie ihre Musik ganz offensichtlich zur intimsten Sphäre ihres Lebens gehören, welche sie nicht einmal mit ihrem Lebensgefährten teilen möchte, weshalb sie nur dann spielt, wenn sie allein ist: „Ich konnte sie schon vom Flur aus hören, aber sobald ich die Tür öffnete, hörte sie auf zu spielen" (S. 121).
Dies ist jedoch kein Widerspruch, denn Luhmann versteht eine Liebesbeziehung als eine soziale Situation, in welcher der Mensch als Individuum, also in seinem vollen Wesen auch weiterhin existieren kann. Der Partner muss zwar auch die Erlebniswelt des geliebten Menschen mit berücksichtigen, sollte allerdings nicht auf persönliche Freiräume und Selbstverwirklichung verzichten, weshalb der Soziologe jegliche Akte der übermäßigen Anpassung an den anderen bis hin zur Selbstaufgabe ablehnt[1].
Dass Agnes sich in das auch für sie bislang unbekannte Leben in Zweisamkeit längst eingefunden hat und dieses genießt, belegt insbesondere ihre Interpretation des Bildes von Seurat beim Besuch des Art Institute of Chicago: „Glück malt man mit Punkten, Unglück mit Strichen [...] Du musst, wenn du unser Glück beschreiben willst, ganz viele kleine Punkte machen wie Seurat. Und dass es Glück war, wird man erst aus der Distanz sehen" (S. 69).
Für sie sind es die vielen kleinen und scheinbar unbedeutenden Dinge des Alltags wie etwa die „kleinen Rituale [...], die sie scheinbar unbewusst zelebrierte" (S. 61), der Wunsch, den anderen (noch) besser kennenzulernen (vgl. S. 127), sowie die gegenseitigen Aufmerksamkeiten (vgl. S. 64ff.), welche das gemeinsame Leben nicht nur lebenswert, sondern das Glück zu zweit vollkommen machen[2].

Die ungeplante Schwangerschaft entpuppt sich schließlich als endgültiger Test der Liebe zwischen Agnes und dem Ich-Erzähler und legt die sich einander ausschließenden Auffassungen von Glück sowie die unterschiedliche Lebensplanung offen: Während Agnes das Kind offenkundig als Zeichen ihrer Liebe wertet, sich auf das Ungeborene sichtbar freut (vgl. S. 89) und bereit ist, sich dieser Verantwortung zu stellen und die Herausforderung des Mutterwerdens anzunehmen (vgl. S. 94), besteht der **Ich-Erzähler** diesen Test nicht.
Er verlässt stattdessen demonstrativ die Wohnung (vgl. S. 91) und flieht im weiteren Handlungsverlauf zum einen in eine flüchtige Liaison mit Louise (vgl. S. 106f.), welche ihm kein tieferes emotionales Engagement abverlangt, und zum anderen in die virtuelle Welt (vgl. 107ff.), die er zu kontrollieren vermag und in welcher er nicht von unvorhergesehenen Ereignissen überrascht wird (vgl. Baustein 2.1., S 26); denn tiefe Liebe und wirkliche Nähe zu Agnes sind für den Ich-Erzähler gleichbedeutend mit dem Verlust seiner Freiheit (vgl. S. 110) und bisherigen Identität als Single (vgl. Baustein 2.4, S. 41ff.). Das „Gefühl, frei zu sein", ist

[1] Vgl. Luhmann (2008), S. 30ff.
[2] Diese Auffassung entspricht dabei den eigenen Erfahrungen des Autors. Vgl. hierzu Stamm (o.J.), zitiert nach URL: www.buechergilde.de/archiv/exklusivinterviews/stamm_teil1.shtml (Stand: 2011-07-22).

ihm jedoch auch in vergangenen Liebesbeziehungen „immer wichtiger gewesen als Glück" (S. 110).
Der im 27. Stockwerk wohnende Sachbuchautor (vgl. S. 25), welcher somit sinnbildlich an eine gewisse Bodenlosigkeit (vgl. S. 49) und bequeme Ungebundenheit gewohnt ist[1], lernt durch Agnes eine neue Art der Wirklichkeitswahrnehmung kennen, welche er als „etwas Fremdes, Unverständliches" (S. 61) und somit letztlich Bedrohliches erachtet:
Zwar fühlt er sich in Agnes' Nähe „wie berauscht, und meine ganze Umgebung, die Luft, das Licht schienen mir schmerzhaft deutlich und nah, und selbst die Zeit wurde konkret und spürbar" (S. 61), verspürt auch „eine fast körperliche Abhängigkeit, hatte das demütigende Gefühl, nur ein halber Mensch zu sein, wenn sie nicht da war" (S. 61), und leidet nach der Trennung von Agnes und greift zum Alkohol (vgl. S. 97). Dennoch reicht auch Agnes' aufrichtige Liebe nicht aus, um sein Weltbild zu verändern. Er hält an seinem Lebensentwurf um jeden Preis fest, denn „obwohl ich sie liebte, mit ihr glücklich gewesen war, hatte ich nur ohne sie das Gefühl, frei zu sein" (S. 110).

„Der Moment des Glücks ist zentral" für die Liebe, „aber er funktioniert nur im Kontrast zu den weniger glücklichen Momenten"[2], konstatiert Peter Stamm an anderer Stelle. Im Roman „Agnes" verlebt das Liebespaar einen Sommer lang eine ruhige, gleichmäßige und glückliche Zeit in trauter Zweisamkeit (vgl. S. 67f.), welche allerdings dem Ich-Erzähler „keine guten Geschichten" liefert, denn „Glück lässt sich [leider] nicht beschreiben. Es ist wie Nebel, wie Rauch, durchsichtig und flüchtig" (S. 68).
Das sich hieran anschließende Gespräch der Liebenden über Glück markiert einerseits die glücklichste Phase ihrer Liebe, andererseits kündigen sich hier zugleich die kommenden Herausforderungen und Schwierigkeiten an. Beim Betrachten des Bildes von Georges-Pierre Seurat im Art Institute of Chicago wird dem Ich-Erzähler schließlich bewusst, wonach sie sich sehnen, denn „das Bild strahlte eine Ruhe aus, die dem, was wir suchten, am nächsten kam" (S. 68).
Seine Äußerung „Es muss etwas passieren, damit die Geschichte interessanter wird" (S. 68) in der glücklichsten Phase ihrer Liebesbeziehung klingt im Zusammenhang mit dem Bedürfnis des Ich-Erzählers nach Freiheit folglich „wie eine Provokation an das Schicksal und signalisiert seinen Wunsch, der Liebe, auch der glücklichen, zu entfliehen"[3].

Um sich den Glücks- und Lebenskonzepten beider Hauptfiguren anzunähern, soll in einem ersten Schritt Seurats Kunstwerk „Un Dimanche après-midi à l'Île de la Grande Jatte" (1884–1886) analysiert und interpretiert werden (vgl. **Zusatzmaterial 2**, S. 125).
Mithilfe der folgenden Leitfragen kann die Analyse dieses Kunstwerkes initiiert werden, die entweder mündlich im Rahmen eines Unterrichtsgespräches oder schriftlich in Einzelarbeit erfolgen kann:

- *Wie ist Ihr erster Eindruck, wenn Sie Seurats Bild betrachten?*
  Was ist auf dem Bild zu sehen?
  Wie werden die in der Malerei gängigen Gestaltungsmittel (Maltechnik, Formen und Strukturen, Detailgenauigkeit, Plastizität, Proportionen, Farben, Kontraste, Raumtiefe, Bildaufbau usw.) eingesetzt?
  Wie wirken diese auf den Betrachter?
  Welche Absicht(en) verfolgt der Künstler möglicherweise?

Sofern die Bildanalyse schriftlich erfolgen soll, kann den Schülerinnen und Schülern ein „Kunst-Werkzeugkasten" (vgl. **Zusatzmaterial 3**, S. 126) als Hilfestellung an die Hand ge-

[1] Vgl. Rowinska-Januszewska (2009), S. 98.
[2] Stamm (2006), S. 74
[3] Rowinska-Januszewska (2009), S. 99

geben werden. Darüber hinaus können weitere Hintergrundinformationen zur zeit- und kunstgeschichtlichen Einordnung des Künstlers sowie zu seinem (Gesamt-)Werk bei Bedarf dem **Zusatzmaterial 4** (S. 127) entnommen werden.

Bilder stellen eine besondere Form von Sprache und folglich von Kommunikation dar, denn zum einen sind sie ein Spiegel der Zeit, in der sie entstanden sind. Zum anderen gewähren sie dem Betrachter einen (intimen) Blick in die Seele des Künstlers und geben auf diese Weise Aufschluss darüber, was die Menschen seinerzeit bewegt haben mag. Ebenso wie die zahlreichen überlieferten Texte aus früheren Epochen sind Bilder somit Zeitzeugnisse. Während das Wort abstrakt und dessen Bedeutung festgelegt ist, sind Bilder im Gegensatz dazu räumlich, anschaulich, folglich konkret und zudem in ihrer Bedeutung offen[1], was wiederum zur Folge hat, dass auch die emotionale Wirkung eines Bildes auf den Rezipienten unmittelbarer ist als beim Wort.[2]
Dies sind möglicherweise Gründe dafür, weshalb sich Menschen seit jeher für die Malerei interessieren und versuchen, die Aussage eines Bildes zu ergründen, das heißt, es zu deuten. Die Interpretation eines Bildes – in diesem Fall Seurats pointillistisches Kunstwerk „Un Dimanche après-midi à l'Île de la Grande Jatte" (1884–1886) – ist dabei umso fundierter, je intensiver sich der Betrachter mit der Entwicklung der Malerei auseinandergesetzt hat.
Seurats Kunstwerk zeigt Personen unterschiedlicher Stände und Gesellschaftsschichten unter einem strahlenden Sommerhimmel am Ufer der Seine im Paris des späten 19. Jh. auf der Île de la Jatte[3], die den Sonntagnachmittag an einer seit jeher beliebten städtischen Erholungsstätte genießen. Der Maler stellt somit eine zur damaligen Zeit typische bzw. alltägliche Szenerie dar: Im Vordergrund erholt sich ein Pfeife rauchender Kanufahrer, ein bürgerliches Paar sitzt im Gras und schaut den Ruderern und Seglern zu, ein schwarzer Hund schnüffelt herum. Des Weiteren befinden sich hier ein springender kleiner Hund sowie ein weiteres Paar des Bürgertums in statuenhafter Strenge, von welchem die Frau einen Affen an der Leine führt.
Im Mittelgrund sind eine Anglerin mit einer Bekannten zu erkennen, welche diese beobachtet, eine Amme mit einem älteren Mann unter einem Sonnenschirm, eine junge Frau mit rotem Sonnenschirm mit einem kleinen, weiß gekleideten Kind sowie zwei Mädchen, von denen das eine einen Sonnenschirm, das andere einen Blumenstrauß hält. Im Hintergrund vervollständigen ein Mann mit seiner Trompete, zwei Kadetten der Militärschule Saint-Cyr, ein seilspringendes Mädchen und weitere, jedoch nicht näher zu identifizierende Figuren das Bild[4].
Die Reaktion der Öffentlichkeit beim ersten Anblick dieses Kunstwerkes war ein großer Schreck, da „[a]lles [...] neu an diesem riesigen Bild [war]: die kühne Konzeption und Technik, von der bisher niemand eine Vorstellung hatte. Das war also der berühmte Pointillismus"[5].
In der Tat sind an Seurats Gemälde zwei Dinge besonders auffällig: Zum einen überwältigt es durch seine überdurchschnittliche Größe (207,5 cm x 308,1 cm), zum anderen wirken die Personen durch die hier anklingende neuartige Maltechnik seltsam steif, weshalb mit Recht behauptet wurde, dass „fast jede Figur in Seurats Bildern [...] so aus[sähe], als sei ihr immer wieder gesagt worden: ‚Halte Dich gerade!'"[6]

[1] Nicht selten haftet ihnen etwas Geheimnisvolles oder sogar Mystisches an.
[2] Vgl. Doelker (2002), S. 52ff.
[3] Bei der **Île de la Jatte** handelt es sich um eine etwa 2,5 km lange Insel in der Seine im Westen von Paris, welche seit jeher ein beliebter Schauplatz für venezianische Feste und Feuerwerke war. Die Insel übte nicht nur auf die Pariser Gesellschaft, welche sich abends in den dort ansässigen Cabarets und Tanzhallen vergnügte, aus, sondern inspirierte auch viele bekannte Künstler der Zeit. So hielten neben Georges-Pierre Seurat unter anderem auch Claude Monet und Vincent van Gogh diesen Ort auf Leinwand fest.
[4] Vgl. Seurat (1890), zitiert nach Courthion (1991), S. 82.
[5] Arsène (1891), zitiert nach Courthion (1991), S. 82
[6] Courthion (1991), S. 31

Bei dieser Arbeit wandte Seurat erstmalig mit wissenschaftlicher Strenge die Theorie der optischen Mischung durch die Zerlegung der Farben an, weshalb dieses Bild durch Seurats pointillistische Maltechnik aus winzigen, dicht aneinander gesetzten Punkten besteht, wobei durchweg reine Farben verwendet werden. Deren Mischung und somit das Gesamtbild soll erst im Auge des Betrachters entstehen. Neben dem Punkt als Stilmittel, der insgesamt eher statisch, emotionslos und kontrolliert wirkt, setzt Seurat zudem einerseits auf Komplementärkontraste, da sich gegensätzliche Farben entsprechend der Gesetze der Farbenlehre in ihrer Wirkung steigern, und andererseits auf Simultankontraste. So wirkt etwa die Farbe Orange neben einem Grün anders als neben Blau.

Typisch für Seurats Pointillismus ist neben seiner ihm eigenen Maltechnik auch der streng nach geometrischen Gesetzmäßigkeiten durchkomponierte Bildaufbau. Dieser ist ein Beleg dafür, dass er, anders als die Impressionisten, keine realistische Momentaufnahme anstrebte, sondern eine wohldurchdachte Komposition mit formal stimmigen Beziehungen einzelner Bildelemente untereinander wie Licht, Gegenstände, Personen usw.

Zusammenfassend ist anzuführen, dass Seurats Bild „Un Dimanche après-midi à l'Île de la Grande Jatte“ dem Betrachter zunächst „eine sonnige Sommerlandschaft, die Ruhe, Heiterkeit und Sorglosigkeit [aus]strahlt“[1], präsentiert. Unterstützt wird dieser Eindruck durch die Verwendung heller, fröhlicher Farben insbesondere im linken oberen Bildausschnitt.

Die idyllische Ruhe auf dem Bild scheint bei näherer Betrachtung jedoch trügerisch zu sein, denn die Personen „machen den Eindruck, als wären sie mitten im Sommer, in [seltsam] künstlichen Posen, in der vorgespielten Freude festgefroren“[2]. Jegliche Spontaneität scheint verbannt worden zu sein, weshalb auch die hier gezeigte Wochenend-Szenerie insgesamt inszeniert wirkt und sich der Betrachter die berechtigte Frage stellt, welche der hier dargestellten Personen ihren freien Tag wirklich genießt oder sogar glücklich ist.

Die Ergebnisse der Analyse des Bildes von Seurat können in sprachlich reduzierter Form an der Tafel oder auf einer Folie festgehalten werden:

[1] Rowinska-Januszewska (2009), S. 99

[2] Ebda.

Georges-Pierre Seurat: Ein Sonntagnachmittag auf der Insel La Grande Jatte (1884–1886)

Allgemeine Angaben

- Ölbild auf Leinwand; 207,5 cm x 308,1 cm; Art Institute of Chicago
- Seurat begründet mit diesem Werk eine neue Stilrichtung (Neo-Impressionismus)
  ➡ Beginn der Moderne, in der alles erlaubt ist

Bildinhalt

- Personen unterschiedlicher Gesellschaftsschichten (Kanufahrer, bürgerliches Paar, Anglerin, Amme, Kinder, Soldaten usw.), die ihre Freizeit genießen
- entspannte und ruhige Atmosphäre (Müßiggang)
  ➡ typische Wochenend-Szenerie an einer städtischen Erholungsstätte in Paris um 1900

Gestaltungsmittel

- Maltechnik des Pointillismus (oder: Divisionismus)
  - Punkttechnik: akribisches Auftragen winzigster Punkte möglichst eng nebeneinander (Maldauer: ca. 2 Jahre!)
  - Verwendung reiner Farben
  ➡ Intention: optische Farbmischung aus der Distanz im Auge des Betrachters, um die Farben heller und frischer erscheinen zu lassen, und nicht auf der Farbpalette
- konsequente Anwendung der Farbenlehre
  - Beschränkung auf die Spektralfarben des Sonnenlichtes: leichte, sommerliche Farben (hier: insbesondere im linken oberen Bildausschnitt)
  - Arbeit mit Komplementär- (hier: überwiegend Rot/Grün) und Simultankontrasten (hier: unterschiedliche Wirkung des Orange neben Grün bzw. Blau)
- Stilisierung
  - schemenhafte, nahezu ausdruckslose Gesichter der Personen
  - keine detailgetreue Darstellung von Lichtmomenten zu bestimmter Tageszeit
  - strenger, geometrischen Gesetzen folgender Bildaufbau
  ➡ Abkehr von einer möglichst realistischen Abbildung der Wirklichkeit

⬇

Insgesamt wirkt die Szenerie durch diese Maltechnik steif, unlebendig und künstlich, die idyllische Ruhe erscheint trügerisch.

Ausgehend von der Bildanalyse sollen die Schülerinnen und Schüler in einem zweiten Schritt die jeweils unterschiedlichen Glücks- und Lebenskonzepte (s. o.) der beiden zentralen Figuren des Romans erarbeiten. Die folgenden Arbeitsfragen sollen dabei dazu dienen, den Bezug zum Roman entsprechend herzustellen:

- *Wer ist in diesem Bild eigentlich glücklich?*
  Warum haben Agnes und der Ich-Erzähler gerade dieses Bild ausgewählt?
  Was verstehen die beiden Protagonisten unter Glück?

Insbesondere bei leistungsschwächeren Schülerinnen und Schülern empfiehlt es sich, geeignete Textstellen vorzugeben, welche gegebenenfalls an der Tafel visualisiert werden können. Hierbei sind insbesondere S. 15, S. 61, S. 65f., S. 68f., S. 90, S. 92f., S. 94, S. 107f.,

S. 110, S. 116f. und S. 121f. anzuführen, in denen die Glücks- bzw. Lebenskonzepte der Liebenden deutlich werden und die für die Erarbeitung herangezogen werden sollten. Aufgrund der Komplexität dieses Untersuchungsaspektes kann es für die Schülerinnen und Schüler zudem hilfreich sein, zunächst schwerpunktmäßig S. 68f. sowie S. 110 als Ausgangspunkt zu nehmen. Auf dieser Grundlage können dann die weiteren Textstellen (s.o.) erschlossen werden.

Die Ergebnisse der Textanalyse können an der Tafel wie folgt zusammengefasst werden:

Lebenskonzepte der Liebenden im Vergleich oder: Was ist Glück?

Agnes	Ich-Erzähler
• ist bereit, einen Teil ihrer Unabhängigkeit aufzugeben und tiefe Gefühle und Nähe zuzulassen (vgl. S. 65 und S. 122) • bewahrt sich lediglich persönliche Freiräume: Wohnung, Cello-Spiel (vgl. S. 66 und S. 121) • die kleinen Dinge des Lebens machen in der Summe das Glück aus („Glück malt man mit Punkten", S. 69 sowie S. 61, S. 64ff. und S. 127) • erachtet das Kind als Zeichen ihrer Liebe und stellt sich ihrer Verantwortung (vgl. S. 89 und S. 94)	• empfindet tiefe Gefühle und Nähe als etwas Fremdes, Bedrohliches (vgl. S. 61) • Freiheit ist ihm „immer wichtiger gewesen als Glück" (S. 110) • Glück „ist wie Nebel, wie Rauch, durchsichtig und flüchtig" (S. 68) • lehnt das Kind ab und flüchtet in eine oberflächliche Affäre mit Louise (vgl. S. 106f.)

↓

Die Unvereinbarkeit beider Lebenskonzepte deutet das Scheitern der Liebesbeziehung an.
(„Es muss etwas passieren, damit die Geschichte interessanter wird", S. 68)

Mithilfe des folgenden Lehrerimpulses kann das Tafelbild vervollständigt werden (vgl. Resümee):

- *Welche Bedeutung haben die unterschiedlichen Glücks- und Lebenskonzepte der Liebenden für den weiteren Handlungsverlauf?*

Je nachdem, wie viel Zeit für diesen Untersuchungsaspekt zur Verfügung steht, können die Schülerinnen und Schüler abschließend ihre Ergebnisse mit dem Glücksbegriff des Autors selbst vergleichen (vgl. **Zusatzmaterial 5**, S. 130ff.) und/oder zu ihrer eigenen Auffassung von Glück befragt werden. Hierfür bietet sich das Unterrichtsgespräch an:

- *Was verstehen Sie unter Glück?*
  Hatten die Menschen um 1900 eine andere Auffassung von Glück? Unterliegt diese einem gesellschaftlichen Wandel? Diskutieren Sie.

Alternativ zu dieser Vorgehensweise können die Kursteilnehmer dazu aufgefordert werden, einen virtuellen Rundgang durch das Art Institute of Chicago zu machen, um ein aus ihrer Sicht geeigneteres Bild aus der Ausstellung auszuwählen, das ihre Auffassung von Glück am ehesten repräsentiert[1]. Mithilfe des folgenden Auftrages kann das anschließende Gespräch über die eigenen Wertvorstellungen angeregt werden:

- *Begeben Sie sich auf einen virtuellen Rundgang durch das Art Institute of Chicago (www.artic.edu/aic) und wählen Sie ein aus Ihrer Sicht geeigneteres Gemälde aus, das Ihre Auffassung von Glück widerspiegelt. Begründen Sie Ihre Entscheidung.*

Auch an dieser Stelle kann der Untersuchungsaspekt weiter vertieft werden, indem die Schwierigkeit des Ich-Erzählers, eine Entscheidung zu treffen (Single-Existenz und individuelle Freiheit vs. Bindung und Gemeinsamkeit), problematisiert wird.
Ausgangspunkt für diese neuerliche Betrachtung ist dabei das Kapitel 7 (S. 34ff.), welches die Schülerinnen und Schüler anhand der folgenden Leitfrage untersuchen sollen:

- *Ist die naive Zuversicht der dicken Frau im Zug (vgl. S. 35ff.) als Gegenentwurf zur Unentschlossenheit des Ich-Erzählers zu verstehen? Diskutieren Sie.*

Der Ich-Erzähler ist zu keinem Zeitpunkt in der Lage, sich zu Agnes und dem Kind zu bekennen (vgl. S. 89f., S. 92ff., S. 99, S. 107f. und S. 111). In diesem Zusammenhang sind auch sein „Zögern, Agnes zu besuchen, als es ihr nach der Fehlgeburt gesundheitlich und psychisch schlecht geht", anzuführen sowie seine generelle „Scheu vor einer zu engen Bindung an einen anderen Menschen"[2], welche seine früheren Freundinnen bezeichnenderweise als Egoismus ausgelegt haben (vgl. S. 92 und S. 110).
Im Gegensatz zum Ich-Erzähler verspürt die Frau im Zug keine Scheu vor Fremden bzw. es gelingt ihr, diese zu überwinden, da sie offenbar grundsätzlich hoffnungsvoll und optimistisch gestimmt ist und zunächst vom Guten im Menschen ausgeht: „Glauben Sie, dass er mich liebt? […] Ein Mann, der so schöne Briefe schreibt, kann kein schlechter Mensch sein" (S. 37).
Dementsprechend groß ist ihre Freude auf die erste Begegnung mit ihrem „Liebsten" (S. 35), den sie bislang lediglich vom Briefeschreiben kennt (vgl. S. 36). Ihr Engagement für das Gelingen dieser Liebesbeziehung wird zudem daran deutlich, dass sie sich gezielt auf ihr Blind Date vorbereitet, indem sie das Buch „What Good Girls Don't Do" (S. 35) liest.

2.4 Spuren und Zeichen: Lebenskrisen und Identitätsprobleme

Der Soziologe Erich Fromm zeichnet in seiner Studie „Die Kunst des Liebens" ein pessimistisches Bild des Menschen unserer modernen, kapitalistisch geprägten Gesellschaft. Demzufolge glaubt dieser, frei und unabhängig zu sein, ist umgekehrt allerdings bereit, sich reibungslos in die von freien Marktmechanismen, nach dem Prinzip von Angebot und Nachfrage bestimmten gesellschaftlichen Strukturen einzufügen und fremdbestimmen zu lassen[3].
In dem Bestreben, den Erwartungen anderer (Arbeitgeber, Familie, Freunde usw.) zu entsprechen, zu funktionieren und beruflich und gesellschaftlich voranzukommen, hat der Ein-

1 Alternativ können die Kursteilnehmer auch angehalten werden, entsprechende Bildbände (aus Bibliotheken, Bücherhallen usw.) mitzubringen und in diesen nach Bildern zu suchen.
2 Möckel (2001), S. 38
3 Vgl. Fromm (2011), S. 135.

zelne seine eigenen (Lebens-)Ziele aus den Augen verloren, weshalb er zu einer zwar gewinnbringenden, wenngleich innerlich leeren Gebrauchsware verkümmert[1]. Dies hat aus Fromms Sicht wiederum zur Folge, dass sich der Mensch von sich selbst, der Natur und seinen Mitmenschen entfremdet[2]. Jegliche Versuche, sich seinen Mitmenschen zu nähern, müssen scheitern, da der Kontakt letztlich oberflächlich bleibt[3].
Aufgrund der immer wieder aufs Neue erlebten Enttäuschungen ist der Einzelne zutiefst verunsichert, verzweifelt bzw. verängstigt und entwickelt möglicherweise zudem Schuldgefühle, weil er seine soziale Isolation nicht zu überwinden vermag[4]. Um seinen Schmerz zu betäuben, flüchtet der Mensch in die Welt des Konsums, welche Spaß und Vergnügen verspricht[5]. Vollends auf den Tausch und passiven Konsum sowohl von Gütern als auch Gefühlen eingestellt, gibt er sich mit oberflächlichen Kontakten zu seinen Mitmenschen zufrieden[6], anstatt aktiv einen Ausweg aus diesem Dilemma zu suchen.
Werden Fromms Überlegungen auf den Roman bezogen, wird schnell ersichtlich, dass die hier deutlich werdende Identitätsproblematik auf beide zentralen Figuren gleichermaßen zutrifft, diese allerdings unterschiedlich damit umgehen.
Agnes hat offenbar schon während ihrer Kindheit und Jugend wenig Zuneigung und Nähe erfahren und fühlte sich einsam, was insbesondere an der problematischen Vater-Tochter-Beziehung (vgl. S. 32f. und S. 40f.)[7] zu erkennen ist. Auch jetzt fühlt sie sich von niemandem verstanden, was bezeichnenderweise daran deutlich wird, dass es „kein einziges gutes Bild von mir [gibt]. Auf dem man sieht, wie ich bin." (S. 48) Dass sie überdies „kaum Freunde oder Freundinnen" hat und ihre Isolation als solche sehr wohl wahrnimmt, belegt ihre Feststellung, „kein sehr sozialer Mensch" (S. 20) zu sein.
Aber auch ihre Ängste, welche vielfältiger Art sind, spiegeln ihre Entfremdung von den Mitmenschen sowie ihre bislang vergebliche Suche nach dem tieferen Sinn des Lebens, den sie mit ihren Reflexionen über das menschliche Dasein stets zu ergründen bemüht ist (vgl. S. 21), wider. So ist neben ihrer Furcht vor Fahrstühlen, geschlossenen Fenstern, der Natur usw. (vgl. S. 26, S. 32 und S. 49) hierfür insbesondere ihre „Angst vor dem Tod" (S. 23) bezeichnend:
„Solange man leidet, lebt man doch wenigstens. Ich fürchte mich nicht vor dem Sterben. Ich habe Angst vor dem Tod – einfach, weil dann alles zu Ende ist" (S. 24), konstatiert Agnes und erkennt auf abstrakter, allgemeingültiger Ebene, dass der Einzelne innerhalb der Gesellschaft einfach verschwindet bzw. verschwinden kann, ohne eine Spur oder ein Zeichen für die Nachwelt zu hinterlassen. Damit verweist sie zugleich auf die Bedeutungslosigkeit der Mitmenschen dieses Zeitalters: „Von unserer Generation wird nur der Schmutz zurückbleiben" (S. 77).
Während die prähistorischen Menschen noch Steine aufstellten, „nur um eine Spur zu hinterlassen, ein Zeichen zu setzen", in der Hoffnung, auf diese Weise „in der Natur [nicht spurlos] unterzugehen, zu verschwinden" (S. 32), hat sich Agnes mit ihrem Schicksal bzw. der Unwichtigkeit ihrer eigenen Existenz offenbar längst abgefunden, weshalb sie mit fast krankhaftem Eifer darauf bedacht ist, auch die letzten, schmutzigen Spuren zu verwischen. Ein Indiz hierfür ist die Ordnung und Sauberkeit ihrer Wohnung, die dem Betrachter eigentümlich unbewohnt erscheint (vgl. S. 112f.).
Zugleich ist hieran ersichtlich, dass sich Agnes scheinbar klaglos in die gegebenen gesellschaftlichen Strukturen einfügt, indem sie mit gleichem Eifer ihren beruflichen Aufgaben nachgeht und auch ansonsten versucht, sich mit dem System zu arrangieren. Letzteres wird

[1] Vgl. Fromm (2011), S. 136.
[2] Vgl. ebda.
[3] Vgl. Fromm (2011), S. 137f.
[4] Vgl. Fromm (2011), S. 137.
[5] Vgl. ebda.
[6] Vgl. Fromm (2011), S. 137f.
[7] Eine vertiefende Auseinandersetzung dieser problematischen Vater-Tochter-Beziehung hält der Klausurvorschlag 2 (vgl. Zusatzmaterial 1, S. 113 ff.) bereit.

sinnbildlich an scheinbar unbedeutenden Kleinigkeiten, indem sie etwa die Anstrengung in Kauf nimmt, die 27 Etagen zur Wohnung des Ich-Erzählers zu Fuß zu bewältigen (vgl. S. 49). Mit dem Kennenlernen des Ich-Erzählers erwacht neue Hoffnung in ihr, dass das Leben für sie doch noch eine positive Wendung bereithält, weshalb sie sich an den Ich-Erzähler klammert (vgl. S. 12). Die Liebesbeziehung soll ihr dabei helfen, ihre Einsamkeit zu überwinden: „‚Du bist nicht allein.' ‚Nein', sagte Agnes, ‚jetzt nicht'" (S. 46). In diesem Zusammenhang ist zudem das zwar ungeplante, von ihr jedoch gewollte Kind zu sehen, welches „in meinem Bauch, [...] in mir gewachsen" (S. 131) ist und mit dem sie sich offenbar sofort eng verbunden fühlt.

Der Verlust des ungeborenen Kindes ist schließlich der Auslöser für eine folgenschwere Identitätskrise und „bringt Agnes gänzlich aus dem mühsam gebastelten Gleichgewicht"[1], was schließlich sogar der Ich-Erzähler erkennen muss: „Die Fehlgeburt belastete sie mehr, als ich anfangs geglaubt hatte" (S. 111). Auch in ihrer Trauerarbeit (vgl. S. 111 und S. 130) geht Agnes weit über das normale Maß hinaus, indem sie sich die Schuld für den Tod des Kindes selbst zuweist, was wiederum an ihrem zwanghaften Wunsch nach einem guten Ende für ihre gemeinsame Geschichte ersichtlich wird: „du musst uns das Kind machen. Ich habe es nicht geschafft" (S. 116). Der Umstand, dass das „Kindsmaterial [...] nicht lebensfähig [war]. Das Kindsmaterial" (S. 111), ist für sie zugleich ein Zeichen ihres neuerlichen Versagens, eine tiefe und vor allem dauerhafte Beziehung zu einem anderen Menschen aufzubauen.

Nunmehr desillusioniert, die Fremdheit gegenüber ihren Mitmenschen jemals überwinden zu können, zieht sich Agnes in letzter Konsequenz auch von dem Ich-Erzähler mehr und mehr zurück, indem sie sich im geteilten Bett von ihm abwendet, wieder dazu übergeht, die Badezimmertür zu verschließen usw. (vgl. S. 122).

Auch der **Ich-Erzähler** ist auf der Suche nach der eigenen Identität, was daran erkennbar ist, dass er, wenngleich unbewusst, bemüht ist, mit seinen Sachbüchern Spuren und Zeichen zu hinterlassen, um der Bedeutungslosigkeit seiner Existenz entgegenzuwirken (vgl. S. 28); denn im Gegensatz zu Agnes ist er davon überzeugt, dass der Einzelne auch nach dem Tod in „irgendeiner Form [...] weiter[lebt]. In der Erinnerung anderer Menschen, von unseren Kindern. Und in dem, was wir geschaffen haben" (S. 28).

Letzteres belegt zudem, dass auch sein Denken und Handeln an die Bedingungen einer modernen, kapitalistisch geprägten Gesellschaft angepasst sind und er bestrebt ist, sich neben einer gesicherten wirtschaftlichen Existenz auch ein entsprechendes Ansehen zu verschaffen; denn obwohl er „nicht besonders stolz darauf [ist], Sachbücher zu schreiben" (S. 20), fühlt er sich offensichtlich dazu genötigt, dem generellen Erfolgs- und Leistungsdruck standzuhalten.

Dass er letztlich mit den gesellschaftlichen Anforderungen überfordert und ebenso wie Agnes stark verunsichert ist, offenbaren seine lediglich vereinzelt anklingenden Selbstzweifel, die er jedoch entweder nur in seiner fiktiven Parallelwelt („[I]ch habe Angst davor, Vater zu werden. Was kann ich einem Kind schon bieten ... ich meine nicht Geld", S. 99) oder seiner flüchtigen Bekanntschaft gegenüber („Ich bin kein guter Mann", S. 147) zu äußern vermag und generell eher zu verdrängen scheint (vgl. S. 28).

Überhaupt ist auch die kurze Affäre mit Louise in der vorübergehenden Phase der Trennung von Agnes als Zeichen für die Unfähigkeit des Ich-Erzählers, enge Bindungen einzugehen bzw. überhaupt Beziehungen zu anderen Menschen aufzubauen (vgl. S. 14, S. 146f. und S. 148f.), zu interpretieren. Dieser Deutungsansatz wird zusätzlich dadurch verstärkt, dass diese zweite Frauenfigur des Romans als typische Stellvertreterin der modernen Spaß- und Konsumgesellschaft gemäß Fromm aufgefasst werden kann: Ihre eingangs formulierte Lebensmaxime „Du liebst mich nicht, und ich liebe dich nicht. Es ist nichts dabei [...] Hauptsache, wir amüsieren uns" (S. 106) ist somit geradezu progammatisch.

1 Ukena (1998) S. 23

Dass der Ich-Erzähler gegen Ende des Romans feststellen muss, dass sich Louise mittlerweile eine feste Beziehung mit ihm zu wünschen scheint (vgl. S. 146), ist dabei kein Widerspruch, sondern unterstreicht vielmehr Fromms These, dass die gesellschaftlichen Strukturen unserer westlichen Zivilisation einen negativen Einfluss auf die Fähigkeit des Einzelnen zu lieben ausüben, wenn nicht sogar Liebe unmöglich machen[1]. Vor diesem Hintergrund gewinnt ihr enttäuschter und sogar ein wenig verbitterter Ausruf, dass Männer nur lieben können, wenn sie zurückgestoßen werden (vgl. S. 146), ebenfalls allgemeingültigen Charakter und zeigt einmal mehr, dass der Einzelne bei dem Versuch, sich einem Mitmenschen gegenüber zu öffnen und emotional zu nähern, scheitern muss und daher immer aufs Neue enttäuscht wird.
In der Figur des Ich-Erzählers werden zahlreiche Widersprüche zwischen Selbst- und Fremdbild deutlich, welche ein weiteres Zeichen seiner Selbstentfremdung sind. Dies fällt insbesondere daran auf, dass Agnes ihn häufig besser zu kennen scheint als er sich selbst und ihm beispielsweise widerspricht, wenn der Sachbuchautor glaubt, „nicht ewig leben [zu wollen]. Im Gegenteil. Ich möchte keine Spuren hinterlassen" (S. 28). Fatalerweise erkennt sie am Neujahrsmorgen dann auch seinen wahrscheinlich sogar unterbewussten Wunsch, die gewohnte und somit vertraute Single-Existenz wiederzuerlangen, als sie seinen vor ihr geheim gehaltenen Schluss liest, weshalb sie nur noch ihren Mantel nimmt, um spurlos aus seinem Leben zu verschwinden (vgl. S. 152f.).
Auch der Inhalt selbst zeugt von der innerlichen Zerrissenheit des Ich-Erzählers: So stirbt die fiktive Agnes in einem Wald, welcher mit seinen schneebedeckten und verschlungenen Wegen, der vollkommenen Dunkelheit und den Sternen am Himmel (vgl. S. 151) „den Raum der Irrwege und des Todes konstituiert"[2] und somit das verzweifelte Umherirren bzw. die Suche nach Selbstbestimmung und Neuorientierung im Leben versinnbildlicht. Auch in seinem Wunsch zu sterben, ohne Spuren zu hinterlassen (vgl. S. 28), seinem Tagtraum vom Hohlweg (vgl. S. 80f.), dem Gespräch mit Agnes über das spurlose Verschwinden im Wald (vgl. 32ff.), die Schwierigkeit, einen passenden Schluss für die Geschichte über Agnes zu finden (vgl. S. 125ff.) sowie im Verwechseln von Etage und Wohnung am Neujahrsmorgen (vgl. S. 147ff.) manifestiert sich die Identitätskrise des Ich-Erzählers.

Zusammenfassend ist festzustellen, dass Fromms Theorie auf die Liebesbeziehung zwischen Agnes und dem Ich-Erzähler zutrifft. Auch wenn oberflächlich betrachtet am Weihnachtsfest traute Zweisamkeit zelebriert wird, ist die Entfremdung zwischen den Liebenden trotz ihrer Gespräche (vgl. Baustein 2.5, S. 46ff.) und ausgetauschten Zärtlichkeiten überdeutlich. Das „happy ending" (S. 124) sowohl in der Geschichte als auch für diese Liebesbeziehung erscheint angesichts der unterschiedlichen Charaktereigenschaften, Standpunkte (vgl. S. 126f.) usw. sowie der hieraus resultierenden Vereinzelung der beiden bzw. der Fremde zwischen den Menschen generell unmöglich.

Um die Schülerinnen und Schüler für die Identitätsproblematik der zentralen Figuren des Romans zu sensibilisieren, sollen sie das **Arbeitsblatt 6** (S. 59) in Einzelarbeit bearbeiten, welches folgende Arbeitsaufträge bereithält:

1. *Geben Sie das Bild, welches Fromm von dem Menschen unserer modernen Gesellschaft zeichnet, wieder.*
2. *Überprüfen Sie die Gültigkeit der aufgeworfenen Thesen exemplarisch anhand der Figuren Agnes und des Ich-Erzählers.*
   Agnes: S. 20f., S. 24, S. 45f., S. 48, S. 77, S. 111, S. 116, S. 130
   Ich-Erzähler: S. 28, S. 99, S. 147–149, S. 151f.

[1] Vgl. Fromm (2011), S. 132 sowie S. 138ff.
[2] Rowinska-Januszewska (2009), S. 103

3. *Beurteilen Sie, ob und inwiefern die von Fromm beschriebenen gesellschaftlichen Strukturen den Einzelnen in seiner Fähigkeit, einen anderen Menschen zu lieben, beeinflussen.*

Da das Textverständnis des Auszugs aus Fromms Studie „Die Kunst des Liebens" für die nachfolgenden Aufgabenstellungen unabdingbar ist, empfiehlt es sich hierbei, zunächst lediglich die Ergebnisse der ersten Aufgabe zu präsentieren und auszuwerten, bevor der Transfer auf die Figuren in Stamms Roman „Agnes" erfolgt. Auf diese Weise ist es zugleich möglich, die Bearbeitung dieser Textwiedergabe in die häusliche Vorbereitung auszulagern. Die Ergebnisse zu dieser ersten Aufgabenstellung sollten in sprachlich verkürzter Form in einem gesonderten Tafelbild festgehalten werden:

Der Einzelne in der modernen Gesellschaft

Der Mensch…

- fühlt sich frei und unabhängig, ist aber dennoch bereit, „sich reibungslos in die Gesellschaftsmaschinerie einzufügen" (Z. 41) und „kommandieren zu lassen" (Z. 44 f.).
- hat „kein eigentliches Ziel […] außer dem, den Erwartungen zu entsprechen, zu funktionieren und voranzukommen" (Z. 49 ff.).
- „ist sich selbst, seinen Mitmenschen und der Natur entfremdet" (Z. 53 ff.), da er „sich in eine [gewinnbringende] Gebrauchsware verwandelt" (Z. 55 f.) hat.
- versucht, seinen Mitmenschen „so nahe wie möglich zu sein", bleibt aber letztlich „doch völlig allein" (Z. 65 f.), da der Kontakt nur oberflächlich ist (vgl. Z. 67 ff.).
- ist zutiefst verunsichert, verängstigt und hält sich möglicherweise sogar für schuldig, weil er seine soziale Isolation nicht zu überwinden vermag (vgl. Z. 66 ff.).
- ist sich seines „Verlangens nach Transzendenz und Einheit" (Z. 74 f.) nicht bewusst.
- kompensiert diesen Mangel durch Flucht in den passiven Konsum von Angeboten, die Spaß und Vergnügen versprechen (vgl. Z. 76 ff.).
- ist demzufolge nur noch „darauf eingestellt, [Dinge und Gefühle] zu tauschen […] und zu konsumieren" (Z. 99 ff.).

↓

pessimistisches Menschenbild vor dem Hintergrund einer kapitalistisch geprägten Konsumgesellschaft

Die Ergebnisse der eigentlichen Textanalyse (vgl. Aufgaben 2 und 3) hingegen können zu folgendem Tafelbild zusammengefasst werden:

Lebenskrisen und Identitätsprobleme

Agnes	Ich-Erzähler
• fühlt sich missverstanden (vgl. S. 48) und einsam (vgl. S. 45 f.) • ist „kein sehr sozialer Mensch" (S. 20) • versucht, den tieferen Sinn des Lebens zu ergründen (vgl. S. 21) • hat u. a. Angst vor dem Tod, „weil dann alles zu Ende ist" (S. 24) und der Mensch fort ist, ohne Spuren zu hinterlassen (vgl. S. 77) • erkennt die Bedeutungslosigkeit ihrer Existenz: „Von unserer Generation wird nur der Schmutz zurückbleiben" (S. 77) • Verlust des Kindes löst Gefühle von Schuld und Versagen bei ihr aus; schwere Identitätskrise (vgl. S. 111, S. 116 und S. 130)	• hofft, dass der Mensch nach dem Tod in der Erinnerung anderer weiterlebt (vgl. S. 28) • will daher mit seinen Büchern (unbewusst) Spuren hinterlassen (vgl. S. 28) • ist mit den Anforderungen an ihn als fürsorglicher Partner und Familienvater überfordert (vgl. S. 28, S. 99 und S. 147) • flüchtige Affäre mit Louise als Zeichen seiner Bindungs- und Beziehungsunfähigkeit (vgl. S. 146 f. und S. 148 f.) • Agnes' fiktiver Erfrierungstod (Wald, verschlungene Wege usw.) symbolisiert seine Suche nach Neuorientierung und dem Sinn des Lebens (vgl. 151 f.)

↓

Die (Selbst-)Entfremdung und Vereinzelung der Protagonisten innerhalb der Gesellschaft macht eine dauerhafte, glückliche Beziehung der beiden unmöglich.

Zum Abschluss dieses Untersuchungsaspektes kann, ausgehend von den folgenden Leitfragen, eine Diskussion über Lösungsmöglichkeiten aus diesem Dilemma angeregt werden.

- *Hat sich Agnes erst unter dem Einfluss der Geschichte so sehr verändert, dass sie sich am Schluss des Romans sinnbildlich spurlos auflöst?*
  Inwiefern bestehen Unterschiede zwischen Agnes und dem Ich-Erzähler hinsichtlich der Identitätsproblematik?
  Können die Protagonisten ihre Identität (wieder-)erlangen? Wenn ja, wie?

2.5 Reden und Schweigen: Kommunikation zwischen Mann und Frau

Nahtlos an die zuvor dargestellte Identitätsproblematik und die damit einhergehende Bindungs- und Beziehungsunfähigkeit knüpft die Kommunikation zwischen den Liebenden an.

Wie bereits an anderer Stelle angeführt wurde (vgl. Baustein 2.1, S. 26), ist der **Ich-Erzähler** anderen gegenüber sehr verschlossen. Es fällt ihm ganz offensichtlich schwer, mit anderen Menschen über sich und seine Gefühle zu reden, weshalb er intensive Gespräche im Sinne eines Gedankenaustauschs instinktiv vermeidet, indem er von Agnes angeregte Diskussionen häufig einfach abbricht (vgl. S. 28), ihre Fragen unbeantwortet lässt (vgl. S. 88 und S. 120) oder aber Gegenfragen stellt (vgl. S. 129 und S. 131).

Die Kommunikation zwischen den Liebenden ist demzufolge im Wesentlichen auf belanglose und zum Teil zudem bezuglose Wortwechsel[1] (vgl. S. 17) sowie den „erforderlichen" Austausch über den Fortgang der Geschichte über Agnes (vgl. S. 54f., S. 64ff., S. 117ff., S. 134 und S. 138f.) beschränkt, da der Ich-Erzähler die „Kunst" des Ausweichens bei wichtigen Lebensfragen längst verinnerlicht hat. Dies belegt etwa Agnes' Frage nach seinen Beweggründen, Bücher zu schreiben, und seine Reaktion: „‚Schreibst du deshalb Bücher? Weil du keine Kinder hast?' ‚Ich will nicht ewig leben. Im Gegenteil. Ich möchte keine Spuren hinterlassen.' ‚Doch', sagte Agnes. ‚Komm', sagte ich, ‚gehen wir zurück ins Bett. Es ist noch früh.'" (S. 28)
Dass dem Ich-Erzähler seine ihm eigene Sprachlosigkeit sehr wohl bewusst ist, wird an seinen zwar seltenen, jedoch in Ansätzen selbstkritischen Reflexionen deutlich: So stellt er zum einen fest, dass Agnes und er „nur stichwortartig über uns selbst" (S. 20) sprechen. Zum anderen räumt er sein Verstummen bzw. Schweigen ein, wenn ihm entweder die Worte fehlen („Später sagte ich zu ihr, dass ich sie liebe, aber es genügte nicht, und weil ich nicht wusste, wie sonst ich das Gefühl beschreiben sollte, schwieg ich wieder und wir sprachen den ganzen Abend kaum.", S. 59f.) oder er sich nicht äußern will.
Letzteres ist insbesondere dann der Fall, wenn die gemeinsame Zukunft Gegenstand des Gesprächs ist: „‚Was geschieht mit uns, wenn du [mit der Geschichte] fertig bist?' Ich zögerte. Schließlich sagte ich: ‚Darüber müssen wir reden.' ‚Ja', sagte Agnes, ‚genau das versuche ich.' Wir schwiegen beide" (S. 88). Die Kommunikationsunfähigkeit des Ich-Erzählers offenbart seine Angst, sich Agnes gegenüber zu öffnen – vor allem deshalb, weil sie hier der Wahrheit, dem sich ankündigenden Ende ihrer Liebesbeziehung, für seinen Geschmack viel zu nahe kommt. Der bereits an anderer Stelle geäußerte Satz des Ich- Erzählers „Wir müssen reden" (S. 90) entpuppt sich somit letztlich als leere Phrase.
Seine Unfähigkeit zu kommunizieren ist zugleich aber auch Ausdruck des mangelnden Einfühlungsvermögens des Ich-Erzählers insgesamt, was sich insbesondere an Agnes' Körpersprache manifestiert, welche er nicht zu deuten vermag (vgl. S. 14, S. 23, S. 53 und S. 58f.). Aber gerade nonverbale Kommunikation mittels Blick und Mimik sagt etwas über die Intensität einer Beziehung aus, geht es hierbei doch sinnbildlich um blindes Verstehen und Erkennen der Bedürfnisse, Wünsche, Gedanken usw. des anderen[2].

Je weiter sich die Liebenden im Zeitablauf voneinander entfernen, desto mehr verstummt auch **Agnes**, sodass sich die Kommunikation zwischen ihr und dem Ich-Erzähler letztlich parallel zum Verlauf ihrer Liebesbeziehung entwickelt und diesen folglich widerspiegelt. Während sie zunächst „eine Vorliebe [hat], über Ideen zu reden, auch später, als wir uns besser kannten" (S. 21) und den Ich-Erzähler dabei zuweilen mit ihrer Begeisterungsfähigkeit überrascht (vgl. S. 45), hat sie ihm später, nachdem sie erneut bei ihm eingezogen ist, buchstäblich nicht mehr viel zu sagen.
Dies wird zum einen daran deutlich, dass sie einen Telegrammstil annimmt, indem sie ihre Äußerungen sprachlich auf das Nötigste beschränkt (vgl. S. 128f.), und dem Ich-Erzähler zunehmend mit distanzierter Sachlichkeit begegnet: „Wir sind ja nicht verheiratet." (S. 141). Zum anderen spiegelt sich ihr verändertes Kommunikationsverhalten in ihrer Körpersprache wider, wenn sie sich im „Bett [...] oft von mir ab[wendet] und [...] zusammengekauert und ganz auf ihrer Seite" (S. 122) schläft. Dies wiederum ist als Zeichen ihrer Resignation zu deuten (vgl. S. 127), zumal sich Agnes schon zuvor bei ihm darüber beklagt hat, dass er die Kommunikation mit ihr verweigert (vgl. S. 90).

Die im Roman „Agnes" dargestellte Kommunikationsunfähigkeit der Liebenden zeichnet ein gängiges „thematisches Bild der zeitgenössischen Literatur, das u. a. durch eine unerfüllte Sehnsucht der heutigen Menschen nach Liebe und Geborgenheit geprägt ist"[3]. Sie steht

[1] Vgl. Dreier (2005), S. 103.
[2] Vgl. Möckel (2001), S. 74.
[3] Dreier (2005), S. 103f.

folglich stellvertretend für eine (längst) unterkühlte und distanzierte Liebesbeziehung, in welcher der Mensch trotz Zusammenseins letztlich „allein und sich selbst überlassen [bleibt], aus Angst vor Enttäuschung oder Zurückweisung“[1].

Um die Schülerinnen und Schüler an diesen Untersuchungsaspekt heranzuführen, werden sie angehalten, die folgenden Aufgaben entweder allein oder mit ihrem Sitznachbarn zu erarbeiten:

- *Lesen Sie das Kapitel 5 (S. 26–28) erneut und beschreiben Sie möglichst differenziert, wie Agnes und der Ich-Erzähler miteinander kommunizieren.*
- *Suchen Sie weitere geeignete Textstellen, in denen Veränderungen in der Kommunikation zwischen den Liebenden deutlich werden, und setzen Sie sich mit den möglichen Ursachen für dieses Phänomen auseinander.*

Die Ergebnisse der Textanalyse können in sprachlich reduzierter Form zu folgendem Tafelbild zusammengefasst werden:

Gespräche oder Missverständnisse?
oder: Die Kommunikation zwischen den Liebenden

- überwiegend belanglose und teilweise bezuglose Wortwechsel (vgl. S. 17)
- ausführlichere Gespräche nur über den Fortgang der Geschichte (vgl. S. 54f., S. 64ff., S. 117ff., S. 134 und S. 138f.)

Ich-Erzähler

- ist bei Gesprächen über wichtige Lebensfragen verschlossen
  - bricht diese ab (vgl. S. 28 und S. 120)
  - lässt ihre Fragen unbeantwortet (vgl. S. 88 und S. 120)
  - stellt Gegenfragen (vgl. S. 129 und S. 131)
- weicht insbesondere Gesprächen über eine gemeinsame Zukunft aus (vgl. S. 88)
- seine Äußerung „Wir müssen reden“ (S. 90 und S. 88) bleibt eine leere Phrase
- versteht Agnes' Körpersprache (Blick, Mimik) nicht (vgl. S. 14, S. 23, S. 53 und S. 58f.)

Agnes

- sucht den gedanklichen Austausch mit dem Ich-Erzähler, da sie „eine Vorliebe [hat], über Ideen zu reden, auch später, als wir uns besser kannten“ (S. 21)
- spricht begeistert über Dinge, welche sie beschäftigen (vgl. S. 45)
- ändert nach ihrer Rückkehr in seine Wohnung ihr Kommunikationsverhalten – antwortet knapp im Telegrammstil (vgl. S. 128f.), verstummt zunehmend
  - begegnet ihm mit distanzierter Sachlichkeit (vgl. S. 141)
  - wendet sich auch körpersprachlich von ihm ab (vgl. S. 122)

↓

mangelnde Kommunikation als Spiegel der Bindungs- und Beziehungsunfähigkeit
➡ Mensch ist weiterhin einsam, seine Sehnsucht nach Liebe und Nähe bleibt unerfüllt

[1] Dreier (2005), S. 104

Im Rahmen eines Unterrichtsgespräches ist abschließend zu klären, wofür die von Stamm dargestellte Kommunikationsunfähigkeit steht (vgl. Fazit des Tafelbildes). Mithilfe der folgenden Leitfrage kann eine entsprechende Reflexion initiiert werden:

- *Wofür steht die Unfähigkeit der Protagonisten, miteinander zu kommunizieren, stellvertretend?*

2.6 Kälte, Schnee und Tod: Das Scheitern einer Liebe

Der Roman „Agnes" erzählt die Geschichte einer Liebesbeziehung von ihrem Beginn bis zu ihrem Scheitern, obwohl gemeinhin behauptet wird, dass „in Amerika alle Geschichten gut ausgehen"[1]. Diesen Baustein abschließend, sollen im Folgenden zum einen die Gründe für das Scheitern dieser Liebesbeziehung zusammengefasst (vgl. Bausteine 2.1 bis 2.5, S. 26ff.) und zum anderen das hiermit verbundene Motiv der Kälte einschließlich dessen Variationen erläutert werden; denn die Antinomie von Kälte und Wärme, Schnee (bzw. Frost) und Feuer (bzw. Feuerwerk) zieht sich leitmotivisch durch Stamms gesamten Roman.
Kälte scheint derjenige Gefühlszustand zu sein, welcher den Liebenden nur allzu vertraut ist und welcher sie zudem verbindet. So begegnen sich Agnes und der Ich-Erzähler das erste Mal an einem kalten, verschneiten Wintertag (vgl. S. 9), die neu erwachende Liebe spendet ihnen einen Sommer lang Wärme und Geborgenheit (vgl. S. 67ff.), welche jedoch schnell verebbt und bereits im Herbst mit Bekanntwerden von Agnes' Schwangerschaft abrupt wieder in Kälte umschlägt (vgl. S. 87ff.).
Im Kältegefühl manifestieren sich in der Figur **Agnes**, welche sogar am Lagerfeuer „unter ihrem dicken Wollpullover" (S. 73) noch friert, zum einen deren Einsamkeit und innere Leere. Zum anderen werden hier ihre emotionalen Defizite während der Kindheit und Jugend offenbar, welche wiederum in der problematischen Beziehung zum Vater, von dem sie sich abgelehnt fühlt (vgl. S. 32f.), begründet sind und ihr Verhältnis zu Männern beeinträchtigen. Im Gegensatz zur Protagonistin verkörpert Kälte bei dem **Ich-Erzähler** sowohl seinen Zynismus als auch die Selbstentfremdung dieser zentralen Männerfigur[2]. Auch der Sachbuchautor erwähnt oft die spürbare Kälte, welche er in der Bibliothek oder im Café zu bekämpfen versucht (vgl. S. 14ff.).
Leitmotivisch gebraucht Stamm das Motiv der Kälte[3] im Zusammenhang mit der Heldin: So friert Agnes des Öfteren, trägt oder strickt warme Pullover und liest Gedichte von Robert Frost. Auch Hesses Erzählung „Siddhartha" ist an dieser Stelle anzuführen, deren Lektüre sie vor vielen Jahren emotional so berührt hatte, dass sie lange Zeit im Schnee stehen bleiben musste, um ihre „Gefühle abzutöten. Das einzige, das ich abtötete, war [allerdings] das in meinen Füßen. Es lag Schnee" (S. 119).
Die inneren Ängste vor wärmender Nähe und Liebe spiegeln auch die ersten Gespräche der beiden wider, in denen sie zunächst nur „stichwortartig über uns selbst" (S. 20) sprechen und ihre persönlichen Einstellungen somit nur ansatzweise preisgeben. Während sich Agnes aufrichtig in den Ich-Erzähler verliebt, sich dem geliebten Menschen gegenüber öffnet und ihm zu Weihnachten einen selbst gestrickten Pullover schenkt (vgl. S. 125), welcher als Symbol ihrer Liebe und (emotionalen) Wärme aufgefasst werden kann, flüchtet er sich in seine virtuelle Parallelwelt, hält Agnes auf Distanz und lädt sie schließlich auf den Dachboden ein, wo sie sich zudem eine schwere Erkältung zuzieht (vgl. S. 126ff. und S. 130), von der sie sich bis zum Ende dieser Liebesbeziehung nicht erholt.

---

[1] Doering (1999), S. 42
[2] Vgl. Rowinska-Januszewska (2009), S. 101.
[3] Eine vertiefende Textanalyse zum Gebrauch von Symbolen und Leitmotiven im Roman sind dem Abschnitt 3.3 (S. 72ff.) zu entnehmen.

In diesem Zusammenhang ist ihr Erfrierungstod somit als direkte Folge der emotionalen Kälte ihres Geliebten anzusehen: „Sie zog ihre Handschuhe aus und fuhr mit den Händen über die eiskalten Stämme der Bäume. Sie fühlte nicht die Kälte, aber sie spürte die schorfige Rinde an ihren fast tauben Fingerkuppen. Dann kniete sie nieder, legte sich hin und drückte ihr Gesicht in den pulvrigen Schnee. Langsam gewann sie das Gefühl zurück, erst in den Füßen, in den Händen, dann in den Beinen und Armen, es breitete sich aus, wanderte durch ihre Schultern und ihren Unterleib zu ihrem Herzen, bis es ihren ganzen Körper durchdrang und es ihr schien, als liege sie glühend im Schnee, als müsse der Schnee unter ihr schmelzen" (S. 152).
Bereits an anderer Stelle sinniert Agnes über diese Art des Sterbens, womit zugleich das Scheitern dieser Liebesbeziehung vorausgedeutet wird: „Es heißt, zu erfrieren sei ein schöner Tod" (S. 78). In seiner Geschichte greift der Ich-Erzähler dieses positiv konnotierte Bild wieder auf, in welchem der Schnee paradoxerweise mit glühender Wärme assoziiert wird und die Verschmelzung mit selbigem das Ende von Schmerz und Einsamkeit bedeutet. In der entfremdeten und buchstäblich kalten „Welt der Singles"[1], in welcher Wertvorstellungen (vgl. Baustein 2.3, S. 35 ff.) und Affekte ins Gegenteil gekehrt sind, „gewinnt auch die Wahrnehmung von Kälte und Wärme eine umgekehrte Bedeutung"[2].
Agnes muss erkennen, dass der Ich-Erzähler nicht sie selbst, sondern nur seine literarische Schöpfung lieben kann („Du widerst mich an mit deiner Geschichte.", S. 91), und das Scheitern der Liebesbeziehung unvermeidlich ist (vgl. zudem S. 114, S. 121 f. und S. 127). So versinnbildlichen etwa ihre tauben Fingerspitzen „das Ende ihrer zu Tode erschöpften Empfindungskraft, ihres Gefühlspotenzials, den Schmerz anzunehmen und weitere Ablehnung zu erfahren"[3], weshalb ihre emotionale Betäubung letztlich nur durch die Kälte und den weichen Schnee gelindert bzw. geheilt werden kann. Letzterer ist folglich als Symbol für die sublime Form der Erde zu verstehen, von der Agnes sanft aufgenommen und in die Unterwelt eingeführt wird[4].
Gleichzeitig entlarvt der Erfrierungstod der virtuellen Agnes den (unbewussten) Wunsch des Ich-Erzählers, diese Liebe endgültig aus seinem Leben verbannen zu wollen (vgl. S. 14 f. und S. 139), sowie die damit einhergehende Sehnsucht nach seiner bisherigen emotional risikofreien, kalten Single-Existenz ohne Agnes. Dieser Deutungsansatz wird zudem dadurch nahegelegt, dass er diesen für Agnes grausamen, für ihn hingegen „einzig mögliche[n], [...] einzig wahre[n] Schluss" (S. 139) in einem geradezu traumhaften, „betäubten [...] Zustand" (S. 136) verfasst.

Um die Schülerinnen und Schüler an diesen Untersuchungsaspekt heranzuführen, sollen diese in einem **ersten Schritt** das Motiv der Kälte im Roman „Agnes" analysieren. Ausgehend von dem Kapitel 35 (S. 150 ff.) sollen die Kursteilnehmer folgende Arbeitsaufträge in Kleingruppen bearbeiten, wobei die dritte Aufgabe nur bei Bedarf zu erteilen ist, sofern die Arbeitsergebnisse für den weiteren Verlauf der Unterrichtsreihe präsent bleiben sollen:

- *Lesen Sie das Kapitel 35 (S. 150 ff.) erneut und interpretieren Sie den Erfrierungstod der fiktiven Agnes. Gehen Sie in diesem Zusammenhang auch auf die Äußerung des Ich-Erzählers ein, dass dieser „der einzig mögliche, der einzig wahre Schluss" (S. 139) sei.*
- *Erläutern Sie zudem die symbolische Funktion von Kälte (Schnee) und Wärme (Feuer) in diesem Roman.*

[1] Vgl. Möckel (2001), S. 77.
[2] Rowinska-Januszewska (2009), S. 103
[3] Ebda.
[4] Vgl. ebda.

Zusatzaufgabe (fakultativ)

- *Bereiten Sie Ihre Arbeitsergebnisse grafisch auf, indem Sie ein Wandplakat zum Verlauf der Liebesbeziehung zwischen Agnes und dem Ich-Erzähler gestalten.*

Die Ergebnisse dieser Textanalyse können zu folgendem Tafelbild zusammengefasst werden:

Das Scheitern einer Liebe

- Beginn der Liebe: an einem kalten, verschneiten Wintertag (vgl. S. 9)
- glücklichste Zeit: im Wärme und Geborgenheit spendenden Sommer (vgl. S. 67 ff.)
- Ende der Liebe: Agnes' Erfrierungstod im Schnee (vgl. S. 150 ff.)

Agnes

- friert häufig, sogar am Lagerfeuer „unter ihrem dicken Wollpullover" (S. 73)
- schenkt dem Ich-Erzähler als Zeichen ihrer Liebe und emotionalen Wärme einen selbst gestrickten Wollpullover (vgl. S. 125)
- Vorausdeutung: „Es heißt, zu erfrieren sei ein schöner Tod" (S. 78)

Ich-Erzähler

- spürt ebenfalls Kälte, welche er in der Bibliothek und im Café zu bekämpfen versucht (vgl. S. 14 ff.)
- hat jedoch letztlich Angst vor Nähe bzw. Wärme
  - Flucht in seine virtuelle Parallelwelt (vgl. S. 136 und S. 139)
  - (unbewusster) Wunsch, seine bisherige Single-Existenz wiederzuerlangen (vgl. S. 136 und S. 139)
  - verfasst daher den „einzig mögliche[n], [...] einzig wahre[n] Schluss" (S. 139), um die Liebe sinnbildlich zu töten

↓

Kälte = Symbol für Agnes' Einsamkeit und innere Leere

➡ Erfrierungstod als direkte Folge der Gefühlskälte des Ich-Erzählers (vgl. S. 152)

Im Sinne einer Vertiefung dieses Lerngegenstandes sollen die Schülerinnen und Schüler in einem **zweiten Schritt** Möglichkeiten des Ich-Erzählers zur Überwindung seiner Beziehungsunfähigkeit bzw. zum Erlernen der Fähigkeit zu lieben erarbeiten. Ausgangspunkt hierfür ist dessen zwischenzeitlicher Vorsatz, sein Leben ändern zu wollen (vgl. S. 107).

Die Fähigkeit, lieben zu können, zählt zu den komplexesten Phänomenen der menschlichen Existenz, welche nur schwer zu erfassen ist und demzufolge nicht einheitlich definiert ist. In seiner Dreieckstheorie der Liebe formuliert Robert Sternberg jedoch drei wesentliche Voraussetzungen für eine glückliche Liebe[1]:
Seinem Modell zufolge stellt **Leidenschaft** die „heiße", motivationale Komponente einer Liebesbeziehung dar, welche romantische Gefühle, körperliche Anziehungskraft und auch sexuelle Bedürfnisse umfasst. **Intimität** hingegen definiert der Psychologe als „warme",

[1] Sternberg (1986), zitiert nach Peirano (2008), S. 45 f.

emotionale Komponente, worunter er vornehmlich Gefühle der Verbundenheit und Zusammengehörigkeit versteht: Der Wunsch, für das Wohlergehen des anderen zu sorgen, den Partner zu achten und auf ihn zu vertrauen, sind dafür geeignete Beispiele. Aber auch Offenheit gegenüber dem geliebten Menschen ist hierunter zu fassen, also die Bereitschaft, das vertraute Gespräch zu suchen[1]. Als **Bindung** wiederum bezeichnet Sternberg die kognitive Seite der Liebe, hinter welcher sich die bewusste Entscheidung verbirgt, eine Partnerschaft eingehen, aufbauen und auch in schwierigen Zeiten aufrechterhalten zu wollen.
Nach Sternberg kann die Liebe zwischen zwei Menschen nur dann glücklich sein und Bestand haben, wenn alle drei Voraussetzungen gleichermaßen erfüllt sind, das Dreieck sinnbildlich gleichseitig ist[2]. Allerdings bedeutet Liebe aus seiner Sicht auch, dass diese mit einer Veränderung der bisherigen Existenz beider Partner verbunden ist und jede Distanzhaltung gegenüber der Liebe bewirkt, dass diese unmöglich wird[3].
Bezieht man die Theorie Sternbergs auf die Figur des Ich-Erzählers, ist offensichtlich, dass mit dem Fehlen von Intimität und Bindung auf seiner Seite gleich mehrere Voraussetzungen für eine glückliche und dauerhafte Liebe nicht erfüllt sind; denn „er hat Angst vor [emotionalem] Engagement, übersieht ihr Leiden, ihre Bedürfnisse und tendiert dazu, sie aus seinem wirklichen Leben auszuschließen"[4]. Dies erkennt auch Agnes, wenn sie konstatiert, dass sie „nicht das, was du gesagt hast", zutiefst verletzt hat, sondern „dass du mich allein gelassen hast. Dass du einfach weggelaufen bist" (S. 113).

Einen anderen Ansatz vertritt Erich Fromm: Er ist der Ansicht, dass Liebe nicht bloß ein Gefühl, sondern eine erlernbare Kunst ist, welche neben der bewussten Entscheidung für die Liebesbeziehung unter anderem auch Mut zur Selbsterkenntnis, Selbstdisziplin und Bereitschaft, hieran zu arbeiten, erfordert[5], weshalb er diese die „aktive Kraft im Menschen"[6] darstellt.
Als erstrebenswert erachtet er die „reife Liebe", wie der Soziologe sie bezeichnet, worunter er wiederum „eine Vereinigung [zweier Menschen versteht], bei der die eigene Integrität und Individualität bewahrt bleibt", welche zudem stark genug ist und die „Wände niederreißt, die den Menschen von seinem Mitmenschen trennen", und die Liebenden „das Gefühl der Isolation und Abgetrenntheit überwinden"[7] lässt.
Zu dieser höchsten Form der Liebe sind allerdings nur diejenigen Menschen fähig, welche das Geben, welches im zwischenmenschlichen Bereich insbesondere „Fürsorge, Verantwortungsgefühl, Achtung vor dem anderen und Erkenntnis"[8] beinhaltet, keinesfalls irrtümlicherweise als Verlust oder Entbehrung empfinden[9]. Nach Fromm gehört der Ich-Erzähler jedoch gerade zu der Kategorie von Menschen, welche der Liebe einen oberflächlichen „Marketing-Charakter"[10] verleihen, da sie außerstande sind, etwas von ihrem Inneren (Freude, Interesse, Verständnis, Wissen, Humor, Traurigkeit usw.) ohne Gegenleistung zu geben[11], sich von ihrem narzisstischen Allmachtgefühl und der damit einhergehenden Angst zu lieben zu befreien[12].

Dementsprechend wäre auch das Gefühl des Freiheitsverlusts durch seine Beziehung mit Agnes (vgl. S. 110), welches den Ich-Erzähler in die digitalen Fluchträume treibt,

---

1 Peirano (2008), S. 45
2 Vgl. Peirano (2008), S. 46.
3 Vgl. Sternberg (1986), zitiert nach Rowinska-Januszewska (2009), S. 104.
4 Rowinska-Januszewska (2009), S. 104
5 Vgl. Fromm (2008), S. 11 ff. sowie S. 42 ff.
6 Fromm (2008), S. 40
7 Ebda.
8 Ebda., S. 48
9 Vgl. Fromm (2008), S. 43 ff.
10 Fromm (2008), S. 42 sowie S. 11 ff.
11 Vgl. Fromm (2008), S. 45.
12 Vgl. ebda., S. 47.

nach Fromm ausschließlich für Menschen mit unzureichender Charakterentwicklung kennzeichnend; denn für eine reife Persönlichkeit stellt Liebe eine Möglichkeit, zu geben und sich dadurch zu bereichern, dar[1].
Den in diesem Zusammenhang zu erwähnenden „Egoismus" (S. 92 und S. 110) des Ich-Erzählers, welcher ihm von seinen ehemaligen Freundinnen offenbar bereits des Öfteren vorgeworfen worden ist, sowie die flüchtige Affäre mit Louise zeugen aus Sicht des Soziologen ebenso von unreifer Liebe wie dessen Ablehnung jeglichen emotionalen Engagements, der Angst vor der drohenden Vaterschaft, der Flucht vor Verantwortung sowie der Unfähigkeit zur Kommunikation[2].
Symptomatisch ist dabei zudem sein zwanghaft anmutendes Bedürfnis, Agnes kontrollieren und beherrschen zu wollen, indem er sie zumindest in der Fiktion zu seinem eigenen „Geschöpf" (S. 62) macht. Für Fromm ist eine derartige Flucht in Illusionen als Missachtung des anderen aufzufassen: „Achtung hat nichts mit Furcht und nichts mit Ehrfurcht zu tun: Sie bezeichnet die Fähigkeit, jemanden so zu sehen, wie er ist, und seine einzigartige Individualität wahrzunehmen. [...] Wenn ich den anderen wirklich liebe, fühle ich mich eins mit ihm, aber so, *wie er wirklich ist,* und nicht, wie ich ihn als Objekt zu meinem Gebrauch benötige. [...] Die Liebe ist das Kind der Freiheit und niemals das der Beherrschung."[3]
Dass der Ich-Erzähler nicht gewillt oder aber fähig ist, den geliebten Menschen so wahrzunehmen, wie er ist, sondern Agnes vielmehr zum literarischen Stoff degradiert, belegen gleich mehrere Situationen: So wirft Agnes ihm etwa direkt vor, sie nicht zu kennen (vgl. S. 127). Auch das im Roman angeführte Zitat von Paul Valéry, „Der Mensch lebt und stirbt in dem, was er sieht, [...] aber er sieht nur, was er denkt" (S. 101), verweist explizit auf eine gewisse selbst auferlegte Blindheit des Sachbuchautors, dessen Wahrnehmung durch seine starre Denkweise (vgl. Baustein 2.1, S. 26ff.) beeinträchtigt wird.
Die hohen, idealistischen Anforderungen, welche Fromm an die Liebe stellt, erfüllt der Ich-Erzähler folglich nicht einmal ansatzweise. Gleichzeitig spiegelt diese Figur ein Stück weit die Meinung des Autors zum Verlust der Freiheit in der Liebe wider: „Wer sich verliebt, verliert zuallererst einmal Freiheit. [...] So besteht in Beziehungen ein stetig sich änderndes Ungleichgewicht von Freiheitsdrang und Abhängigkeit. Wer mehr liebt, verliert Freiheit und mag glauben, mehr für die Beziehung tun zu müssen als der andere. Er versucht, die eigene Unfreiheit zu kompensieren, indem er die Freiheit des anderen einschränkt."[4] Stamm verweist hier somit auf den flüchtigen Charakter der Liebe in unserer Gesellschaft und stellt zudem die pessimistische Diagnose: „Die freie Liebe ist gescheitert, aber um die unfreie steht es nicht viel besser"[5].
Sein Roman „Agnes", in welchem der Autor die Unmöglichkeit einer dauerhaften, glücklichen Liebe zeigt, liefert hierfür den literarischen Beweis. Stamms Welt erweist sich als eine kalte „Welt der Singles"[6], in welcher insbesondere der Ich-Erzähler außerstande ist, einem anderen Menschen Liebe, Nähe und Wärme zu geben, da er, nach Fromm, nicht einmal in der Lage ist, sich selbst zu akzeptieren bzw. zu lieben. Dies wäre jedoch eine grundlegende Voraussetzung, um die Kunst des Liebens lernen zu können[7]. Aufgrund dessen erscheint es nur mehr als logische Konsequenz, dass sich „selbst der imaginierte, virtuelle Fluchtraum [...] als ein auswegloser Raum [erweisen muss], in dem lediglich der Tod der Liebe simuliert werden kann"[8].

---

1 Vgl. Fromm (2008), S. 43.
2 Vgl. Rowinska-Januszewska (2009), S. 105.
3 Fromm (2008), S. 51
4 Stamm (2006), S. 74
5 Ebda.
6 Möckel (2001), S. 77
7 Fromm (2011), S. 97ff.
8 Rowinska-Januszewska (2009), S. 107

Um die Schülerinnen und Schüler an diese vertiefende Textanalyse heranzuführen, erhalten sie das **Arbeitsblatt 6** (S. 59), welches die nachstehend aufgeführten Aufgabenstellungen bereithält. Insbesondere für leistungsschwächere Schülerinnen und Schüler empfiehlt es sich zudem, entweder zusätzlich als Anregung oder alternativ zum Arbeitsblatt das **Zusatzmaterial 6**,S. 132f.) mit einem weiteren Textauszug aus Fromms „Die Kunst des Liebens" zu geben.

- *Geben Sie die Kernaussagen des vorliegenden Textauszuges wieder. Gehen Sie dabei auch darauf ein, wie Fromm die von ihm selbst aufgeworfene Frage, ob Liebe eine erlernbare Fähigkeit sei, beantwortet.*
- *Schreiben Sie den Aufsatz von Fromm weiter fort, indem Sie sich kritisch mit der Problemstellung auseinandersetzen, was Menschen wie die Figur des Ich-Erzählers konkret lernen müssten, um die Kunst des Liebens zu beherrschen.*

Die Ergebnisse dieser Untersuchungsaspekte können zu folgendem Tafelbild zusammengefasst werden:

Die Kunst des Liebens
oder: Was muss der Ich-Erzähler lernen, um andere Menschen lieben zu können?

Der Ich-Erzähler muss …

- das Bedürfnis verspüren, der Liebe die oberste Priorität im Leben einzuräumen (vgl. Z. 170ff.).
- Bereitschaft entwickeln, aktiv etwas für die Liebe tun zu wollen (vgl. Z. 14ff.).
- erkennen, dass Geben in einer Partnerschaft keinen Verlust darstellt, sondern mehr Freude bereitet als Nehmen.
- den Mut haben, etwas von seinem Inneren preiszugeben (Freude, Interesse, Verständnis, Wissen, Humor, Traurigkeit usw.)
- aufhören, den anderen kontrollieren, beherrschen und verändern zu wollen.
- Achtung vor dem Partner entwickeln, indem er ihn in seiner Einzigartigkeit wahrnimmt.
- lernen, sich selbst zu akzeptieren bzw. zu lieben.
- …

Charakterisierung: Wer ist der Ich-Erzähler?

Beim Spazierengehen findet ein Passant Agnes tot im Schnee und meldet dies der Polizei von Chicago, welche umgehend mit ihren Ermittlungen beginnt, um diesen Todesfall aufzuklären. Da diese zunächst auch die Möglichkeit eines Verbrechens in Erwägung zieht, wird routinemäßig unter anderem auch der Ich-Erzähler, welcher Agnes als Letzter lebend gesehen hat, verhört. Um die Zuverlässigkeit seiner Aussage zu überprüfen, werden verschiedene Psychologen (Sachverständige) beauftragt, den Charakter des Ich-Erzählers zu beurteilen und auf der Grundlage des Vernehmungsprotokolls ein Persönlichkeitsprofil zu erstellen.

	1	2	3	4	5	6	
rational							emotional
beherrscht							impulsiv
entschlossen							zögerlich
willensstark							willensschwach
selbstständig							abhängig
kreativ							einfallslos
empfindsam							gefühlskalt
gesellig							kontaktarm
oberflächlich							tiefgründig
selbstlos							egoistisch
eifersüchtig							vertrauensvoll
aufgeschlossen							schüchtern
freizügig							prüde
selbstbewusst							unsicher
angeberisch							bescheiden
großzügig							geizig
fleißig							faul
mutig							ängstlich
zuverlässig							unzuverlässig
verantwortungsbewusst							verantwortungslos
treu							untreu
intelligent							einfältig
humorvoll							humorlos
optimistisch							pessimistisch
aggressiv							friedfertig
uneinsichtig							kritikfähig
eitel							uneitel

1. *Suchen Sie geeignete Textstellen, die Auskunft zu der Frage „Was erfahre ich über den Ich-Erzähler?" geben.*
2. *Erstellen Sie für den Ich-Erzähler ein Persönlichkeitsprofil, indem Sie sich jeweils entscheiden, wie stark die eine oder andere Charaktereigenschaft aus Ihrer Sicht auf diese Figur zutrifft, <u>sofern ein begründetes Urteil möglich ist.</u> Kreuzen Sie die betreffende Ziffer an.*
3. *Verbinden Sie die Kreuze anschließend zu einer Kurve.*

Charakterisierung: Wer ist Agnes?

Beim Spazierengehen findet ein Passant Agnes tot im Schnee und meldet dies der Polizei von Chicago, welche umgehend mit ihren Ermittlungen beginnt, um diesen Todesfall aufzuklären, und bereits nach wenigen Stunden ein Verbrechen ausschließen kann. Da sie schließlich auch einen Freitod in Erwägung zieht, allerdings die Motive dieser jungen Frau nicht kennt, werden verschiedene Psychologen (Sachverständige) beauftragt, Agnes' Charakter zu beurteilen und auf der Grundlage der Vernehmungsprotokolle ein Persönlichkeitsprofil zu erstellen.

	1	2	3	4	5	6	
rational							emotional
beherrscht							impulsiv
entschlossen							zögerlich
willensstark							willensschwach
selbstständig							abhängig
kreativ							einfallslos
empfindsam							gefühlskalt
gesellig							kontaktarm
oberflächlich							tiefgründig
selbstlos							egoistisch
eifersüchtig							vertrauensvoll
aufgeschlossen							schüchtern
freizügig							prüde
selbstbewusst							unsicher
angeberisch							bescheiden
großzügig							geizig
fleißig							faul
mutig							ängstlich
zuverlässig							unzuverlässig
verantwortungsbewusst							verantwortungslos
treu							untreu
intelligent							einfältig
humorvoll							humorlos
optimistisch							pessimistisch
aggressiv							friedfertig
uneinsichtig							kritikfähig
eitel							uneitel

1. *Suchen Sie geeignete Textstellen, die Auskunft zu der Frage „Was erfahre ich über Agnes?" geben.*

2. *Erstellen Sie für Agnes ein Persönlichkeitsprofil, indem Sie sich jeweils entscheiden, wie stark die eine oder andere Charaktereigenschaft aus Ihrer Sicht auf diese Figur zutrifft, sofern ein begründetes Urteil möglich ist. Kreuzen Sie die betreffende Ziffer an.*

3. *Verbinden Sie die Kreuze anschließend zu einer Kurve.*

Charakterisierung: Die symbolische Bedeutung des Namens Agnes

Peter Stamm gibt seiner Heldin Agnes einen sogenannten **sprechenden Namen**, was heißt, dass diesem eine symbolische Bedeutung innewohnt, wie die folgenden Textauszüge belegen.

Text 1

Agnes weibl. Vorn. griechischen Ursprungs (zu griech. *hagnós* […] „keusch, rein; hehr;[1] geheiligt"; aufgrund der Klangähnlichkeit an lat. *agnus* „Lamm" angelehnt). Im Mittelalter fand Agnes zunächst durch dynastische und adlige Vorbilder Eingang in die deutsche Namensgebung. Im 19. Jh. trugen literarische Bearbeitungen und Vertonungen des tragischen Schicksals der Augsburger Baderstochter Agnes Bernauer,[2] der Geliebten Herzog Albrechts III. von Bayern (15. Jh.), zur Beliebtheit des Vornamens Agnes bei. Bekannt sind vor allem Friedrich Hebbels „Agnes Bernauer" (1851) und C. Orffs Oper „Agnes Bernauerin" (1946).
Bekannte Namensträgerinnen: die heilige Agnes von Rom, Märtyrerin (3./4. Jh.), Namenstag: 21. Januar; […] die heilige Agnes, Schwester der heiligen Klara von Assisi (13. Jh.); […]

Aus: DUDEN-Lexikon der Vornamen. © 1998 Bibliographisches Institut, Mannheim

Text 2

Agnes, Hl. (21. Jan.). Schon Ambrosius[3] berichtet die ersten Züge ihrer Legende. Diese betont besonders die Schönheit und Glaubenssicherheit der 13-jährigen. Der Werbung des [heidnischen] Stadtpräfektensohnes[4] tritt die vornehme Römerin mit so ausführlicher Begründung ablehnend gegenüber, dass sie als Christin erkannt und vor Gericht gestellt wird. Alle Vorstellungen, Bitten und Drohungen des Richters können ihre Standhaftigkeit nicht erschüttern. Da befiehlt er, sie nackt auszuziehen und in ein Freudenhaus zu bringen. Aber ihre langen Locken umhüllen sie wie ein dichter Mantel, ein Engel bringt ihr ein Lichtgewand, von dem das ganze Haus durchstrahlt wird. Der liebeskranke Sohn des Präfekten sucht sie mit seinen Gesellen auf, geblendet weichen sie zurück, er selbst fällt „vom bösen Geist erwürgt" tot um, als er A. berühren will. Durch ihr Gebet ins Leben zurückgerufen, lässt er sie als Zauberin verschreien. Der Präfekt wagt weder, sie zu retten, noch, sie zu verurteilen, geht außer Landes und überlässt sie einem anderen Richter. Dieser lässt sie in ein großes Feuer werfen, aber die Flammen weichen vor ihr zurück. Da befiehlt er, dass man ein Schwert durch ihre Kehle (ihren Leib) stoße. Eltern und Freunde begraben sie, halten Totenwacht, in der 8. Nacht sehen sie einen Reigen schöner Jungfrauen, in ihrer Mitte A. in goldenem Kleid, den Ring ihres Verlöbnisses mit Christus am Finger, ein weißes Lamm zu ihrer Rechten, das Lamm, auf das Joh. d. T. und die Apokalypse[5] hinweisen. […]

Heilige Agnes von Rom

Aus: Hiltgart L. Keller: Lexikon der Heiligen und biblischen Gestalten. Stuttgart: Reclam, 11. Auflage 2010, S. 33f.

---

1 hehr = erhaben, Ehrfurcht gebietend, durch seine Großartigkeit und Erhabenheit beeindruckend

2 Agnes Bernauer (etwa 1410–1435) = Geliebte und vielleicht auch erste Ehefrau des bayerischen Herzogs Albrecht III.; durch die nicht standesgemäße Verbindung geriet Albrecht mit seinem Vater Ernst in Konflikt, der Agnes Bernauer 1435 in der Donau ertränken ließ.

3 Präfekt = Person, die im antiken Rom mit der Wahrnehmung einer bestimmten Aufgabe in der Verwaltung oder beim Militär betraut war

4 Ambrosius von Mailand (339–397) = römischer Politiker, welcher zum Bischof gewählt wurde

5 Apokalypse (griech. „Enthüllung", „Offenbarung") = Teile der Bibel, welche das Gottesgericht, den Weltuntergang, die Zeitenwende sowie die Enthüllung göttlichen Wissens zum Thema haben"; prophetisch-visionär berichtet eine Apokalypse vom katastrophalen Ende der Geschichte und vom Kommen und Sein des Reiches Gottes

1. *Fassen Sie die unterschiedlichen Bedeutungsebenen dieses Vornamens zusammen.*
2. *Erläutern Sie auf der Grundlage Ihrer bisherigen Ergebnisse, welches Frauenbild Agnes in Stamms gleichnamigem Roman verkörpern soll. Treffen Sie analog zur Protagonistin auch eine Aussage im Hinblick auf die Männerfigur.*

Was ist Liebe?

Max Frisch (15. Mai 1911–4. April 1991) war ein Schweizer Schriftsteller und Architekt, welcher zunächst Germanistik studiert hatte, sein Studium jedoch aus finanziellen Gründen abbrechen musste, um vorerst als Journalist zu arbeiten. Im Alter von 25 Jahren begann er erneut zu studieren – dieses Mal allerdings Architektur. Zeit seines Lebens beschäftigte den Dichter die Frage, wie der Mensch ein Individuum bleiben könne, ohne von anderen festgelegt zu werden, was unter anderem in seinen Werken „Andorra" und „Homo faber" anklingt, mit denen er ein breites Publikum erreichte und die längst Eingang in den Schulkanon gefunden haben. Der folgende Text stammt aus einem der zwei, die Zeiträume von 1946 bis 1949 und 1966 bis 1971 umfassenden, literarischen Tagebücher, deren Einträge später häufig als Skizze für seine Ganzwerke dienten.

Du sollst dir kein Bildnis machen

Es ist bemerkenswert, daß wir gerade von dem Menschen, den wir lieben, am mindesten aussagen können, wie er sei. Wir lieben ihn einfach. Eben darin besteht ja die Liebe, das Wunderbare an der Liebe, daß sie uns in der Schwebe des Lebendigen hält, in der Bereitschaft, einem Menschen zu folgen in allen seinen möglichen Entfaltungen. Wir wissen, daß jeder Mensch, wenn man ihn liebt, sich wie verwandelt fühlt, wie entfaltet, und daß auch dem Liebenden sich alles entfaltet, das Nächste, das lange Bekannte. Vieles sieht er wie zum ersten Male. Die Liebe befreit es aus jeglichem Bildnis. Das ist das Erregende, das Abenteuerliche, das eigentlich Spannende, daß wir mit den Menschen, die wir lieben, nicht fertigwerden: weil wir sie lieben; solang wir sie lieben. Man höre bloß die Dichter, wenn sie lieben; sie tappen nach Vergleichen, als wären sie betrunken, sie greifen nach allen Dingen im All, nach Blumen und Tieren, nach Wolken, nach Sternen und Meeren. Warum? So wie das All, wie Gottes unerschöpfliche Geräumigkeit, schrankenlos, alles Möglichen voll, aller Geheimnisse voll, unfaßbar ist der Mensch, den man liebt –

Nur die Liebe erträgt ihn so. […]

Unsere Meinung, daß wir das andere kennen, ist das Ende der Liebe, jedesmal, aber Ursache und Wirkung liegen vielleicht anders, als wir anzunehmen versucht sind – nicht weil wir das andere kennen, geht unsere Liebe zu Ende, sondern umgekehrt: weil unsere Liebe zu Ende geht, weil ihre Kraft sich erschöpft hat, darum ist der Mensch fertig für uns. Er muß es sein. Wir können nicht mehr! Wir künden ihm die Bereitschaft, auf weitere Verwandlungen einzugehen. Wir verweigern ihm den Anspruch alles Lebendigen, das unfaßbar bleibt, und zugleich sind wir verwundert und enttäuscht, daß unser Verhältnis nicht mehr lebendig sei.

„Du bist nicht", sagt der Enttäuschte oder die Enttäuschte: „wofür ich dich gehalten habe."

Und wofür hat man sich denn gehalten?

Für ein Geheimnis, das der Mensch ja immerhin ist, ein erregendes Rätsel, das auszuhalten wir müde geworden sind. Man macht sich ein Bildnis. Das ist das Lieblose, der Verrat. […]

Aus: Frisch, Max: Tagebuch 1946–1949, in: ders., Gesammelte Werke in zeitlicher Folge. Herausgegeben von Hans Mayer. Band 2: 1944–1949. © Suhrkamp Verlag Frankfurt am main 1976. Alle Rechte bei und vorbehalten durch Suhrkamp Verlag Berlin (aus lizenzrechtlichen Gründen nicht in reformierter Schreibung)

- *Erläutern Sie das Verhältnis zwischen „Liebenden" aus der Sicht des Autors. Gehen Sie in diesem Zusammenhang auch auf den Begriff des Verrats (vgl. Z. 44) ein.*
- *Überprüfen Sie, ob und inwiefern die getroffenen Aussagen auf die Liebesbeziehung zwischen Agnes und dem Ich-Erzähler zutreffen. Belegen Sie Ihre Ausführungen mithilfe geeigneter Textstellen.*

Der Einzelne in der modernen Gesellschaft

Erich Fromm (23. März 1900–18. März 1980), deutsch-amerikanischer Psychoanalytiker, Philosoph und Sozialpsychologe, stammte aus einer streng religiösen jüdischen Familie, aus welcher mehrere Rabbiner hervorgegangen sind. Zwar wollte er ursprünglich ebenfalls diese Laufbahn einschlagen, allerdings entschied er sich schließlich zu einem Soziologiestudium. Nach der Machtergreifung Hitlers emigrierte Fromm im Mai 1934 in die Vereinigten Staaten und wurde sechs Jahre später US-amerikanischer Staatsbürger.

Mit seinen Beiträgen zur Psychoanalyse, Religionspsychologie und Gesellschaftskritik hat er sich als einflussreicher Denker des 20. Jahrhunderts etabliert, wenngleich er in der akademischen Welt oftmals unterschätzt wurde. Viele seiner Publikationen wie etwa „Die Kunst des Liebens" wurden zu Bestsellern und nicht nur in Fachkreisen, sondern auch der breiten Öffentlichkeit diskutiert.

Die kapitalistische Gesellschaft gründet sich einerseits auf das Prinzip der politischen Freiheit und andererseits auf den Markt als den Regulator aller wirtschaftlichen und damit auch gesellschaftlichen Beziehungen. Der Markt der Gebrauchsgüter bestimmt die Bedingungen, unter denen diese Gebrauchsgüter ausgetauscht werden, der Arbeitsmarkt reguliert den An- und Verkauf von Arbeitskraft. Nutzbringende Dinge wie auch nutzbringende menschliche Energie werden in Gebrauchsgüter verwandelt, die man ohne Anwendung von Gewalt und ohne Betrug entsprechend den Marktbedingungen austauscht. [...] Wer über Kapital verfügt, kann Arbeitskraft kaufen und so einsetzen, dass er sein Kapital gewinnbringend anlegt. Wer nur über Arbeitskraft verfügt, muss sie zu den jeweiligen Marktbedingungen an die Kapitalisten verkaufen, wenn er nicht verhungern will. Diese wirtschaftliche Struktur spiegelt sich in der Hierarchie der Werte wider. Das Kapital dirigiert die Arbeitskraft; angesammelte, tote Dinge besitzen einen höheren Wert als das Lebendige, die menschliche Arbeitskraft und Energie.

Dies war von Anfang an die Grundstruktur des Kapitalismus. Obgleich es noch immer auch für den modernen Kapitalismus kennzeichnend ist, haben sich doch inzwischen eine Reihe von Faktoren geändert, die dem heutigen Kapitalismus seine spezifischen Eigenschaften verleihen und einen tiefen Einfluss auf die Charakterstruktur des modernen Menschen ausüben. Die Entwicklung des Kapitalismus hat dahin geführt, dass wir heute Zeugen eines ständig zunehmenden Prozesses der Zentralisierung und Konzentration des Kapitals sind. Die großen Unternehmen dehnen sich ständig weiter aus, und die kleinen werden von ihnen erdrückt. [...]

Der moderne Kapitalismus braucht Menschen, die in großer Zahl reibungslos funktionieren, die immer mehr konsumieren wollen, deren Geschmack standardisiert ist und leicht vorausgesehen und beeinflusst werden kann. Er braucht Menschen, die sich frei und unabhängig vorkommen und meinen, für sie gebe es keine Autorität, keine Prinzipien und kein Gewissen – und die trotzdem bereit sind, sich kommandieren zu lassen, zu tun, was man von ihnen erwartet, und sich reibungslos in die Gesellschaftsmaschinerie einzufügen; Menschen, die sich führen lassen, ohne dass man Gewalt anwenden müsste, die sich ohne Führer führen lassen und die kein eigentliches Ziel haben außer dem, den Erwartungen zu entsprechen, zu funktionieren und voranzukommen.

Was kommt dabei heraus? Der moderne Mensch ist sich selbst, seinen Mitmenschen und der Natur entfremdet[1]. [...] Er hat sich in eine Gebrauchsware verwandelt und erlebt seine Lebenskräfte als Kapitalanlage, die ihm unter den jeweils gegebenen Marktbedingungen den größtmöglichen Profit einzubringen hat. Die menschlichen Beziehungen sind im wesentlichen die von entfremdeten Automaten. Jeder glaubt sich dann in Sicherheit, wenn er möglichst dicht bei der Herde bleibt und sich in seinem Denken, Fühlen und Handeln nicht von den anderen unterscheidet. Während aber jeder versucht, den übrigen so nahe wie möglich zu sein, bleibt er doch völlig allein und hat ein tiefes Gefühl der Unsicherheit, Angst und Schuld, wie es immer dann entsteht, wenn der Mensch sein Getrenntsein nicht zu überwinden vermag. Unsere Zivilisation verfügt über viele Betäubungsmittel, die den Leuten helfen, sich ihres Alleinseins nicht bewusst zu werden: Da ist vor allem die strenge Routine der bürokratischen, mechanischen Arbeit, die verhindern hilft, dass sich die Menschen ihres tiefsten Bedürfnisses, des Verlan-

[1] entfremden = sich innerlich von jemandem bzw. etwas entfernen

gens nach Transzendenz[1] und Einheit, bewusst werden. Da die Arbeitsroutine hierzu nicht ausreicht, überwindet der Mensch seine unbewusste Verzweiflung durch die Routine des Vergnügens, durch den passiven Konsum von Tönen und Bildern, wie sie ihm die Vergnügungsindustrie bietet; außerdem durch die Befriedigung, ständig neue Dinge zu kaufen und diese bald wieder gegen andere auszuwechseln. Der moderne Mensch kommt tatsächlich dem Bild nahe, das Aldous Huxley in seinem Roman „Brave New World“[2] (1946) beschreibt: Er ist gut genährt, gut gekleidet und sexuell befriedigt, aber ohne Selbst und steht nur in einem höchst oberflächlichen Kontakt mit seinen Mitmenschen. […] Des Menschen Glück besteht heute darin, „seinen Spaß zu haben“. Und man hat seinen Spaß, wenn man konsumiert und sich Gebrauchsgüter, Bilder, Essen, Trinken, Zigaretten, Menschen, Zeitschriften, Bücher und Filme „einverleibt“, indem man alles konsumiert, alles verschlingt. Die Welt ist nur noch da zur Befriedigung unseres Appetits, sie ist ein riesiger Apfel, eine riesige Flasche, eine riesige Brust, und wir sind die Säuglinge, die ewig auf etwas warten, ewig auf etwas hoffen und ewig enttäuscht werden. Unser Charakter ist darauf eingestellt, zu tauschen und Dinge in Empfang zu nehmen, zu handeln und zu konsumieren. Alles und jedes – geistige wie materielle Dinge – werden zu Objekten des Tausches und des Konsums.

1 Transzendenz = (Grenz-) Überschreitung

2 Brave New World (Schöne neue Welt) ist ein Science-Fiction-Roman, in welchem von einer utopischen Gesellschaft erzählt wird, in der Stabilität, Frieden und Freiheit gewährleistet zu sein scheinen.

Aus: Erich From: Die Kunst des Liebens

1. *Geben Sie das Bild, welches Fromm von dem Menschen unserer modernen Gesellschaft zeichnet, wieder.*

2. *Überprüfen Sie die Gültigkeit der aufgeworfenen Thesen exemplarisch anhand der Figuren Agnes und des Ich-Erzählers.*
Agnes: *S. 20 f., S. 24, S. 45 f., S. 48, S. 77, S. 111, S. 116, S. 130*
Ich-Erzähler: *S. 28, S. 99, S. 147–149, S. 151 f.*

3. *Beurteilen Sie, ob und inwiefern die von Fromm beschriebenen gesellschaftlichen Strukturen den Einzelnen in seiner Fähigkeit, einen anderen Menschen zu lieben, beeinflussen.*

Ist Lieben eine Kunst?

Ist Lieben eine Kunst? Wenn es das ist, dann wird von dem, der diese Kunst beherrschen will, verlangt, dass er etwas weiß und dass er keine Mühe scheut. Oder ist die Liebe nur eine angenehme Empfindung, die man rein zufällig erfährt, etwas, was einem sozusagen „in den Schoß fällt“, wenn man Glück hat? Dieses kleine Buch geht davon aus, dass Lieben eine Kunst ist, obwohl die meisten Menschen heute zweifellos das Letztere annehmen.

Nicht als ob man meinte, die Liebe sei nicht wichtig. Die Menschen hungern geradezu danach; sie sehen sich unzählige Filme an, die von glücklichen oder unglücklichen Liebesgeschichten handeln, sie hören sich Hunderte von kitschigen Liebesliedern an – aber kaum einer nimmt an, dass man etwas tun muss, wenn man es lernen will zu lieben.

Diese merkwürdige Einstellung beruht auf verschiedenen Voraussetzungen, die einzeln oder auch gemeinsam dazu beitragen, dass sie sich am Leben halten kann. Die meisten Menschen sehen das Problem der Liebe in erster Linie als das Problem, *selbst geliebt zu werden,* statt *zu lieben* und lieben zu können. Daher geht es für sie nur darum, wie man es erreicht, geliebt zu werden, wie man liebenswert wird. Um zu diesem Ziel zu gelangen, schlagen sie verschiedene Wege ein. Der eine, besonders von Männern verfolgte Weg ist der, so erfolgreich, so mächtig und reich zu sein, wie es die eigene gesellschaftliche Stellung möglich macht. Ein anderer, besonders von Frauen bevorzugter Weg ist der, durch Kosmetik, schöne Kleider und dergleichen möglichst attraktiv zu sein. Andere Mittel, die sowohl von Männern als auch von Frauen angewandt werden, sind angenehme Manieren, interessante Unterhaltung, Hilfsbereitschaft, Bescheidenheit und Gutmütigkeit. Viele dieser Mittel, sich liebenswert zu machen, sind die gleichen wie die, deren man sich bedient, um Erfolg zu haben, um „Freunde zu gewinnen“. Tatsächlich verstehen ja die meisten Menschen unseres Kulturkreises unter Liebenswürdigkeit eine Mischung aus Beliebtheit und Sex-Appeal.

Hinter der Einstellung, dass man nichts lernen müsse, um lieben zu können, steckt zweitens die Annahme, es gehe bei dem Problem der Liebe um ein *Objekt* und nicht um eine *Fähigkeit.* Viele Menschen meinen, zu *lieben* sei ganz einfach, schwierig sei es dagegen, den richtigen Partner zu finden, den man selbst lieben könne und von dem man geliebt werde. Diese Einstellung hat mehrere Ursachen, die mit der Entwicklung unserer modernen Gesellschaft zusammenhängen. Eine Ursache ist die starke Veränderung, die im zwanzigsten Jahrhundert bezüglich der Wahl des „Liebesobjektes“ eingetreten ist. Im Viktorianischen Zeitalter war die Liebe – wie in vielen traditionellen Kulturen – kein spontanes persönliches Erlebnis, das hinterher vielleicht zu einer Heirat führte. Ganz im Gegenteil: Ein Heiratsvertrag wurde entweder zwischen den beiden Familien oder von einem Heiratsvermittler oder auch ohne eine derartige Vermittlung abgeschlossen; der Abschluss erfolgte aufgrund gesellschaftlicher Erwägungen, dass sich die Liebe nach der Heirat schon einstellen werde. In den letzten Generationen ist nun aber die Vorstellung von der romantischen Liebe in der westlichen Welt fast Allgemeingut geworden. Wenn in den Vereinigten Staaten auch Erwägungen herkömmlicher Art nicht völlig fehlen, so befinden sich doch die meisten auf der Suche nach der „romantischen Liebe“, nach einer persönlichen Liebeserfahrung, die dann zur Ehe führen sollte. Diese neue Auffassung von der Freiheit in der Liebe musste notwendigerweise die Bedeutunq des *Objektes* der Liebe – im Gegensatz zu ihrer *Funktion* – noch verstärken.

In engem Zusammenhang hiermit steht ein weiterer charakteristischer Zug unserer heutigen Kultur. Unsere gesamte Kultur gründet sich auf die Lust am Kaufen, auf die Idee des für beide Seiten günstigen Tauschgeschäfts. Schaufenster anzusehen und sich alles, was man sich leisten kann, gegen bares Geld oder auf Raten kaufen zu können – in diesem Nervenkitzel liegt das Glück des modernen Menschen. Er (oder sie) sieht sich die Mitmenschen auf ähnliche Weise an. Der Mann ist hinter einem attraktiven jungen Mädchen und die Frau ist hinter einem attraktiven Mann her. Dabei wird unter „attraktiv“ ein Bündel netter Eigenschaften verstanden, die gerade beliebt und auf dem Personalmarkt gefragt sind. Was einen Menschen speziell attraktiv macht, hängt von der jeweiligen Mode ab – und zwar sowohl in körperlicher wie auch in geistiger Hinsicht. In den zwanziger Jahren galt ein junges Mädchen, das robust und sexy war und das zu trinken und zu rauchen wusste, als attraktiv; heute verlangt die Mode mehr Zurückhaltung und Häuslichkeit. Ende des neunzehnten und Anfang unseres Jahrhunderts musste der Mann ehrgeizig und aggressiv sein – heute muss er sozial und tolerant eingestellt sein, um als attraktiv zu gelten. Jedenfalls entwickelt sich das Gefühl der Verliebtheit gewöhnlich nur in Bezug auf solche menschlichen Werte, für die man selbst entsprechende Tauschobjekte zur Verfügung hat. Man will ein Geschäft machen; der erwünschte Gegenstand sollte vom Standpunkt eines gesellschaftlichen Wertes aus begehrenswert sein und gleichzeitig auch mich aufgrund meiner offenen und verborgenen Pluspunkte und Möglichkeiten begehrenswert finden. So verlieben sich zwei Menschen ineinander, wenn sie das Gefühl haben, das beste Objekt gefunden zu haben, das für sie in Anbetracht des eigenen Tauschwerts auf dem Markt erschwinglich ist. [...] In einer Kultur, in der die Marketing-Orientierung vorherrscht, in welcher der materielle Erfolg der höchste Wert ist, darf man sich kaum darüber wundern, dass sich auch die menschlichen Liebesbeziehungen nach den gleichen Tauschmethoden vollziehen, wie sie auf dem Waren- und Arbeitsmarkt herrschen.

Der dritte Irrtum, der zu der Annahme führt, das Lieben müsste nicht gelernt werden, beruht darauf, dass man das Anfangserlebnis, „sich zu verlieben", mit dem permanenten Zustand „zu lieben" verwechselt. Wenn zwei Menschen, die einander fremd waren [...], plötzlich die trennende Wand zwischen sich zusammenbrechen lassen, wenn sie sich eng verbunden, wenn sie sich eins fühlen, so ist dieser Augenblick des Einsseins eine der freudigsten, erregendsten Erfahrungen im Leben. Besonders herrlich und wundervoll ist er für Menschen, die bisher abgesondert, isoliert und ohne Liebe gelebt haben. Dieses Wunder der plötzlichen innigen Vertrautheit wird oft dadurch erleichtert, dass es mit sexueller Anziehung und sexueller Vereinigung Hand in Hand geht oder durch sie ausgelöst wird. Freilich ist diese Art Liebe ihrem Wesen nach nicht von Dauer. Die beiden Menschen lernen einander immer besser kennen, und dabei verliert ihre Vertrautheit immer mehr den geheimnisvollen Charakter, bis ihr Streit, ihre Enttäuschungen, ihre gegenseitige Langeweile die anfängliche Begeisterung getötet haben. [...]

Diese Auffassung, nichts sei einfacher als zu lieben, herrscht noch immer vor, trotz der geradezu überwältigenden Gegenbeweise. Es gibt kaum eine Aktivität, kaum ein Unterfangen, das mit so ungeheuren Hoffnungen und Erwartungen begonnen wurde und das mit einer solchen Regelmäßigkeit fehlschlägt wie die Liebe. Wäre das auf irgendeinem anderen Gebiet der Fall, so würde man alles dransetzen, die Gründe für den Fehlschlag herauszufinden und in Erfahrung zu bringen, wie man es besser machen könnte – oder man würde es aufgeben. Da Letzteres im Falle der Liebe unmöglich ist, scheint es doch nur einen richtigen Weg zu geben, um ein Scheitern zu vermeiden: die Ursachen für dieses Scheitern herauszufinden und außerdem zu untersuchen, was „lieben" eigentlich bedeutet.

Der erste Schritt auf diesem Wege ist, sich klarzumachen, dass *Lieben eine Kunst ist,* genauso wie Leben eine Kunst ist; wenn wir lernen wollen zu lieben, müssen wir genauso vorgehen, wie wir das tun würden, wenn wir irgendeine andere Kunst, zum Beispiel Musik, Malerei, das Tischlerhandwerk oder die Kunst der Medizin oder der Technik lernen wollten. Welches sind die notwendigen Schritte, um eine Kunst zu erlernen?

Man kann den Lernprozess in zwei Teile aufteilen: Man muss einerseits die Theorie und andererseits die Praxis beherrschen. [...] Aber abgesehen von Theorie und Praxis muss noch ein dritter Faktor gegeben sein, wenn wir Meister in einer Kunst werden wollen: Die Meisterschaft in dieser Kunst muss uns mehr als alles andere am Herzen liegen; nichts auf der Welt darf uns wichtiger sein als diese Kunst. Das gilt für die Musik wie für die Medizin und die Tischlerei – und auch für die Liebe. Und hier haben wir vielleicht auch die Antwort auf unsere Frage, weshalb die Menschen unseres Kulturkreises diese Kunst nur so selten zu lernen versuchen, obwohl sie doch ganz offensichtlich daran scheitern: Trotz unserer tiefen Sehnsucht nach Liebe halten wir doch fast alles andere für wichtiger als diese: Erfolg, Prestige, Geld und Macht. Unsere gesamte Energie verwenden wir darauf zu lernen, wie wir diese Ziele erreichen, und wir bemühen uns so gut wie überhaupt nicht darum, die Kunst des Liebens zu erlernen.

1. *Geben Sie die Kernaussagen des vorliegenden Textauszuges wieder. Gehen Sie dabei auch darauf ein, wie Fromm die von ihm selbst aufgeworfene Frage, ob Liebe eine erlernbare Fähigkeit sei, beantwortet.*

2. *Schreiben Sie den Aufsatz von Fromm weiter fort, indem Sie sich kritisch mit der Problemstellung auseinandersetzen, was Menschen wie die Figur des Ich-Erzählers konkret lernen müssten, um die Kunst des Liebens zu beherrschen.*

Baustein 3

Postmodernes Erzählen

Das ausgehende 20. und das beginnende 21. Jahrhundert sind von einem immer schnelleren Wandel geprägt, welcher sich in unterschiedlichsten gesellschaftlichen Bereichen vollzieht. Stellvertretend sind in diesem Zusammenhang unter anderem der Zusammenbruch der sozialistischen Staaten, der zunehmende Einfluss der Globalisierung, die Banalisierung der Massenmedien sowie der Verlust sozialer Sicherheiten anzuführen. Aus dieser Entwicklung resultiert ein neues, diffuses Lebensgefühl, welches von einem Infragestellen der bisherigen Bildungsideale und einem Unbehagen gegenüber dem technisch Machbaren begleitet ist[1].

Mit seinem Debütroman „Agnes" legt Peter Stamm ein weiteres literarisches Beispiel postmodernen Erzahlens vor, in welchem einige der angeführten Problembereiche näher dargestellt oder zumindest berührt werden, was in diesem Baustein nachgewiesen werden soll. Darüber hinaus soll die Untersuchung der folgenden Aspekte den Schülerinnen und Schülern dabei helfen, die „Merkmale zeitgenössischer Literatur zu erkennen und zu formulieren"[2]. So finden sich etwa diverse intertextuelle Bezüge zu Personen und Werken aus den Bereichen der Literatur und Kunst, wodurch dem Rezipienten unterschiedliche Lesarten ermöglicht werden (vgl. Baustein 3.5, S. 79ff.). Durch die Handlungsstruktur wird zudem der Akt des Schreibens bzw. Erzählens an sich thematisiert, indem wichtige Komponenten eines literarischen Textes als Verdopplung erscheinen (vgl. Baustein 3.1, S. 63ff.). Gleichzeitig lässt diese Komposition die Grenzen von Wirklichkeit und Fiktion verschwimmen. Dieser Effekt wird durch die Unzuverlässigkeit des Ich-Erzählers noch zusätzlich verstärkt (vgl. Baustein 3.2, S. 69ff.).
Weitere Merkmale postmodernen Erzählens finden sich darüber hinaus im Bereich der sprachlich-stilistischen Gestaltung des Romans. So verzichtet der Autor bewusst auf jegliche „Schnörkel oder rhetorisch schmückendes Beiwerk"[3] (vgl. Bausteine 3.3 und 3.4, S. 72ff.).

3.1 Die Handlungsstruktur

An der Bauform dieses Romans ist neu, dass der Ich-Erzähler zwar in traditioneller Manier lediglich einen chronologisch geordneten Hauptstrang erzählt, jedoch zum einen hiervon scheinbar losgelöste Episoden einstreut, die vordergründig nichts mit der eigentlichen Handlung zu tun zu haben scheinen (vgl. Baustein 3.1.2, S. 66ff.), und zum anderen eine Geschichte innerhalb der Geschichte (vgl. Baustein 3.1.1, S. 63ff.) erzählt.

3.1.1 Die Literatur in der Literatur

Im Mittelpunkt dieses Untersuchungsgegenstandes steht letztlich die Frage, welche Konsequenzen das „Experiment" (S. 50), wie der Ich-Erzähler seine Geschichte über Agnes nennt,

1 Raab/Oswald (1999), S. 30
2 Einecke/Nutz (2009), S. 355
3 Dreier (2005), S. 101f.

für die Liebenden und deren Beziehung hat. Da die „Computer-Lovestory"[1] für die beiden zentralen Figuren des Romans jeweils andere Funktionen erfüllt, werden zunächst diese näher betrachtet:
Während beide die Geschichte in der Anfangsphase als harmloses Rollenspiel betrachten und es ihnen sogar Spaß bereitet, sich entsprechend der literarischen Vorlage zu verhalten (vgl. S. 64 ff.), wird aus der Fiktion zunehmend Ernst. Schon bald wird deutlich, dass die Geschichte für den **Ich-Erzähler** das einzige Mittel zur Kommunikation darstellt: Nur hier kann er seine Ängste offen aussprechen (vgl. S. 99) und sich seine Schwächen selbst eingestehen.
Mehr und mehr entwickelt sich die Fiktion für ihn zu einem Fluchtraum aus der Realität (vgl. S. 61 ff., S. 79 ff. und S. 136 f.), bis diese die Wirklichkeit nahezu vollständig ersetzt: „Es war mir, als lebte ich nur noch in der Geschichte, als sei alles andere unwichtig, unwirklich, als sei es Zeitverschwendung zu essen, zu schlafen" (S. 139). In dieser Parallelwelt gelingt es ihm nicht nur, dem Alltag zu entfliehen, vielmehr ist es ihm hier möglich, seine Probleme in der Realität zu bewältigen (vgl. S. 99 und S. 107 f.).
In seiner Fiktion bewährt er sich als liebevoller Ehemann und Vater (vgl. S. 108) und ist auch dazu bereit, die gemeinsame Zukunft für seine kleine Familie zu planen (vgl. S. 116).
Für den Ich-Erzähler fungiert die Geschichte in der Geschichte somit als eine Art Ersatzwelt, in welcher er all jenes zu kompensieren versucht, wozu er in der Realität nicht fähig ist. Diese virtuelle Welt bietet ihm ein glückliches „Liebes- und Familienleben, weil er davon überzeugt ist, dass er damit Agnes' Wünsche erfüllt"[2]. Tatsächlich hat er jedoch nie ernsthaft erwogen, „Agnes zu fragen, ob sie mich heiraten wolle, aber ich bildete mir ein, ihre Gefühle unbewusst erraten zu haben" (S. 82).
Letzteres macht zudem deutlich, dass die Fiktion dem Ich-Erzähler gleichzeitig auch das Spielen bzw. Experimentieren (vgl. S. 50) mit seiner real bestehenden Liebesbeziehung erlaubt. Dies betrifft vornehmlich den Schluss seiner Geschichte über Agnes (vgl. S. 138 ff.); denn dieser offenbart, dass der Sachbuchautor das Ende der Liebesbeziehung zumindest teilweise bewusst zu planen scheint, da er auf Agnes' gezieltes Nachfragen ihrem Blick ausweicht (vgl. S. 138).
Sein Schreiben erweist sich somit letztlich auch hier als eine Fluchtstrategie, die er konsequent bis zum Tode der fiktiven Agnes durchführt, um die von ihm favorisierte Freiheit wiederzuerlangen (vgl. S. 110). Für Agnes ergeben sich als Konsequenz der Geschichte über sich demzufolge lediglich zwei Alternativen: Sie nimmt ihr Schicksal an, befolgt das Drehbuch ein letztes Mal und wählt den Freitod (vgl. S. 77 f.) oder bricht aus der Fiktion aus und verlässt den Ich-Erzähler endgültig. In beiden Fällen jedoch verschwindet Agnes spurlos (vgl. S. 152 f.) und löst sich sinnbildlich in Luft auf.
Dass sich der Ich-Erzähler der zerstörerischen Macht seiner Fiktion sehr wohl bewusst ist (vgl. S. 119 f.), belegt der Anfang seiner Erzählung, wenn er rückblickend seine virtuelle Geschichte für Agnes' vermeintlichen Tod verantwortlich macht (vgl. S. 9).

Auch **Agnes** dient die Geschichte der Kompensation in einer Lebenskrise, im Gegensatz zum Ich-Erzähler allerdings nur vorübergehend. Die Hoffnung auf einen guten Schluss (vgl. S. 137) und die Episode über ihre fiktive Tochter Margaret (vgl. S. 114 ff.) spenden ihr Trost und lindern ihren Schmerz nach dem Verlust des ungeborenen Kindes. Anders als ihr Geliebter verliert die Titelheldin ihre Bodenhaftung nicht (vgl. S. 49). Dass sie zwischen Wirklichkeit und Fiktion zu unterscheiden vermag, wird daran deutlich, dass sie nach kurzer Zeit der Trauer von ihm eine wahre Geschichte ohne Verlogenheit und Illusionen verlangt (vgl. S. 119).

---
1 Rowinska-Januszewska (2009), S. 100
2 Rowinska-Januszewska (2009), S. 100

Um die Schülerinnen und Schüler an die zentrale Frage, inwiefern die Fiktion die (Roman-) Realität bzw. die Figur Agnes beeinflusst, heranzuführen, sollen sie in einem ersten Schritt die jeweilige Bedeutung der Literatur in der Literatur für Agnes und den Ich-Erzähler erarbeiten:

- *Welche Bedeutung hat die Geschichte in der Geschichte zum einen für den Ich-Erzähler und zum anderen für Agnes?*
  Agnes: S. 50, S. 116, S. 119, S. 137
  Ich-Erzähler S. 61 ff., S. 64 ff., S. 79–82, S. 136 f., S. 138 f., S. 152 f.

Die Ergebnisse dieser Textanalyse können zu folgendem Tafelbild[1] zusammengefasst werden:

Die Bedeutung der Literatur in der Literatur

Die Geschichte über Agnes wird zum Drehbuch für das reale Leben, erfüllt für die Liebenden jedoch unterschiedliche Funktionen:

Agnes

- Medium, um zu erfahren, wie der Ich-Erzähler sie sieht (vgl. S. 50)
- vorübergehende Lebenshilfe, um den Verlust des Kindes zu verarbeiten (vgl. S. 116, S. 119 und S. 137)

Ich-Erzähler

- Medium zur Kommunikation (vgl. S. 64 ff. und S. 99)
- Ersatzwelt, um der Realität zu entfliehen (vgl. S. 61 ff., S. 79 ff., S. 136 f. und S. 139)
- tödliches Spiel mit seiner realen Liebesbeziehung (vgl. S. 82 und S. 138 ff.)

➡ Folge: Agnes löst sich sinnbildlich in Luft auf (vgl. S. 152 f.)

⬇

Die Fiktion beherrscht die Realität zunehmend, die Grenzen verschwimmen.
➡ Unerzählbarkeit der Welt als Gegenstand postmoderner Literatur

Zur Vertiefung sollen die Schülerinnen und Schüler in einem zweiten Schritt die Funktion der Literatur in der Literatur mithilfe folgender Leitfragen auf eine allgemeine Ebene übertragen (vgl. Fazit des Tafelbildes).

- *Warum lässt der Autor seinen Ich-Erzähler eine Geschichte in der Geschichte erzählen?*
  Was bewirkt dieses Spiel mit verschiedenen Handlungsebenen?

Indem der Autor seinen Ich-Erzähler eine Geschichte in der Geschichte erzählen lässt, ist es ihm möglich, mehrere (Handlungs-) Ebenen zu verknüpfen bzw. „die Realität der einen durch die der anderen auszutauschen"[2]. Dieses Vorgehen bewirkt, dass die Grenzen zwischen (Roman-) Wirklichkeit und Fiktion zunehmend verwischen und hierdurch die „Unerzählbarkeit der Welt"[3] für den Rezipienten erfahrbar wird.

---

[1] Die Gestaltung des Tafelbildes erfolgt in Anlehnung an Reckefuß (2004), S. 49.
[2] Dreier (2005), S. 102
[3] Zeller (1992), S. 46; zitiert nach Dreier (2005), S. 101 f.

Dieses „Schwanken zwischen Fiktion und Wirklichkeit" als beliebter Gegenstand postmoderner Literatur kann dabei auf drei unterschiedliche Weisen erfolgen, nämlich „als Schwanken zwischen Erfundenem und Realität, zwischen Traum und Wirklichkeit und, als besondere Form, zwischen Bild und Wirklichkeit"[1]. In Stamms postmodernem Roman[2] „Agnes" werden gleich alle drei Ausprägungen realisiert, indem hier zum einen der Prozess des Schreibens selbst thematisiert wird (vgl. S. 20, S. 30, S. 42f., S. 47 und S. 119f.) und zum anderen die grundlegenden Komponenten eines literarischen Textes, nämlich die Handlung und deren Figuren, jeweils als Verdopplung erscheinen"[3].
Auf diese Weise ist der Text eindeutig als Konstrukt erkennbar und wird somit als Fiktion entlarvt. Die Tatsache, dass der Ich-Erzähler seine Geschichte über Agnes am Computer verfasst, verstärkt den Effekt der Illusion zusätzlich, denn während er vor dem „Bildschirmschoner *Starfield Simulation*" sitzt und über den Fortgang seiner Geschichte über Agnes nachdenkt, hat er den Eindruck, „als werde man durch das Glas hindurch in einen unendlichen Raum hineingezogen" (S. 150). In Wirklichkeit vermitteln die Sterne auf dem Bildschirm jedoch nur die „Illusion eines Raumes" (S. 150).[4]

3.1.2 Die eingeschobenen Episoden

Im Art Institute of Chicago stellt Agnes beim Betrachten von Seurats Bild fest, dass die dargestellten Objekte erst mit einigem räumlichen Abstand erkennbar werden (vgl. S. 69), und überträgt diese Erfahrung auf ihre eigene Situation bzw. ihre Beziehung zu dem Ich-Erzähler. Dementsprechend setzt sich auch ihr Leben aus einer Vielzahl kleiner Episoden oder (alltäglicher) Begebenheiten zusammen. Ob es sich dabei jeweils um glückliche Momente gehandelt hat, „wird man erst aus der [zeitlichen] Distanz sehen" (S. 69) können.
Dieser Analogieschluss kann auch für Stamms Roman gebildet werden, denn neben dem eigentlichen Hauptstrang, welcher die Liebesbeziehung zwischen Agnes und dem Ich-Erzähler zum Gegenstand hat, sowie der eng mit diesem verwobenen Geschichte über die Romanheldin (vgl. Baustein 3.1.1) streut der Ich-Erzähler zudem zahlreiche Episoden ein, wie die folgenden Beispiele belegen:[5]

- Herbert begegnet einer fremden Frau (S. 18f.).
- Agnes und der Ich-Erzähler finden eine tote Frau auf dem Gehweg (S. 22f.).
- Agnes erzählt von der Sonntag-Schullehrerin (S. 27f.).
- Ein Pfadfinder-Mädchen verunglückt bei einem Zeltlager (S. 32f.).
- Der Ich-Erzähler begegnet im Zug einer unbekannten Frau, welche auf dem Weg zu einem Blind-Date ist (S. 35ff.).
- Während ihrer Diplomfeier flirtet Agnes mit Herbert (S. 57f.).
- Agnes und der Ich-Erzähler besuchen das Kunstmuseum (S. 67ff.).
- Agnes und der Ich-Erzähler machen eine Wanderung durch den Nationalpark (S. 70ff.).
- Der Ich-Erzähler lernt Louise auf einer Halloween-Party kennen (S. 84f.).
- Der Ich-Erzähler verbringt Thanksgiving bei Louises Eltern (S. 100ff.).
- Louise führt den Ich-Erzähler durch das Pullman-Archiv (S. 105f.).
- Der Ich-Erzähler inspiziert Agnes' Wohnung (S. 112f.).
- Agnes und der Ich-Erzähler schauen sich am Heiligabend den Sternenhimmel auf dem Dach des Hauses an (S. 126ff.).
- Der Ich-Erzähler verwechselt am Neujahrsmorgen die Stockwerke (S. 147ff.).

---

1 Zeller (1992), S. 46; zitiert nach Dreier (2005), S. 101f.
2 Zu den Merkmalen der Postmoderne vgl. Raab (1999), S. 30ff.
3 Nähere Ausführungen hierzu sind bei Dreier (2005), S. 102, zu finden.
4 Zur Vertiefung dieses Aspektes bietet das Zusatzmaterial 9 (S. 138) einen Sekundärtext, in welchem der Einfluss der modernen Medien auf den Einzelnen in der Gesellschaft näher beleuchtet wird.
5 Vgl. Möckel (2001), S. 75ff.

Diese einzelnen Episoden scheinen vordergründig von der eigentlichen Rahmenhandlung völlig losgelöst zu sein. Gleichwohl spielen diese jedoch eine wichtige Rolle, da sie dem Leser zum einen zusätzliche Lesarten und Deutungsansätze ermöglichen. Zum anderen ist auch hier erst nach der Lektüre erkennbar, dass der Roman mosaikartig aus eben diesen Episoden zusammengesetzt ist (Montagetechnik), welche letztlich das Ganze ergeben. So nehmen nicht nur die Figuren „erst am Ende des Romans konkrete Gestalt an“, auch die Reflexion über das Gelesene ist nur mit „zunehmender (emotionaler und zeitlicher) Distanz von dem Text, bei erneutem Überdenken“[1] auf abstrakter Ebene möglich.
Diese Wirkungsabsicht wird etwa durch die Episode mit der jungen Frau deutlich, welche Agnes und der Ich-Erzähler bei ihrem ersten Rendezvous tot vor dem Eingang des Restaurants vorfinden (S. 22f.). Rückblickend wird hier Agnes' Erfrierungstod im Wald vorausgedeutet, wofür bei näherer Betrachtung gleich mehrere Anzeichen sprechen: So ist die Unbekannte „nicht älter als Agnes“ und trägt zudem ausgerechnet „einen waldgrünen Wollpullover“ (S. 22).
Auch ihr anschließendes Gespräch über den Tod (vgl. S. 23f.), die bevorzugten Arten zu Sterben (vgl. S. 78), der Tagtraum des Ich-Erzählers (vgl. S. 80f.), die Fehlgeburt (vgl. S. 111) sowie weitere Episoden sind in diesem Zusammenhang zu nennen und markieren weitere Etappen der sich immer stärker verdichtenden Todespräsenz in Agnes' Leben, was wiederum den Leser auf den unausweichlichen Schluss des Romans vorbereitet.
Gleichzeitig wird über die motivische Ebene Kälte, Schnee und Tod auf das übergeordnete Thema der Einsamkeit und Isolation (vgl. Baustein 2.6, S. 49ff.) als generelles Problem unserer modernen Gesellschaft verwiesen. In gleicher Weise werden mit den übrigen Episoden ebensolche Problemfelder (Vorurteile, Identität usw.) in unterschiedlichen Facetten entfaltet, denen bereits im vorangegangenen Baustein ausführlich nachgegangen wurde (vgl. Bausteine 2.1 bis 2.5, S. 26ff.).

Um die Schülerinnen und Schüler für die Bedeutung der montierten Episoden zu sensibilisieren, empfiehlt sich eine kleinschrittige Vorgehensweise, da dieser Lerngegenstand sehr abstrakt ist. Dementsprechend sollen die Kursteilnehmer in einem **ersten Schritt** zunächst die Episode „Tote Frau auf dem Gehweg“ (S. 22f.) analysieren und Vermutungen über deren Funktion anstellen:

- *Lesen Sie das Kapitel 4 (S. 22–25) erneut und nennen Sie mögliche Gründe, weshalb der Autor hier die kurze Episode über die tote Frau auf dem Gehweg eingeschoben hat. Beziehen Sie den weiteren Handlungsverlauf in Ihre Überlegungen ein.*

Die Ergebnisse können, mit Ausnahme des Fazits, im Unterrichtsgespräch zu folgendem Tafelbild zusammengetragen werden:

[1] Vgl. Möckel (2001), S. 101.

Die Funktion der eingeschobenen Episoden im Roman

- Episode „Tote Frau auf dem Gehweg" (S. 22 f.)
  - die Tote ist „nicht älter als Agnes"
  - sie trägt „einen waldgrünen Wollpullover"

➡ Parallelen zur Figur Agnes erkennbar

- Begegnung als Auslöser für ein Gespräch über Agnes' Angst vor dem Tod (vgl. S. 23 f.)
- Wiederaufnahme der Todes-Problematik in weiteren Episoden
  - bevorzugte Todesarten (vgl. S. 78)
  - Agnes' Fehlgeburt (vgl. S. 111)
  - ...

➡ Allgegenwärtigkeit des Todes in Agnes' Leben (Vorausdeutung)

↓

Montage themenverwandter Episoden, die auf ein allgemeines Problem der heutigen Gesellschaft verweisen, als Kompositionsprinzip des Romans
➡ hier: Einsamkeit bzw. Isolation (aber auch: Vorurteile, Identität usw.)

In einem **zweiten Schritt** sollen die Kursteilnehmer im Roman weitere Episoden und die damit verbundenen gegenwärtigen Probleme bzw. Problemfelder unserer modernen Gesellschaft identifizieren.

- *Identifizieren Sie weitere eingeschobene Episoden und analysieren Sie diese im Hinblick auf das jeweils zugrundeliegende Thema.*
- *Leiten Sie aus Ihren bisherigen Ergebnissen die Funktion dieser eingeschobenen Episoden für die gesamte Romanhandlung ab.*

Nachdem mit der Besprechung dieser Teilaufgaben das Tafelbild (s.o.) um das Fazit ergänzt worden ist, sollen die Schülerinnen und Schüler in einem **dritten Schritt** einen Essay zu einem der im Roman angeschnittenen Problemfelder verfassen, was zugleich zur Vertiefung der im zweiten Baustein erarbeiteten Lerngegenstände dienen soll.
Zu diesem Zweck sind zunächst geeignete Rahmenthemen zu formulieren, was entweder in Form eines Unterrichtsgespräches oder in Einzel- bzw. Partnerarbeit erfolgen kann. Bei leistungsschwächeren und/oder ungeübten Schülerinnen und Schülern sollten zudem Hinweise zum Verfassen eines Essays (vgl. **Zusatzmaterial 7**, S. 134) an die Hand gegeben und mögliche Themen exemplarisch vorgestellt werden.
Dautel schlägt in diesem Zusammenhang folgende Problemfelder vor, welche essayistisch erörtert werden können[1] und sinnvollerweise mithilfe einer Folie visualisiert werden sollten:

1 Dautel (2011): Peter Stamm: Agnes. Praxisbericht und Arbeitsvorschläge. In: www.zum.de/Faecher/D/BW/gym/stamm/ (Stand: 2011-05-26)

- Single-Dasein: Selbst gewählte Lebensform, Übergangsstadium oder persönliches Unglück?
- Rollenzuschreibungen: Du bist, was die anderen von dir erwarten!
- Ohne sich ein Bildnis des anderen zu machen, ist eine Beziehung nicht möglich!
- Ist Glück immer nur flüchtig, langweilig und aus der Distanz sichtbar?
- Männer und Frauen sprechen nicht dieselbe Sprache und verstehen sich doch ganz gut!

■ *Wählen Sie eines der vorgeschlagenen Themen aus oder formulieren Sie ein eigenes und verfassen Sie einen entsprechenden Essay.*

3.2 Die Erzähltechnik

Vor dem Hintergrund der Komplexität bzw. Unerzählbarkeit der Welt gewinnt auch das Verhältnis zwischen dem Text und dem Leser eine besondere Bedeutung: So wird bei der Rezeption des Romans „Agnes" schnell deutlich, dass nicht nur Agnes, sondern auch der Leser selbst „ein Opfer des [Ich-] Erzählers wird", indem dieser durch die Wahl der „Erzählperspektive und die Leitmotive [...] gelenkt, dessen Glaubwürdigkeit z. T. sogar von ihm selbst untergraben wird"[1]. Der sogenannte unzuverlässige Erzähler stellt demzufolge ein weiteres Merkmal postmodernen Erzählens dar und soll im Folgenden näher untersucht werden.

Stamm nutzt für seinen Roman „Agnes" die Ich-Erzählung (**Erzählform**), sodass der Erzähler in Gestalt des Schweizer Sachbuchautors selbst in Erscheinung tritt und folglich unmittelbar in die Geschehnisse involviert ist. Und obwohl der Ich-Erzähler um eine betont **neutrale Erzählhaltung**[2] bemüht ist (vgl. S. 126 ff.), um sich insbesondere der Mitschuld an Agnes' vermeintlichem Tod zu entziehen (vgl. S. 9 ff.), wird schnell deutlich, dass alles, was der Leser über Agnes erfährt, durch die „subjektive Sicht der Dinge, [...] den Grad der emotionalen Betroffenheit [sowie] die persönliche[n] Motive"[3] des Ich-Erzählers gefärbt ist (**personales Erzählverhalten**).
Dieser Effekt der Unzuverlässigkeit des Ich-Erzählers wird zusätzlich dadurch verstärkt, dass dieser aus der Erinnerung heraus schreibt, wodurch zusätzlich bewusste bzw. unbewusste Veränderungen, Auslassungen usw. entstehen. So macht der Ich-Erzähler teilweise selbst die Erfahrung, dass sein Gedächtnis lückenhaft ist, wie etwa die widersprüchliche Darstellung seines ersten Rendezvous mit Agnes belegt (vgl. S. 22, S. 56 und S. 97). Aus seiner Sicht Unwichtiges oder aber ihn Entlarvendes lässt der Ich-Erzähler zudem gleich ganz aus: „Manches, was ich ausführlich beschrieb, empfand sie als belanglos. Anderes, was ihr wichtig war, kam in der Geschichte gar nicht vor oder nur kurz" (S. 56), wie etwa Agnes' Freund Herbert, auf welchen er ganz unbegründet eifersüchtig ist (vgl. S. 57).
Der subjektive, sich erinnernde Ich-Erzähler „konstruiert durch sein künstlerisches Bewusstsein eine eigene Welt", in welcher die Grenzen zwischen Wirklichkeit und „sinnliche[r] Wahrnehmung, Erinnerung und subjektive[m] Erleben"[4] zunehmend verwischen, sodass der „erinnerte, subjektivierte Wirklichkeitsentwurf authentischer als die gegenwärtige Erfahrungswirklichkeit"[5] erscheint, was der Ich-Erzähler rückblickend selbst erkennen muss:

1 Reckefuß (2004), S. 46
2 Die neutrale Erzählhaltung korrespondiert zudem mit der mangelnden Empathie des Ich-Erzählers.
3 Möckel (2001), S. 62
4 Möckel (2001), S. 58
5 Borchmeyer/Zmegac (1994), S. 377

„Es war mir, als lebte ich nur noch in der Geschichte, als sei alles andere unwichtig, unwirklich" (S. 139)[1].
Aber nicht nur in den emotionslosen Erzählerberichten (vgl. S. 9ff. und S. 56) spiegelt der Ich-Erzähler dem Leser Objektivität vor, vielmehr setzt sich dies auch in den übrigen **Darbietungsformen** fort: So wird, abgesehen von Agnes' kritischer Haltung, welche durch den Kursivdruck zum Ausdruck optisch verdeutlicht wird, sowohl in der direkten als auch in der indirekten Personenrede (vgl. S. 9ff. und S. 126ff.) Distanz des Ich-Erzählers zur erzählten Handlung suggeriert, welche bei realistischer Betrachtung nicht gegeben ist. Wenngleich ihm dies nicht behagt, ist er tatsächlich sehr nah am Geschehen, was vor allem durch seine eingeschränkte bzw. geradezu starre Sicht der Dinge im Allgemeinen und bezüglich seiner Liebebeziehung mit Agnes im Speziellen (vgl. S. 126ff.) zum Ausdruck kommt.
Dieser **Erzählerstandort** bedingt ferner die **Erzählperspektive** des Ich-Erzählers, welche ihm lediglich einen Blick auf die Außensicht gestattet, auch wenn er zeitweilig fest daran glaubt, mit Agnes' vermeintlichem Wunsch, ihn heiraten zu wollen, „ihre Gefühle unbewusst erraten zu haben" (S. 82). Der Verzicht auf die Darstellung der Innensicht (insbesondere der Figur Agnes) korrespondiert dabei inhaltlich mit der Isolation beider Figuren.
Stamms Erzähltechnik bewirkt demzufolge insgesamt, dass der Ich-Erzähler als unzuverlässig entlarvt wird, was den Leser zu einem kritisch(er)en Bewusstsein gegenüber dem Wahrheitsgehalt von Literatur anregen soll.[2]

Um die Schülerinnen und Schüler für das enge Zusammenspiel der erzählten Handlung und Stamms Erzähltechnik zu sensibilisieren, erscheint eine eher kleinschrittig angelegte Vorgehensweise geboten, weshalb geeignete Textstellen vorgegeben werden sollten, um die Anforderungen an die Lernenden auf ein leistbares Maß zu reduzieren und ihnen zugleich den Weg für eine zielgerichtete Textanalyse zu ebnen.
Zu diesem Zweck kann auf das **Arbeitsblatt 8** (S. 85) zurückgegriffen werden, das aufgrund der Komplexität des Lerninhaltes in Gruppenarbeit bearbeitet werden sollte. Sofern die Grundbegriffe der Erzähltheorie noch nicht eingeführt worden sind, kann den Lernenden außerdem das **Zusatzmaterial 8** (S. 135) an die Hand gegeben werden.

- *Lesen Sie den zweiten Abschnitt zur Erzähltheorie, der sich im Zusatzmaterial 8 befindet, und analysieren Sie exemplarisch die ausgewählten Textstellen mithilfe der dort angegebenen Kriterien.*
- *Erläutern Sie anschließend die Wirkung der Erzähltechnik Stamms auf den Leser.*
- *Beurteilen Sie auf der Grundlage Ihrer Ergebnisse die Vertrauenswürdigkeit des Ich-Erzählers.*

Die Ergebnisse dieser ausführlichen Textanalyse während der Gruppenarbeit sollten im anschließenden Unterrichtsgespräch verglichen, ausgewertet und sprachlich reduziert auf Wandplakaten bzw. Folienstreifen gesammelt werden:

[1] Rückblickend muss der Leser feststellen, dass bereits im ersten Kapitel ein deutlicher Hinweis auf die Unzuverlässigkeit des Ich-Erzählers gegeben wird: „Die Bilder scheinen mir wirklicher als die dunkle Wohnung, die mich umgibt." (S. 10)

[2] Letzteres wird auch dadurch nahegelegt, dass der Protagonist von Beruf (Sachbuch-)Autor ist, weshalb die zentralen Figuren mehrfach das Schreiben selbst sowie die Macht der Schriftsteller thematisieren (vgl. S. 120).

Die Erzähltechnik in Stamms Roman „Agnes“

1. Erzählform, Erzählverhalten

- *Ich-Erzählung:* Ich-Erzähler ist unmittelbar am Geschehen beteiligt
- *personales Erzählverhalten:* Ich-Erzähler schildert die Handlung ausnahmslos aus seiner subjektiven Sicht

2. Erzählperspektive, Erzählerstandort, Erzählhaltung

- konsequente, authentisch wirkende Darstellung aus der Perspektive des Ich-Erzählers
  - Darstellung ausschließlich der Außensicht der Figuren (Ausnahme: Innensicht des Ich-Erzählers selbst)
  - korrespondiert inhaltlich mit der Isolation der Liebenden
- betont neutrale Erzählhaltung des Ich-Erzählers
  - Versuch, trotz Nähe (persönliche Betroffenheit) Distanz zu wahren (bewusste sprachliche Abgrenzung) (vgl. S. 9 ff. und S. 126 ff.)
  - scheinbar kühle, distanzierte Beschreibung der eigenen Situation bzw. Rolle

3. Darbietungsformen

- *Erzählerbericht:*
  - durchgängig im epischen Präteritum (Ausnahme: Kapitel 1, S. 9 ff.)
  - überwiegend vermeintlich objektiver Erzählerbericht statt Personenrede
- *Personenrede:*
  - direkte Rede: szenisches Erzählen ohne personale Wertungen (Ausnahme: Agnes' kritische Haltung im Kursivdruck, vgl. S. 126 ff.)
  - indirekte Rede: Wiedergabe von Agnes' Meinung und Distanzierung des Ich-Erzählers (vgl. S. 9 ff.)

Ausgehend von der dritten Aufgabenstellung (s.o.) kann im Unterrichtsgespräch ein Fazit formuliert werden, weiches ebenfalls auf einem gesonderten Wandplakat festgehalten werden sollte:

Fazit:
Mittels seiner Erzähltechnik entlarvt Stamm die Figur des Sachbuchautors als äußerst unzuverlässigen Erzähler.
→ Aufruf des Lesers zu einem kritische(re)n Bewusstsein gegenüber dem Wahrheitsgehalt von Literatur (vgl. S. 120)

Je nachdem, wie viel Zeit für diesen Unterrichtsaspekt zur Verfügung steht, können die Schülerinnen und Schüler zu einer vertiefenden Textanalyse angehalten werden, deren Schwerpunkt das Aufspüren weiterer Indizien für die Unzuverlässigkeit des Ich-Erzählers bildet.
Mithilfe der folgenden Leitfrage kann diese neuerliche Erarbeitungsphase initiiert werden:

- *Welche (weiteren) Hinweise auf die Unzuverlässigkeit des Ich-Erzählers werden dem Leser in Stamms Roman „Agnes“ gegeben?*

Im Folgenden sollen exemplarisch weitere markante Textstellen kurz vorgestellt werden, welche als Signale fungieren, um den Leser auf die Unzuverlässigkeit des Ich-Erzählers aufmerksam zu machen und ihn als eine zwar „in der Handlung gefangene Person ohne Gesamtüberblick“, allerdings „mit [hohem] Wahrheitsanspruch“[1] entlarven:

[1] Bethke-Bunte (2011), S. 45

1. Obwohl der Ich-Erzähler den von Agnes verfassten „Text [lediglich] schnell und oberflächlich gelesen" (S. 42) hat und sie ihn anschließend löscht, ist er später in der Lage, diesen wortgetreu wiederzugeben.
2. Der Ich-Erzähler ist als (Sachbuch-) Autor Profi und sich der Macht der Sprache bewusst (vgl. S. 120). Hatte er sich früher lediglich an den „eigenen Worten berauscht" (S. 30), geht es ihm jetzt vornehmlich um die Wirkung auf den Rezipienten, denn er möchte nicht länger nur seine „Stoffe [...] beherrschen" (S. 30), sondern vor allem auch Agnes (vgl. S. 63ff.).
3. Der Roman beginnt unmittelbar nach Agnes' spurlosem Verschwinden, sodass wegen der Zeitnähe zum Geschehen „Authentizität und Wahrheit suggeriert" werden und der Ich-Erzähler „seinen Stoff vollkommen zu überblicken"[1] scheint. Und obwohl er behauptet, die „Wahrheit" wiederzugeben, lässt er häufig gerade das Entscheidende einer Situation bewusst aus, wodurch diese bis zur Unkenntlichkeit verfälscht wird: „Ich beschrieb die Feiertage ganz so, wie sie gewesen waren, nur ohne das Gefühl der Fremdheit zwischen Agnes und mir, ohne ihr Weinen und ohne das Geschenk von Louise. Ich schrieb von einer wunderbaren Woche zwischen Weihnachten und Neujahr." (S. 135f.)
4. Dem Ich-Erzähler ist eigenen Aussagen zufolge kein anderes Zeugnis von seiner Liebesbeziehung mit Agnes „geblieben als diese Geschichte" (S. 9), die er aus der Erinnerung heraus verfasst hat die und somit ebenfalls nur mit Einschränkungen als wahr angesehen werden kann. Letzteres gilt in besonderem Maße für die von ihm ursprünglich gelöschten Textpassagen, welche er später jedoch als Zitate wieder einfügt und den Anschein von authentischem Material erwecken.
5. Nicht zuletzt stellen auch die vereinzelt immer wieder eingestreuten und sehr vagen Formulierungen wie etwa „es war ihr", „es schien ihr", „wie in Trance" oder „es war mir, als lese ich" (S. 132ff.) usw. eindeutige Signale, den Wahrheitsgehalt der Äußerungen des Ich-Erzählers anzuzweifeln.

Der Umstand der Unzuverlässigkeit des (Ich-) Erzählers in postmoderner Literatur stellt somit neue Anforderungen an den Leser, welcher dem Erzähler nicht länger kritiklos (ver-) trauen darf und dessen Aufgabe folglich ist, „das Falsche oder Gefälschte [im Text selbst] zu erkennen"[2].

3.3 Leitmotive, Symbole und Chiffren

Stamm entwickelt in seinem Roman „Agnes" äußerst suggestive sprachliche Bilder für die Fremdheit, Isolation und Beziehungslosigkeit von Agnes und dem Ich-Erzähler, deren symbolische Bedeutung im Wesentlichen bereits integrativ gedeutet worden ist (vgl. Baustein 2, S. 26ff.).

In diesem Abschnitt sollen daher zum einen die unter Umständen weniger offensichtlichen Symbole aufgespürt werden und zum anderen sowie deren leitmotivischer Gebrauch einschließlich der Vernetzungen miteinander näher erläutert werden, was wiederum zum tieferen Verständnis des Romans beiträgt und zugleich weitere Interpretationsansätze eröffnet; denn auffällig ist, dass der Autor die Leitmotive in Verbindung bringt und erst die Verknüpfung den Blick auf das Ganze ermöglicht[3].

Hier setzt sich auf der bildsprachlichen Ebene folglich ein Prozess fort, den der Ich-Erzähler durch das Einschieben der erst im Rückblick als bedeutsam zu erkennenden Episoden (vgl. Baustein 3.1.2, S. 66ff.) bereits begonnen hat: Analog dazu werden auch die Leitmotive auf den unterschiedlichen (Handlungs-) Ebenen verwendet und bilden am Schluss des Romans

[1] Möckel (2001), S. 63
[2] Vgl. Möckel (2001), S. 64.
[3] Vgl. ebda.

ein dichtes Motivgeflecht, was wiederum die Komplexität des Romans insgesamt maßgeblich bestimmt[1].

Mit den Schlüsselwörtern Lichtpunkte, Sterne und Kristallgitter wird leitmotivisch auf ein übergeordnetes Problemfeld rekurriert, welches sich als Erkenntnis des Ganzen bzw. von Wahrheit zusammenfassen lässt:

Eingeführt wird diese Thematik bereits zu Beginn des Romans, indem Agnes dem Ich-Erzähler von ihrer Arbeit an den „Symmetrien der Symmetriegruppen in Kristallgittern" (S. 20) berichtet. Schon am Titel ihrer Dissertation wird deutlich, dass dieses Leitmotivgeflecht zugleich untrennbar mit dem Themenkomplex der Asymmetrie zwischen den Geschlechtern im Allgemeinen sowie Agnes und dem Ich-Erzähler im Speziellen verbunden ist (vgl. Baustein 2.1, S. 26 ff.).

Ein wenig später kommen die Liebenden erneut auf ihre berufliche Tätigkeit zu sprechen; denn nachdem Agnes „einen Stapel kleiner trüber Glasplatten" (S. 44) aus ihrem Schrank geholt hat erklärt sie dem Ich-Erzähler diese „Röntgenbilder von Kristallgittern": „Die wirklichen Anordnungen der Atome. Ganz tief in fast allem ist Symmetrie. [...] Das Geheimnisvolle ist die Leere in der Mitte [...], das was man nicht sieht, die Symmetrieachsen" (S. 44 f.). Auf seine Frage, was das mit ihnen zu tun habe, da sie beide asymmetrisch seien, antwortet sie ihm, dass es „die Asymmetrie [sei], die das Leben überhaupt erst möglich macht. [...] Asymmetrien haben immer einen Grund und eine Wirkung" (S. 45).

Agnes' Begeisterung (vgl. S. 45) ist zu entnehmen, dass sie zu diesem Zeitpunkt gewillt ist, nicht nur das Innerste der Kristallgitter zu erforschen, sondern auch diesem hier anklingenden zwischenmenschlichen Geheimnis auf den Grund zu gehen und somit der Wahrheit weiter auf die Spur zu kommen. Dass sie dabei auf einem guten Weg ist, belegt ihre Feststellung, dass „ideale Kristalle" in der Realität „sehr selten" und somit in der Regel lediglich „Fehlordnungen und Gitterbaufehler" (S. 123) zu finden seien.

Dass Agnes dem Ich-Erzähler in Bezug auf Lebensweisheit weit voraus ist, wird unter anderem am Heiligabend deutlich, wenn sie trotz Kälte auf das Dach gehen, um gemeinsam den Sternenhimmel zu betrachten (vgl. S. 126): Während der Ich-Erzähler lediglich die Milchstraße (wieder-) erkennt, zeigt „Agnes [...] mir den Schwan und den Adler" (S. 126)[2] und beweist auch hier im übertragenen Sinne ihre Weitsicht.

Ebenfalls um Sehen im Sinne von Erkennen geht es zudem im Art Institute of Chicago, wenn die Liebenden beim Betrachten von Seurats Kunstwerk entdecken, dass das Bild vor ihren Augen „in ein Meer von kleinen Punkten" zerfällt und umgekehrt „erst aus der Distanz als Ganzes" (S. 69) wirkt.

Nicht zuletzt sind auch auf Agnes' Bildschirm ihres Computers „viele Sterne zu sehen, Lichtpunkte, die vom Zentrum nach außen wanderten" (S. 43), welche allerdings auf Tastendruck spurlos verschwinden. Dieses sprachliche Bild wird zum Schluss des Romans erneut aufgegriffen, indem der „Bildschirmschoner *Starfield Simulation*" (S. 151) ausführlich beschrieben und in diesem Zusammenhang weitere zentrale Begriffe wie etwa Sterne, Weltall, Mittelpunkt, Wirklichkeit, Lichtpunkte, unendlicher Raum, Illusion, Glas usw. (vgl. S. 151) angeführt werden.

Hier am Schluss (Kapitel 35 und 36, S. 150 ff.), bezeichnenderweise gerade aber auch zu Beginn (vgl. Kapitel 1, S. 9 ff.) sowie in der Mitte des Romans (vgl. Kapitel 16, S. 75 ff.), wird für den Leser nachträglich erkennbar, dass die wesentlichen Leitmotive des Romans hier nicht nur sehr konzentriert auftreten, sondern in erster Linie inhaltlich eng miteinander verknüpft werden, sodass, wie eingangs erwähnt, ein dichtes Leitmotivgeflecht entsteht. Letzteres wiederum ist zugleich Struktur gebend für den Roman insgesamt, was angesichts der Aneinanderreihung scheinbar voneinander losgelöster Episoden (vgl. Baustein 3.1.2, S. 66 ff.) eine besondere Bedeutung gewinnt. Durch die Verschmelzung der leitmotivisch

[1] Möckel (2001), S. 63

[2] Diese Begebenheit greift der Ich-Erzähler in seiner Geschichte über Agnes später in modifizierter Form auf („gingen ins Adler Planetarium, wo Agnes mir die Sterne erklärte", S. 135).

gebrauchten Symbole zu einem Ganzen werden darüber hinaus auch auf der sprachbildlichen Ebene die Komplexität und folglich Unerzählbarkeit der Welt zum Ausdruck gebracht (vgl. Baustein 3.1.1, S. 63ff.).
Neben Kälte, Schnee, Lichtpunkte, Sterne usw. (vgl. Baustein 2, S. 26ff.) gesellen sich im Handlungsverlauf noch weitere Motive hinzu, welche die ohnehin komplexe Symbolik ergänzen. In diesem Zusammenhang sind zunächst Blicke und das Anschauen sowie Licht und Dunkel anzuführen, welche sinnbildlich Einblicke in die Intensität der Liebesbeziehung zwischen Agnes und dem Ich-Erzähler gewähren.
Des Weiteren sind dem Text mehrfach Schlüsselwörter wie Wolkenkratzer, Dach, Fahrstuhl, nicht zu öffnendes Fenster, Isolierglas usw. zu entnehmen. Dies wiederum sind sprachliche Bilder, welche die Fremdheit, Anonymität und Isolation der Menschen veranschaulichen. Eine letzte Leitmotivkette bilden die Begriffe Rollen, Masken und Schauspiel, welche das Problemfeld aufgreift, inwieweit der Mensch lediglich Rollen spielt bzw. was die Identität des Einzelnen ausmacht (vgl. S. 40f., S. 64ff. und S. 83ff.). Dabei werden zudem alternative Lebenskonzepte aufgezeigt (S. 126ff. und S. 147).[1]
Abschließend ist in diesem Zusammenhang zudem festzustellen, dass die Symbolik häufig zugleich als Chiffre[2] gebraucht wird, was unter anderem in Agnes' Ambivalenz gegenüber der Kälte zum Ausdruck kommt, aber auch in der unterschiedlichen Bedeutung dieser für die beiden zentralen Figuren. Zudem sind die gegensätzlichen Einstellungen der Protagonisten zu Maskeraden auffällig (vgl. S. 83ff.) sowie der sehr unterschiedliche Umgang mit Fremden oder generell Unbekanntem (vgl. S. 9, S. 12, S. 26f., S. 51f., S. 92f., S. 118 und S. 148).

Um die Schülerinnen und Schüler für den leitmotivischen Gebrauch der Symbole bzw. Chiffren zu sensibilisieren, erhalten sie das **Arbeitsblatt 9** (S. 87), welches sie in arbeitsgleicher oder arbeitsteiliger Gruppenarbeit bearbeiten sollen, um möglichst vielfältige Lösungsansätze zu erhalten:

- *Erläutern Sie die Begriffe des Leitmotivs, des (Ding-)Symbols und der Chiffre sowie deren Funktionen in eigenen Worten.*
- *Überprüfen Sie, ob und inwiefern (Ding-)Symbole und/oder Chiffren im Roman erkennbar sind und zu Leitmotivketten (z.B. Bilder – Bildnisse – Porträts) verknüpft werden.*

Die Ergebnisse dieser Textanalyse können auf Wandplakaten wie folgt zusammengefasst werden:

---

1 Vgl. Möckel (2001), S. 74.
2 Unter einer Chiffre (frz. *chiffre* = Ziffer, Zahl) wird ein symbolisches, jedoch rätselhaftes Zeichen vor allem in moderner Literatur verstanden, dessen verschlüsselte und meist komplexe Bedeutung nicht immer eindeutig interpretiert bzw. aus dem Kontext erschlossen werden kann. Eine Chiffre verweist häufig auf die Dichterin bzw. den Dichter selbst.

Leitmotive und Symbole als Strukturelemente des Romans

Im Roman werden gleich mehrere Leitmotivketten entfaltet:

- Bilder, Bildnisse und Porträts (vgl. S. 48, S. 50, S. 68f., S. 82 und S. 89)
- Nähe, Distanz und Freiheit (vgl. S. 14f., S. 61f., S. 110, S. 122 und S. 127)
- Spuren und Zeichen (vgl. S. 28 und S. 77)
- Kälte, Schnee und Tod (vgl. S. 9, S. 14, S. 78 und S. 150ff.)
- Lichtpunkte, Sterne und Kristallgitter (vgl. S. 20, S. 44f., S. 69, S. 126 und S. 151f.)
- Wolkenkratzer, Dach, Fahrstuhl, verschlossenes Fenster und Isolierglas (vgl. S. 9, S. 25, S. 51f., S. 126f., S. 149 und S. 151)
- Rollen, Masken und Schauspiel (vgl. S. 40f., S. 64ff., S. 83ff., S. 126ff. und S. 147)

↓

Verknüpfung der verschiedenen Symbole zu einem komplexen Leitmotivgeflecht ermöglicht rückwirkend den Blick auf das Ganze bzw. das Erkennen der Wahrheit
➞ Unerzählbarkeit der Welt

Die zweite Aufgabe (s.o.) bildet zugleich die Überleitung für die vertiefende Betrachtung der Symbolik Stamms, bei welcher die Vernetzung der verschiedenen Leitmotivketten zu einem dichten Geflecht mithilfe der folgenden Arbeitsfrage festgestellt werden soll (vgl. Fazit des Tafelbildes).

■ *Was fällt am Gebrauch der Leitmotive insbesondere am Schluss des Romans (S. 150ff.) auf?*

Zur Vertiefung bietet es sich auch an dieser Stelle an, die Kursteilnehmer Essays verfassen zu lassen (vgl. Baustein 3.1, S. 63). Dabei besteht seitens der Lehrkraft erneut die Möglichkeit, exemplarisch Themen zu benennen, welche verstärkt an die zuvor erarbeitete Symbolik anknüpfen. Um den Schwierigkeitsgrad zu steigern, sollten die Schülerinnen und Schüler unabhängig davon dazu angeregt werden, nunmehr selbst geeignete Themen zu formulieren.
Auch an dieser Stelle können die Themenvorschläge der Lehrkraft bei Bedarf mithilfe einer Folie visualisiert werden:

- Ein Netz voller Sprachbilder: (Moderne) Kunst, Bequemlichkeit oder Unvermögen?
- …

■ *Wählen Sie eines der vorgeschlagenen Themen aus oder formulieren Sie ein eigenes und verfassen Sie einen entsprechenden Essay.*

3.4 Sprache und Schreibstil

Auch hinsichtlich der sprachlich-stilistischen Gestaltung entspricht Peter Stamm mit seinem Roman „Agnes“ dem gegenwärtigen Trend junger deutschsprachiger Literaten, weshalb das Werk als typischer Repräsentant postmodernen Erzählens aufgefasst werden kann: So verzichtet Stamm insgesamt „auf jeden Schnörkel oder rhetorisch schmückendes Beiwerk

für seine Geschichte. Stattdessen vollzieht er […] eine konsequente Reduktion der Sprache auf ihre wichtigsten und wirkungsvollsten Möglichkeiten"[1].
Letzteres ist zum einen an der überwiegend einfachen und ökonomischen Sprache ersichtlich, zum anderen gebraucht der Schweizer auffallend wenig rhetorische Figuren (Stilmittel), welche er dann jedoch sehr gezielt einsetzt, um Akzente zu setzen. Bei genauerer Betrachtung wird darüber hinaus deutlich, dass die Sprache für Stamm zugleich ein geeignetes Instrumentarium darstellt, um die unterschiedlichen Rollen des Ich-Erzählers voneinander abzugrenzen, wie die folgenden Ausführungen belegen:

Der Ich-Erzähler als Erzähler der eigentlichen Romanhandlung

Hinsichtlich der **Syntax** ist auffällig, dass kaum komplexe Satzgefüge zu finden sind. Der Ich-Erzähler erzählt die Romanhandlung in knappen, zum Teil extrem kurzen Hauptsätzen (Parataxen), wobei die Textverknüpfung meist ohne oder durch einfache Konjunktionen erfolgt. Die Sätze werden – ähnlich wie die Episoden (vgl. Baustein 3.1, S. 63ff.) – somit überwiegend aneinandergereiht: „Neben dem Computer stand ein Teller mit einem halbgegessenen Sandwich. Ich ging ins Schlafzimmer. Agnes war nicht da. Ihr Mantel hing nicht an der Garderobe. Sonst fehlte nichts. […] Agnes ist nicht zurückgekommen. Ich habe die ganze Nacht und den ganzen Tag auf sie gewartet. Gegen Mittag hat es aufgehört zu schneien, aber vor einigen Stunden hat es wieder angefangen. Einmal hat das Telefon geklingelt." (S. 152f.)

Die **Wortwahl** ist „einfach, kühl und schmucklos" und „wirkt auf den ersten Blick genauso alltäglich und schnell verstehbar wie die dargestellten Situationen"[2]. Allerdings stellt der Leser schnell fest, dass „hier mit unglaublicher Ökonomie erzählt wird. Jede epische Breite […] wird vermieden"[3]. Gleichwohl gewinnt der Leser durch die schlichte Wortwahl den Eindruck, dass „mehr hinter den Wörtern und Aussagen steht, auf verschiedenen Ebenen erzählt wird und dass das hinter der Oberfläche Liegende verstanden werden muss"[4]. Tatsächlich ergibt sich der kausale Zusammenhang der eingestreuten und vermeintlich beiläufigen Äußerungen des Ich-Erzählers häufig erst im Nachhinein, wie etwa Agnes' Briefe an die Angehörigen der toten Frau auf dem Gehweg belegen (vgl. S. 57 und S. 22f.).
Zugleich wird auf diese Weise, insbesondere in den Erzählerberichten (vgl. Baustein 3.2, S. 69ff.), eine Distanz des Ich-Erzählers als vermeintlich unabhängiger bzw. neutraler Dritter zu den Geschehnissen suggeriert, die ihn von seiner Verantwortlichkeit entbinden soll (vgl. S. 153).

Die **Dialoge** zwischen Agnes und dem Ich-Erzähler sind in der Regel auf das Wesentliche reduzierte, somit äußerst minimalistische und teilweise sogar bruchstückhafte Gespräche, welche unvermittelt wieder enden[5] und von Stamm gezielt gesetzt wurden, um insbesondere die Kommunikationsunfähigkeit des Ich-Erzählers zum Ausdruck zu bringen (vgl. S. 28, S. 59f. und S. 113). Letztere wiederum „steht stellvertretend für einen Mangel an Einfühlungsvermögen und die Angst [des Ich-Erzählers], sich dem Gegenüber zu öffnen" (vgl. Baustein 2.5., S. 46ff.), weshalb die Dialoge folglich „keine Gespräche in einem kommunikativ-gleichwertigen Sinne, sondern nicht viel mehr als bezugslose Wortwechsel"[6] (vgl. S. 26) sind; denn die Liebenden „gehen nur wenig aufeinander ein und äußern verbal kaum Gefühle"[7].

[1] Vgl. Dreier (2005), S. 103.
[2] Möckel (2001), S. 57
[3] Ebda.
[4] Ebda.
[5] Vgl. Dautel (2011), zitiert nach URL: www.zum.de/Faecher/D/BW/stamm/ (Stand: 2011-07-05).
[6] Dreier (2005), S. 103
[7] Bethge-Bunte (2011), S. 44f.

Rhetorische Figuren (Stilmittel) setzt Stamm nur selten, dann jedoch ganz gezielt ein, um etwa die Kälte, Beziehungsunfähigkeit und Engstirnigkeit des Ich-Erzählers (vgl. Abschnitt 2.6, S. 49 ff.) zu untermauern. So erklärt der Sachbuchautor auf Nachfrage des Verkäufers anlässlich von Agnes' Verschwinden lediglich, dass seine Freundin „weggegangen" (S. 11) sei. Dass er mit seinem Verhalten zum Scheitern der Liebesbeziehung maßgeblich beigetragen hat, wird mit diesem beschönigenden Ausdruck (Euphemismus) verschleiert.

Der Ich-Erzähler als Autor der fiktiven Geschichte über Agnes

Der Schreibstil des Ich-Erzählers beim Verfassen der Geschichte über Agnes entspricht im Hinblick auf die **Syntax** im Wesentlichen dem Vorangegangenen, denn auch hier werden die Sätze überwiegend parataktisch aneinandergereiht (vgl. S. 54).

In Bezug auf die **Wortwahl** sind ebenfalls Parallelen erkennbar: Die Sprache ist „lexikalisch äußerst zurückgenommen" und auch hier werden „Gefühle [...] nicht beschrieben"[1], obwohl der Ich-Erzähler in beiden Fällen eine Liebesgeschichte erzählt. Allerdings ist hier aber auch auffällig, dass seine Wortwahl immer dann poetischer ausfällt, wenn er in der Fiktion seine (geheimen) Wünsche offenbart: „Wir wussten jetzt, dass wir zusammengehörten, und dieses Wissen schien ihr über den Verlust des Kindes hinwegzuhelfen. Wie uns das Kind zusammengebracht hatte, führte sein Verlust uns wieder zusammen. Der Schmerz verband uns enger, als uns das Glück verbunden hatte" (S. 136).

Letzteres ist dabei insbesondere in dem abweichenden Gebrauch **rhetorischer Figuren** begründet; denn mit dem Paradoxon betont der Ich-Erzähler nunmehr die ästhetische Wirkung seiner Geschichte, welche entscheidend zum Gelingen seines schriftstellerischen Experiments (vgl. S. 50) beitragen soll. Das Schreiben hilft ihm, sich selbst zu bestätigen, und entwickelt sich für den Ich-Erzähler somit zunehmend zur Therapie (vgl. Baustein 2.4, S. 41 ff.).

Der Ich-Erzähler als Sachbuchautor

Im Gegensatz zum Vorangegangenen ist der Schreibstil des Ich-Erzählers in seiner Rolle als Sachbuchautor ein deutlich anderer und zeugt von seiner spürbaren Begeisterung für die Thematik. Bei der Arbeit am Sachbuch gerät er offenbar in einen geradezu tranceähnlichen Schreibfluss, was ihm beim Verfassen seiner Geschichte über Agnes lediglich dann gelingt, wenn er den aus seiner Sicht „einzig wahre[n] Schluss" (S. 139) schreibt (vgl. S. 136), weshalb er sich hier zu hypotaktischen und somit deutlich aufwändigeren Satzkonstruktionen (**Syntax**) hinreißen lässt (vgl. S. 104 f.).
Entgegen seiner Gewohnheit gibt er zudem seine ansonsten aufrechterhaltene Distanz auf, indem er dem Leser nicht nur von seinen Recherchen erzählt, sondern Einblicke in seine Gedankenwelt gewährt und ihn auf diese Weise an seiner Faszination teilhaben lässt. Letzteres wird insbesondere durch die Lebendigkeit im Ausdruck insgesamt **(Wortwahl)** veranschaulicht, welche insbesondere durch positiv konnotierte Adjektive und ausdrucksstarke Verben erreicht wird:
„Schon während meiner Vorarbeiten in der Schweiz war ich immer wieder auf den Namen George Mortimer Pullman gestoßen, aber erst in Chicago entdeckte ich, dass der legendäre Schlafwagenbauer nicht nur der Erfinder des Luxuseisenbahnwagens war, sondern mit seiner Musterstadt Pullman, südlich von Chicago, Industriegeschichte geschrieben hat. [...] Das Scheitern von Pullmans Vision und das Aufbegehren seiner Arbeiter gegen die Kontrolle ihres gesamten Lebens durch ihren Arbeitgeber faszinierten mich mehr als die legendären Wagen der Firma." (S. 104)

[1] Bethge-Bunte (2011), S. 45

Zusammenfassend ist Folgendes festzustellen: Zum einen sind in Abhängigkeit von der jeweiligen Rolle, welche der Ich-Erzähler gerade einnimmt, entweder lange und komplexe Sätze (Sachbuchautor) oder ein knappes und unpersönliches Erzählen (Ich-Erzähler und Schriftsteller) zu beobachten[1]. Zum anderen weckt die insgesamt „faszinierende und gleichzeitig verstörende Schnörkellosigkeit der Sprache“[2] in dem Leser selbst das Gefühl, Zeuge eines Schreib-Experimentes (vgl. S. 50) zu sein, weshalb neben der textanalytischen Betrachtung des „Was“ insbesondere auch die Auseinandersetzung mit dem „Wie“ bedeutsam erscheint[3].

Um die Schülerinnen und Schüler auf die Besonderheiten von Stamms Sprache und Schreibstil aufmerksam zu machen, werden zu diesem Zweck zunächst sechs kurze Textstellen (vgl. **Arbeitsblatt 10**, S. 88) vorgegeben, auf deren Basis die Kursteilnehmer sprachanalytisch tätig werden sollen.
Da die an diesen Textstellen exemplarisch erarbeiteten Ergebnisse darüber hinaus durch weitere Beispiele aus dem gesamten Roman ergänzt werden sollen, bietet sich an dieser Stelle die Gruppenarbeit an.

- *Sie sind für die Sprache des Ich-Erzählers als **[Erzähler der Romanhandlung]** zuständig[4]. Ordnen Sie die angegebene(n) Textstelle(n) in den Handlungszusammenhang des Romans ein und analysieren Sie den Sprachgebrauch im Hinblick auf besondere Auffälligkeiten in*
  - *ihrer Wortwahl,*
  - *ihrer Syntax und/oder*
  - *ihrem Gebrauch rhetorischer Figuren (Stilmittel).*
- *Vergleichen Sie die Ergebnisse Ihrer Analyse mit den weiterhin angeführten Textstellen (s. o.).*
- *Ziehen Sie aus den Ergebnissen Ihrer Sprachanalyse Rückschlüsse auf die Funktion der Sprache in diesem Roman.*

Die Ergebnisse dieser Sprachanalyse könnten in sprachlich reduzierter Form wie folgt auf Wandplakaten bzw. auf Folienstreifen festgehalten werden:

Der Ich-Erzähler als Erzähler der eigentlichen Romanhandlung

- Syntax
  - (extrem) kurze, parataktische Satzgefüge (vgl. S. 152f.)
  - Textverknüpfung meist ohne bzw. durch einfache Konjunktionen (vgl. S. 152f.)
- Wortwahl
  - einfach, kühl und schmucklos (vgl. S. 22f. und S. 57)
  - minimalistische oder bruchstückhafte Dialoge ohne Gefühlsäußerungen (vgl. S. 26)
- rhetorische Figur (Stilmittel)
  Euphemismus: Agnes ist „weggegangen“ (S. 11)

→ knappes und unpersönliches Erzählen suggeriert die vermeintliche Distanz des Ich-Erzählers zum Geschehen und verdeutlicht dessen Beziehungsunfähigkeit

---

1 Vgl. Bethge-Bunte (2011), S. 45.
2 Ebda.
3 Vgl. ebda.
4 Hier wird auf dem Arbeitsblatt jeweils die Rolle der Gruppenmitglieder eingetragen.

Der Ich-Erzähler als Autor der fiktiven Geschichte über Agnes
- Syntax
  parataktische Satzgefüge (vgl. S. 54)
- Wortwahl
  - überwiegend einfach, kühl und schmucklos (vgl. S. 136)
  - Ausnahme: poetisch und ästhetisch, wenn der Ich-Erzähler seine (geheimen) Wünsche offenbart (vgl. S. 136)
- rhetorische Figur (Stilmittel)
  Paradoxon: „Der Schmerz verband uns enger, als uns das Glück verbunden hatte." (S. 136)

→ Schreiben als Therapie bzw. Mittel der Selbstbestätigung des Ich-Erzählers („Experiment", S. 50)

Der Ich-Erzähler als Sachbuchautor
- Syntax
  - lange, hypotaktische Satzgefüge (vgl. S. 104f.)
  - Textverknüpfung durch aufwändige Konjunktionen (vgl. S. 104f.)
- Wortwahl
  - ausschmückende, positiv konnotierte Adjektive (vgl. S. 104f.)
  - ausdrucksstarke Verben, die Einblicke in die Gefühlswelt des Ich-Erzählers geben (vgl. S. 104f.)
- rhetorische Figuren (Stilmittel)
  - Vergleich: „faszinierten mich mehr als" (S. 104)
  - Metapher: „das Paradies hatte keine Tür" (S. 104)

→ ausführliches und lebendiges Erzählen als Ausdruck seiner Begeisterung bzw. Faszination für die Thematik

Ausgehend von der dritten Aufgabe (s. o.), kann im Unterrichtsgespräch ein Fazit formuliert werden, welches ebenfalls auf einem gesonderten Wandplakat festgehalten werden sollte:

Fazit:
Stamms Sprache erfüllt im Roman mehrere Funktionen:
- Charakterisierung: differenzierte Ausgestaltung der Figur des Ich-Erzählers
- sozialpsychologische Funktion: (Selbst-)Entfremdung und Isolation des Einzelnen in der Gesellschaft
- Übermittlung: Sichtbarmachen von psychischen Vorgängen

Zur Vertiefung können die Schülerinnen und Schüler angehalten werden, eine Stellungnahme zu Stamms Kommentar „Literatur muss nackt sein" (vgl. **Zusatzmaterial 9**, S. 138) zu verfassen, in welchem er die Beweggründe für die Entwicklung seines Schreibstils erläutert. Auf diese Weise kann der Text zugleich zur Einführung in das übergeordnete Thema „Reflexion über Sprache (in der Literatur) und Sprachgebrauch" verwendet werden.

3.5 Intertextuelle Bezüge im Roman

Die 80er-Jahre sind „durch einen weitreichenden und immer schnelleren Wandel in allen Bereichen menschlicher Kultur" gekennzeichnet, weshalb „ein neues, diffuses Lebensgefühl [...] durch den Verlust aller Bildungsideale und ein Unbehagen gegenüber dem technisch Machbaren"[1] entsteht. Diesem allgemeinen Wandel unterliegen unter anderem die epischen Gattungen, denn mit der „Parole ‚anything goes' wird eine Beliebigkeit ausgerufen, die alles Verbindliche zum Spiel werden lässt"[2] und zugleich den Beginn des sogenannten postmodernen Erzählens i. e. S. markiert.

[1] Raab/Oswald (1999), S. 30
[2] Ebda.

Infolge dieses neuen Zeitgeistes betritt eine Generation von Schriftstellern den Buchmarkt, welche mit den bis dahin gültigen ästhetischen Normen der Moderne bricht.[1] Postmodernes Erzählen unterscheidet sich vom modernen im Wesentlichen in folgender Hinsicht:[2]

- Ausgewählte Elemente traditionellen Erzählens (Ich-Erzählung, auktoriales Erzählverhalten, eine kontinuierliche Handlung sowie ein sich entwickelnder Held) werden wieder aufgenommen.
- Die Montagetechnik der Moderne wird fortgeführt und weiterentwickelt, indem
  - mit Epochen, literarischen Gattungen gespielt wird (Form- und/oder Stilparodien),
  - unterschiedliche Sprachvarietäten Verwendung finden,
  - auf spezifische Epochen, Genres usw. und/oder auf andere, z. T. nicht-literarische Texte (ironisch-distanziert) angespielt wird (**Intertextualität**[3]).
- Das Ziel postmoderner Literatur ist die **Unterhaltung** eines möglichst großen Leserkreises, weshalb
  - bewusst an die Grenze zur Trivialliteratur gegangen, dabei allerdings ein hohes sprachlich-stilistisches Niveau gewahrt wird,
  - die Handlung sowohl komplex als auch spannend konstruiert wird,
  - individuelle Verhaltensweisen und politische Zustände zwar problematisiert werden, jedoch auf eine erkenntnisorientierte Interpretation der Welt sowie Appelle an den Leser bewusst verzichtet wird,
  - der Text insgesamt als Genre-Mix angelegt wird und somit unterschiedliche Lesarten ermöglicht (**Mehrfachcodierung**).
- Die Autoren schaffen absichtlich eine Distanz zum Inhalt ihres Werkes sowohl für sich selbst als auch für den Leser, indem
  - die Handlung in die Vergangenheit verlegt wird und häufig zudem an entlegenen und/oder exotischen Schauplätzen stattfindet,
  - der Held zwar facettenreich gezeichnet, eine Identifikation jedoch möglichst unterbunden wird (Anti-Held).

In einem **ersten Schritt** sollen sich die Schülerinnen und Schüler die strukturellen Merkmale postmodernen Erzählens einschließlich der spezifischen literaturwissenschaftlichen Fachbegriffe (Intertextualität, Mehrfachcodierung, Montagetechnik usw.) mithilfe des **Arbeitsblattes 11**, S. 90 erarbeiten, welches in Partnerarbeit oder aber als vorbereitende Hausaufgabe erfolgen kann.

- *Fassen Sie die wesentlichen Merkmale postmoderner Literatur zusammen.*
- *Überprüfen Sie, ob Peter Stamms Roman „Agnes" ein typisches Werk der Postmoderne ist. Gehen Sie in diesem Zusammenhang auch darauf ein, was an diesem Werk aus Ihrer Sicht neu oder andersartig ist.*

Die Ergebnisse dieser strukturellen Analyse können in sprachlich reduzierter Form an der Tafel festgehalten werden:

[1] Vgl. Raab/Oswald (1999), S. 30.

[2] Vgl. ebda., S. 31 ff., sowie Migner (1970).

[3] Unter **Intertextualität** wird in der Literaturwissenschaft die Eigenschaft insbesondere literarischer Texte verstanden, sich auf andere zu beziehen. Dies bedeutet, dass der literarische Text in Wechsel- und Referenzbeziehung zu einer Vielzahl zugrunde liegender anderer, auch außerliterarischer Texte (Film, Kunst usw.) steht, indem er explizit und/oder implizit auf andere Texte verweist und somit ein enges Netz von textlichen Beziehungen ausbreitet. Das Verständnis intertextueller Bezüge in postmoderner Literatur setzt wiederum die Werkkenntnis der zitierten oder montierten Originaltexte und somit einen in vielen Bereichen (Literatur, Kunst, Geistes-, Geschichtswissenschaften usw.) belesenen Rezipienten voraus.

Merkmale postmodernen Erzählens

Inhalt

- Thema
  - Problematisierung individueller Verhaltensweisen und politischer Zustände (vgl. Z. 95f.)
  - jedoch Verzicht auf „erkenntnisorientierte Weltinterpretation" (Z. 35f.) und Appell an den Leser (vgl. Z. 103ff.)
- Handlung
  - komplex (vgl. Z. 53f.)
  - spannend konstruiert (vgl. Z. 40f.)
  - spielt häufig in der Vergangenheit sowie an entlegenen und/oder exotischen Orten (vgl. Z. 75ff.)
- Held
  - facettenreicher Charakter (vgl. Z. 52f.)
  - durchläuft teilweise (ganz traditionell) eine Entwicklung (vgl. Z. 80f.)
  - Distanz des Lesers: Anti-Held erlaubt kaum eine Identifikation (vgl. Z. 84ff.)
- Erzähler
  - kaum greifbar (vgl. Z. 87f.)
  - meist ironisch-distanziert und/oder parodistisch (vgl. Z. 89f.)
  - weltanschaulich nicht festgelegt (vgl. Z. 91f.)
  - erlaubt keine Rückschlüsse auf den Autor (vgl. Z. 92ff.)

Form

- „anything goes" (Z. 27): Spiel mit literarischen Gattungen, z.B. durch Form- und/oder Stilparodien (vgl. Z. 64ff.)
- **Intertextualität:** Anspielungen auf bestimmte Epochen, andere (literarische) Texte usw. (vgl. Z. 55ff.), z. B. mithilfe der Montage-Technik
- **Mehrfachcodierung** des Textes durch Mischung der Genres (vgl. Z. 37ff.)

↓

Unterhaltungsliteratur, die mehrere Lesarten zulässt und somit die breite Masse anspricht
➡ „virtuoser Bestsellermix" (Z. 44)

Stamms Roman „Agnes" enthält vornehmlich Zitate oder Referate, welche auf die Lebensbereiche der Literatur sowie der Bildenden Kunst rekurrieren, was zum einen die Belesenheit bzw. Allgemeinbildung der Protagonisten zum Ausdruck bringen soll. Zum anderen soll der Leser mit dem Verzicht postmoderner Autoren auf einen Absolutheitsanspruch dazu animiert werden, sich als lesender Co-Autor zu beteiligen und den Text mitzugestalten, indem er die intertextuellen Bezüge nutzt, um weitere gedankliche Verknüpfungen herzustellen[1]. Auf diese Weise wird dem Leser nicht nur ein subjektiver Spielraum bei der Interpretation des Romans gewährt, vielmehr gewinnt das Werk selbst an Vielschichtigkeit.

In einem **zweiten Schritt** sollen daher exemplarisch die intertextuellen Bezüge zur **Literatur** aufgespürt und hinsichtlich ihrer Bedeutung und Funktion innerhalb des Romans analysiert werden:
Das **Sonnet 18** ist eines der bekanntesten des insgesamt 154 Sonette umfassenden Zyklus' von William Shakespeare, welcher 1609 erstmals veröffentlicht wurde. Während die Sonette 1 bis 126 die Jugend zum Gegenstand haben, eröffnet Shakespeare mit dem Thema Unver-

[1] Vgl. Möckel (2001), S. 43.

gänglichkeit bzw. Unsterblichkeit im 18. Sonett nunmehr eine Sequenz, welche als sogenannte Fortpflanzungssonette Eingang in die Literatur gefunden hat.
In diesem Sonett vergleicht das lyrische Ich seinen Geliebten[1] mit der Schönheit und Frische des Sommers (vgl. V. 1) und konstatiert, dass Letzterer nicht standhalten kann (vgl. V. 2), zumal dessen Herrlichkeit nur kurz währt (vgl. V. 4 ff.). Das lyrische Ich hofft, dass die Schönheit des Geliebten den Lauf der Zeit überdauern und unvergänglich sein möge (vgl. V. 9 ff.), und verspricht, dass zumindest seine Erinnerung an ihn unvergessen bleiben wird (vgl. V. 12 ff.).
Dargestellt wird in dem Sonett-Zyklus auf einer übergeordneten Ebene letztlich „eine Beziehung über Standesschranken und Altersgrenzen hinweg", bei welcher „der Dichter den geliebten Freund [...] in die Sphäre des Vollkommenen"[2] rückt. Dieses Ideal ist jedoch latent gefährdet und muss folglich immer neu erstrebt werden. Auf der Suche nach Rettung dessen vor dem Zerstörungswerk der Zeit gelangt das lyrische Ich zu verschiedenen Lösungen: Zum einen kann die Schönheit durch das Zeugen von Nachkommen erhalten werden (vgl. Sonette 1 bis 17), zum anderen auf metapoetischer Ebene im Sonett selbst, indem die Schönheit des Geliebten gepriesen und auf diese Weise dem zerstörerischen Zugriff der Zeit entzogen wird[3] (vgl. V. 13 f.).
Im Roman wird diese Idee aufgegriffen, jedoch dahingehend ins Gegenteil verkehrt, dass die Initiative, eine Geschichte über Agnes zu verfassen, hier von Agnes selbst und weniger von dem Schreiber ausgeht (vgl. S. 48 ff.). Demzufolge ist auch die Motivation des Ich-Erzählers eine andere, denn er verspürt weniger das Bedürfnis, die Schönheit der Geliebten für die Ewigkeit zu konservieren, sondern vielmehr schlichtweg Neugier, ob dieses „Experiment gelingen" (S. 50) wird.
Dieses Gedankenspiel wird zu einem späteren Zeitpunkt der Liebesbeziehung in variierter Form erneut aufgegriffen, wenn Agnes den Ich-Erzähler nach erlittener Fehlgeburt bittet, die Geschichte in jedem Fall weiterzuschreiben, um mit der Darstellung des weiteren Werdegangs der fiktiven Margaret das zu vollenden, was ihr selbst nicht gelungen ist, nämlich das verlorene Kind zumindest in der Erinnerung am Leben zu erhalten (vgl. S. 116). Zugleich hofft Agnes auch, auf diese Weise ihre Liebe retten zu können, deren Zukunft ihr ganz offensichtlich ungewiss erscheint: „Was machst du eigentlich, wenn du dein Buch fertig geschrieben hast? [...] Was geschieht mit uns, wenn du fertig bist?" (S. 88)
Tatsächlich entpuppt sich die fiktive Geschichte über Agnes – wie im Sonett – auch für den Ich-Erzähler im Nachhinein als Gedächtnisarchiv (vgl. S. 31), da diese nach Agnes' spurlosem Verschwinden letztlich das Einzige ist, was ihm von ihr geblieben ist (vgl. S. 9). Der intertextuelle Bezug deutet an dieser Stelle bereits auf die Vergänglichkeit bzw. das Scheitern der Liebe zwischen Agnes und dem Ich-Erzähler hin, welche ebenfalls nicht den Sommer überdauern wird.

Hermann Hesses Erzählung **Siddhartha** aus dem Jahre 1922 handelt, wie schon der Untertitel „Eine indische Dichtung" verrät, von dem jungen, gleichnamigen Brahmanen, der sein Leben der Suche nach dem sogenannten Atman, dem All-Einen, welches seinem Glauben nach in jedem Menschen sei, gewidmet hat. Am Ende mehrerer Reisen und vieler Irrwege (Liaison mit einer Kurtisane, materielle Raffgier, Alkoholkonsum usw.) findet der zwischenzeitlich äußerst verzweifelte, lebensmüde und folglich selbstentfremdete Protagonist im hohen Alter schließlich zu sich selbst und erlangt die angestrebte Weisheit des Erleuchteten. Bei diesem intertextuellen Bezug sind die Parallelen zu der zentralen Männerfigur in Peter Stamms Roman „Agnes" ganz offensichtlich, wenngleich dem Ich-Erzähler eine derartige Entwicklung zum geläuterten Menschen wie so oft in postmoderner Literatur gänzlich ver-

[1] In der Literaturwissenschaft besteht größtenteils Einigkeit, dass sich dieses Sonett an einen männlichen Geliebten richtet.
[2] Schuenke (2009), S. 185
[3] Vgl. Schuenke (2009), S. 189.

sagt bleibt. Dass er auch nach dem Scheitern einer weiteren Liebesbeziehung in seinem Leben zu keiner kritischen Selbstreflexion in der Lage ist, belegt unter anderem die Ablehnung jeglicher Schuld an Agnes' vermeintlichem Tod gleich zu Beginn seiner Erzählung (vgl. S. 9).

In Ernest Hemingways Kriegsroman **A Farewell to Arms**, welcher 1929 veröffentlicht wurde, wird die sich entwickelnde Liebesbeziehung zwischen dem Lieutenant Frederic Henry und der britischen Krankenschwester Catherine Barkley erzählt, welche tragisch endet und folglich nur vorübergehend die innere Leere des Helden vertreibt.
Nach dem vergeblichen Versuch, seiner Einsamkeit durch flüchtige Affären zu entkommen, und nachdem er in der Schlacht nur knapp dem Tod entrann, entschließt er sich – im übertragenen Sinne wiedergeboren und geläutert – zur Desertion und zum Neuanfang. In der Hoffnung auf ein neues, erfülltes Leben als Familie flüchten Frederic und die von ihm schwangere Catherine in die Schweiz, wo sie die glücklichsten Wochen ihres Lebens verbringen. Die Liebesbeziehung endet unvermittelt mit Catherines Tod im Kindbett. Mit dem Kind stirbt dann zugleich auch das letzte Zeichen dieser Liebe.
Anders als der Lieutenant findet der Ich-Erzähler in seiner Liebesbeziehung mit Agnes keine Erfüllung, vielmehr empfindet er diese als Beschneidung seiner persönlichen Freiheit, welche ihm „immer wichtiger gewesen [ist] als Glück" (S. 110). Demzufolge empfindet er auch das Kind, welches Agnes von ihm erwartet, nicht als Geschenk, sondern als zusätzliche Last (vgl. S. 89f.), zumal ihm die völlig neue und somit gänzlich ungewohnte Vaterrolle emotionales Engagement und Verantwortungsbewusstsein abverlangen, wozu er jedoch weder bereit noch fähig ist (vgl. S. 92f. und S. 99).

Im Jahr 1945 veröffentlichte Dylan Thomas in einem Sammelband unter anderem das Gedicht **A Refusal to Mourn the Death, by Fire, of a Child in London**, welches auf den ersten Blick zunächst rätselhaft erscheint, da es zum einen surrealistische Elemente[1] enthält, welche die Rezeption erschweren, und zum anderen seine Botschaft erst bei Betrachtung des historischen Kontextes zur Zeit seiner Entstehung offenbart.
Der Dichter verfasste dieses Gedicht nach den Bombenangriffen der deutschen Luftwaffe auf London im Zweiten Weltkrieg[2] und gebraucht geradezu skurrile und/oder absurde sprachliche Bilder, um ein äußerst düsteres Kriegsszenario zu entfalten, das viele unschuldige Opfer fordert (vgl. Strophen 1 bis 3).
In der letzten Strophe hingegen findet eine Bewertung der Situation in ihrer Gesamtheit statt: Das lyrische Ich konstatiert, dass der Mensch lediglich einmal sterben kann (vgl. V. 24). Im übertragenen Sinn bedeutet dies, dass es letztlich unerheblich ist, ob ein einziger Mensch stirbt oder in der Folge sogar die gesamte Bevölkerung einer Stadt; denn dieser Tod ist für sich genommen sinnlos, unnötig und somit gleichermaßen schrecklich.
Hierin verbirgt sich die indirekte Anklage an die Verantwortlichen der britischen Luftwaffe, keine ausreichende Vorsorge getroffen zu haben, um die Bürger in London („Child in London", Titel) vor der potenziell drohenden Gefahr zu schützen (vgl. V. 19ff.). Als Konsequenz dieses Versäumnisses weigert sich das lyrische Ich letztlich, um die Toten zu trauern (vgl. Titel).
Agnes liest Thomas' Gedicht im Rahmen ihrer Trauerarbeit (vgl. S. 130f.) und erkennt ebenfalls die hierin enthaltene Botschaft. Obwohl diese nicht an sie gerichtet ist, da ihre Situation mit der historischen nicht vergleichbar ist, nimmt Agnes diese an und empfindet Schuldgefühle angesichts des Todes ihres ungeborenen Kindes (vgl. S. 131). Das Gefühl, für das schutzbedürftige Wesen nicht genügend gesorgt und somit letztlich versagt zu haben, ist

1 Das Ziel der Vertreter des Surrealismus ist es, das Unwirkliche und Traumhafte sowie die Tiefen des Unbewussten auszuloten und den aufgrund der Logik begrenzten Erfahrungsbereich des Menschen durch das Fantastische und Absurde zu erweitern.

2 Diese Angriffe werden im englischen Sprachgebrauch als „The Blitz" bezeichnet, worunter insbesondere diejenigen zwischen dem 7. September 1940 und 16. Mai 1941 verstanden werden, mit denen Hitler die Briten zum Kriegsaustritt bewegen wollte.

dabei offenbar so stark, dass sich sogar ihr gesundheitlicher Zustand verschlechtert (vgl. S. 131), obwohl ihr auf der rationalen Ebene bewusst ist, dass Tod und Leben untrennbar miteinander verbunden sind (vgl. S. 131).

Zusammenfassend ist Folgendes festzuhalten: Den intertextuellen Bezügen in Gestalt von entweder zitierten oder aber referierten Texten ist „gemein, dass sie entweder im Titel bereits oder inhaltlich Tod, Mord oder Überleben thematisieren“[1]. Sie spiegeln den jeweils gegenwärtigen Verlauf der Liebesbeziehung zwischen Agnes und dem Ich-Erzähler wider und verstärken somit die Wirkung des Erzählten, sodass „eine packende und emotional bewegende Atmosphäre“[2] entsteht.

Zur Analyse der Intertextualität dieses postmodernen Romans bietet sich die Unterrichtsmethode des Gruppenpuzzles an, bei der sich jede Expertengruppe einem der ausgewählten vier dargelegten intertextuellen Bezüge widmen soll. Den genauen Ablauf des Gruppenpuzzles können die Schülerinnen und Schüler dabei dem **Arbeitsblatt 12** (S. 92) entnehmen. Darüber hinaus kann die methodische Vorgehensweise auch mithilfe einer Folie visualisiert werden (vgl. **Zusatzmaterial 11**, S. 143). Das **Zusatzmaterial 10** hält kurze Inhaltsangaben zu den jeweiligen Werken (S. 139) bereit, welche die Bearbeitung der Arbeitsaufträge erleichtern sollen.

Die Expertengruppen halten ihre Ergebnisse auf einem gesonderten Bogen fest (vgl. **Arbeitsblatt 13**, S. 93).[3] Diese sollten mit den entsprechenden Lösungshinweisen (vgl. **Arbeitsblatt 14**, S. 95) abgeglichen werden, bevor sich die Schülerinnen und Schüler in die Mischgruppen begeben.

- *Gr. 1: William Shakespeare: Sonnet 18 (1609)*
  Gr. 2: Hermann Hesse: Siddhartha (1922)
  Gr. 3: Ernest Hemingway: A Farewell to Arms (1929)
  Gr. 4: Dylan Thomas: A Refusal to Mourn the Death, by Fire, of Child in London (1945)
- *Diskutieren Sie in Ihrer Gruppe, welche Bedeutung die intertextuellen Bezüge haben.*

Je nachdem, wie viel Zeit für diesen Unterrichtsaspekt zur Verfügung steht, können weitere intertextuelle Bezüge festgestellt und gedeutet werden. Dazu bieten sich etwa Agatha Christies „Murder on the Orient Express“ (vgl. S. 97) oder Oskar Kokoschkas „Mörder, Hoffnung der Frauen“ (vgl. S. 39) an.

1 Möckel (2001), S. 68
2 Möckel (2001), S. 57
3 Alternativ zur Methode des Gruppenpuzzles können die einzelnen Aspekte sukzessive im Unterrichtsgespräch mithilfe der Leitfragen der einzelnen Gruppen erfragt werden. Die Ergebnisse des Arbeitsblattes 14 (S. 95) können in diesem Fall auf Wandplakaten oder in sprachlich reduzierter Form an der Tafel festgehalten werden.

Die Erzähltechnik des Romans

Das Ziel der Erarbeitung ist es, die Erzähltechnik in Stamms Roman „Agnes" zu analysieren. Aus diesem Grund ist es erforderlich, sich mit den erzähltheoretischen Kriterien

- Erzählform,
- Erzählperspektive und Erzählerstandort,
- Erzählverhalten,
- Erzählhaltung sowie
- Darbietungsformen

vertraut zu machen, derer sich die Literaturwissenschaft bedient (vgl. Zusatzmaterial 8). Da diese Begriffe abstrakt sind, ist es sinnvoll, sie zunächst exemplarisch auf ausgewählte Textstellen des Romans anzuwenden:

Text 1

Hier habe ich mit Agnes gewohnt, in dieser Wohnung, für kurze Zeit. Wir waren hier zu Hause, aber jetzt, wo Agnes gegangen ist, ist mir die Wohnung fremd und unerträglich geworden. Nur ein Zentimeter Glas trennt mich von Agnes, nur ein Schritt. Aber die Fenster lassen sich nicht öffnen. Ich schaue mir – ich weiß nicht zum wievielten Mal – das Video an, das Agnes aufgenommen hat, als wir am Columbus Day eine Wanderung machten. [...] Ich habe den Ton des Fernsehers ausgeschaltet. Die Bilder scheinen mir wirklicher als die dunkle Wohnung, die mich umgibt. [...]
„Keine Videos?" hat der Verkäufer mit dem nach hinten gekämmten, pomadisierten Haar gefragt, als ich mir vor Stunden unten im Laden Bier holte. Er erkundigte sich nach Agnes. Sie sei weggegangen, sagte ich, und er lächelte anzüglich. „Sie gehen alle einmal", sagte er, „mach dir nichts draus, die Welt ist voll schöner Frauen."
Agnes mochte den Verkäufer nicht, sie wusste nicht weshalb. Er mache ihr Angst, sagte sie nur und lachte, wenn ich sie auslachte. (S. 9 ff.)

Text 2

In der Eingangshalle trafen wir den Verkäufer des kleinen Ladens, der gerade dabei war, sein Geschäft abzuschließen. Er blinzelte mir zu und lächelte anzüglich.
„Keine Videos heute abend", sagte er und atmete tief und genießerisch ein. Ich antwortete nicht und ging weiter, ohne ihn zu grüßen.
„Wer war das?", fragte Agnes im Aufzug.
Ich nahm ihre Hand und küsste sie, und wir küssten uns, bis der Aufzug mit einem leisen Glockenton auf der siebenundzwanzigsten Etage zum Stehen kam.
(S. 25)

Text 3

„Hast du ihr von mir erzählt?", fragte Agnes.
„Nur, dass du mich verlassen hast, und dann, dass du wieder zurückgekommen bist."
„*Du* hast mich verlassen. Und *du* bist zurückgekommen."
„Eigentlich ist Weihnachten ein schrecklich deprimierendes Fest", sagte ich. [...]
„Und was war zwischen euch?"
„Nichts", sagte ich. „Ich habe ihr gesagt, du seist zurückgekommen."
„*Du* bist zurückgekommen."
„Sie weiß viel über Pullman, und ich komme durch sie mit interessanten Leuten in Kontakt."
„Das ist doch toll."
„Ja."
„Hast du mit ihr geschlafen?", fragte Agnes.
„Ist das wichtig?"
„Ja."
„Und du mit Herbert?"
„Nein."
„Warum wolltest du zu ihm gehen mit dem Kind?"
„Weil er für mich da ist. Und weil er mich liebt."
„Und warum bist du zu mir zurückgekommen?"
„Wenn du das nicht weißt ...", sagte Agnes. „Weil ich dich liebe, nur dich. Auch wenn du es nicht glauben willst." (S. 126 ff.)

Text 4

Ich war erstaunt, wie vieles Agnes und ich anders erlebt oder anders in Erinnerung hatten. Oft konnten wir uns nicht darauf einigen, wie etwas gewesen war, und auch wenn ich mich mit meiner Version meistens durchsetzte, war ich mir immer noch nicht sicher, ob Agnes nicht vielleicht doch recht hatte.
So konnten wir uns zum Beispiel lange nicht einigen, in welchem Restaurant wir zum ersten Mal zusammen gegessen hatten. Agnes behauptete, es sei im indischen, ich, es sei im chinesischen gleich gegenüber gewesen. Ich glaubte sogar, mich daran zu erinnern, was ich gegessen hatte. Aber schließlich fiel Agnes ein, dass sie die Verabredung in ihren Taschenkalender notiert hatte, und der Eintrag bewies, dass ich im Unrecht war.
Manches, was ich ausführlich beschrieb, empfand sie als belanglos. Anderes, was ihr wichtig war, kam in der Geschichte gar nicht vor oder nur kurz [...].

(S. 56)

1. *Lesen Sie den zweiten Abschnitt zur Erzähltheorie, der sich im Zusatzmaterial 8 befindet, und analysieren Sie exemplarisch die ausgewählten Textstellen mithilfe der dort angegebenen Kriterien.*
2. *Erläutern Sie anschließend die Wirkung der Erzähltechnik Stamms auf den Leser.*
3. *Beurteilen Sie auf der Grundlage Ihrer Ergebnisse die Vertrauenswürdigkeit des Ich-Erzählers.*

Leitmotiv, Symbol und Chiffre als Strukturelemente des Romans

Als Motiv wird die kleinste strukturbildende Einheit in einem literarischen Werk bezeichnet. Eine spezielle Form ist dabei das **Leitmotiv**, ein aus der Musik entlehnter Begriff, der ein Thema oder Schlüsselwort bezeichnet, das im Verlauf der Handlung immer wieder aufgegriffen und gegebenenfalls variiert wird. Ein Leitmotiv ist häufig einer bestimmten Figur, einer Situation, einem Ort, einem Konflikt o. Ä. zugeordnet, durch die häufige Wiederaufnahme sehr einprägsam und weckt beim Leser durch seine besondere emotionale Ausdruckskraft die vom Dichter beabsichtigten Assoziationen (z. B. Gefahr durch häufige Nennung von Signalwörtern wie „rot", „Feuer", „Glut", „höllenheiß" usw.).

In der Literatur wird unter einem **Symbol** ein anschauliches, bildhaftes Zeichen verstanden, das über sich selbst hinaus auf eine allgemeine, abstrakte Bedeutung verweist. Handelt es sich bei diesem Zeichen um einen Gegenstand, der wegen seines symbolischen Gehalts an Schlüsselstellen leitmotivisch gebraucht wird, wird von einem sogenannten Dingsymbol gesprochen (z. B. Anker für Hoffnung, Schiff für Lebensreise, Kreuz für Tod).

Unter einer **Chiffre** (frz. *chiffre* = Ziffer, Zahl) wiederum wird ein symbolisches, jedoch rätselhaftes Zeichen vor allem in moderner Literatur verstanden, dessen verschlüsselte und meist komplexe Bedeutung nicht immer eindeutig interpretiert bzw. aus dem Kontext erschlossen werden kann. Eine Chiffre verweist häufig auf den Dichter selbst (z. B. Gegenstände, Gebäude oder Landschaften, denen von den Figuren in Abhängigkeit von ihrer inneren Verfassung jeweils ganz unterschiedliche Bedeutung beigemessen wird, wie etwa das große, blaue Meer, welches einmal als Brücke zur Freiheit und ein anderes Mal als eisig, leer und tot empfunden wird).

Autorentext

1. *Erläutern Sie die Begriffe des Leitmotivs, des Symbols und der Chiffre sowie deren Funktionen in eigenen Worten.*
2. *Überprüfen Sie, ob und inwiefern Symbole und/oder Chiffren im Roman erkennbar sind und zu Leitmotivketten (z. B. Bilder – Bildnisse – Porträts) verknüpft werden.*

Die sprachlich-stilistische Gestaltung des Romans

Im Folgenden werden Ihnen exemplarisch sechs Textauszüge aus dem Roman „Agnes" vorgegeben, die Sie sprachanalytisch untersuchen sollen[1]:

Der Ich-Erzähler als Erzähler der eigentlichen Romanhandlung

Text 1

„Keine Videos?", hat der Verkäufer mit dem nach hinten gekämmten, pomadisierten Haar gefragt, als ich mir vor Stunden unten im Laden Bier holte. Er erkundigte sich nach Agnes. Sie sei weggegangen, sagte ich, und er lächelte anzüglich. „Sie gehen alle einmal", sagte er, „mach dir nichts draus, die Welt ist voll schöner Frauen." (S. 11)

Text 2

„Ich konnte das Fenster nicht öffnen."
„Die Wohnung ist klimatisiert ..."
Wir schwiegen beide. Agnes machte mit der Hand langsame, kreisende Bewegungen.
„Ich könnte fast dein Vater sein, fast", sagte ich.
„Aber du bist es nicht."
Agnes zog die Hand zurück und drehte sich zu mir.
„Glaubst du an ein Leben nach dem Tod?" (S. 26)

Text 3

Neben dem Computer stand ein Teller mit einem halbgegessenen Sandwich. Ich ging ins Schlafzimmer. Agnes war nicht da. Ihr Mantel hing nicht an der Garderobe. Sonst fehlte nichts. [...]
Agnes ist nicht zurückgekommen. Ich habe die ganze Nacht und den ganzen Tag auf sie gewartet. Gegen Mittag hat es aufgehört zu schneien, aber vor einigen Stunden hat es wieder angefangen. Einmal hat das Telefon geklingelt. Ich habe es nicht abgenommen, und es hat aufgehört zu klingeln, bevor der Beantworter den Anruf entgegennahm.
Ich habe das Licht gelöscht und schaue mir das Video an, das Agnes während unserer Wanderung durch den Nationalpark aufgenommen hat.
Ich, während der Heimfahrt am Lenkrad des Autos von der Rückbank aus gefilmt. Die Scheibenwischer. Manchmal ein Auto vor uns. Mein Hinterkopf, meine Hände am Steuer. Zum Schluss scheine ich bemerkt zu haben, dass Agnes filmte. Ich drehe meinen Kopf, lächelnd, aber bevor ich ganz nach hinten schaue, hört der Film auf. (S. 153)

Der Ich-Erzähler als Autor der fiktiven Geschichte über Agnes

Text 4

Ich sah Agnes zum ersten Mal in der Chicago Public Library, im April dieses Jahres. Sie fiel mir gleich auf, als sie sich im Lesesaal mir gegenüber setzte. Ihre linkischen Bewegungen passten nicht recht zum schlanken, fast zerbrechlichen Körper. Ihr Gesicht war schmal und bleich, ihr Haar fiel dunkel auf ihre Schultern. Unsere Blicke trafen sich für einen Moment, und ich sah ihre erstaunten blauen Augen. Als sie den Lesesaal verließ, folgte ich ihr. Auf der Treppe vor der Bibliothek trafen wir uns wieder, und ich lud sie ein zu einer Tasse Kaffee.
Unser Gespräch entwickelte sich seltsam rasch. Wir sprachen über Liebe und Tod, noch bevor wir unsere Namen kannten. Sie hatte strenge Ansichten. Mein Zynismus reizte sie, und wenn sie aufgeregt war, wurde sie rot und wirkte noch verletzlicher als sonst. (S. 54)

Text 5

Agnes war wieder bei mir. Wir wussten jetzt, dass wir zusammengehörten, und dieses Wissen schien ihr über den Verlust des Kindes hinwegzuhelfen. Wie uns das Kind zusammengebracht hatte, führte sein Verlust uns wieder zusammen. Der Schmerz verband uns enger, als uns das Glück verbunden hatte. [...]
Wir hatten den Fernseher eingeschaltet, um uns die Direktübertragung der Neujahrsfeier vom Times Square in New York anzuschauen. Zehntausende hatten sich auf dem Platz versammelt und starrten auf den riesigen, künstlichen Apfel, der langsam zu ihnen herabschwebte. Genau um Mitternacht berührte er unter dem Jubel der Menge den Boden. Die Menschen schrien und umarmten einander. Irgendwo begannen sie zu singen, der Gesang wuchs aus dem Lärm, der langsam erstarb, bis man nichts anderes mehr hörte als das alte Lied.

„Should auld acquaintance be forgot
And never brought to mind?"

In Chicago war es erst elf, aber auch Agnes und ich standen auf. Wir umarmten uns und stießen auf unsere Zukunft an, während die Menschen in New York noch immer sangen[.] (S. 136 f.)

[1] Alle Textauszüge aus: Peter Stamm: Agnes. © S. Fischer Verlag GmbH, Frankfurt am Main 2009

Der Ich-Erzähler als Sachbuchautor

Text 6

Schon während meiner Vorarbeiten in der Schweiz war ich immer wieder auf den Namen George Mortimer Pullman gestoßen, aber erst in Chicago entdeckte ich, dass der legendäre Schlafwagenbauer nicht nur der Erfinder des Luxuseisenbahnwagens war, sondern mit seiner Musterstadt Pullman, südlich von Chicago, Industriegeschichte geschrieben hat. In der kleinen Stadt, die von der Wasser- und Gasversorgung bis zur Kirche fest in der Hand des Industriellen war und die er mehr als Vater denn als Besitzer kontrollierte und regierte, kam es bald zu Unruhen und vor hundert Jahren zu Streiks und gewalttätigen Ausschreitungen, die in die Geschichte der amerikanischen Arbeiterbewegungen eingegangen sind.
Das Scheitern von Pullmans Vision und das Aufbegehren seiner Arbeiter gegen die Kontrolle ihres gesamten Lebens durch ihren Arbeitgeber faszinierten mich mehr als die legendären Wagen der Firma. Mit allem hatte Pullman gerechnet, nur nicht mit dem Bedürfnis seiner Arbeiter nach Freiheit. Er hatte geglaubt, ihnen ein Paradies gebaut zu haben. Aber das Paradies hatte keine Tür, und als die Zeiten schwerer wurden und die Arbeitsplätze knapper, fühlten sich die Arbeiter immer mehr wie Gefangene. Pullman sah seinen Irrtum nie ein und haderte bis zu seinem Tod mit der Undankbarkeit der Menschen. (S. 104 f.)

1. *Sie sind für die Sprache des Ich-Erzählers als ________________________ zuständig.[1] Ordnen Sie die angegebene(n) Textstelle(n) in den Handlungszusammenhang des Romans ein und analysieren Sie dessen Sprachgebrauch im Hinblick auf besondere Auffälligkeiten in*
   - *ihrer Wortwahl,*
   - *ihrer Syntax und/oder*
   - *ihrem Gebrauch rhetorischer Figuren (Stilmittel).*
2. *Vergleichen Sie die Ergebnisse Ihrer Analyse mit den weiterhin angeführten Textstellen (s. o.).*
3. *Ziehen Sie aus den Ergebnissen Ihrer Sprachanalyse Rückschlüsse auf die Funktion der Sprache in diesem Roman.*

[1] Hier ist die jeweilige Rolle des Ich-Erzählers pro Gruppe zu ergänzen.

Merkmale postmodernen Erzählens

Die Achtzigerjahre des 20. Jahrhunderts sind gekennzeichnet durch einen weitreichenden und immer schnelleren Wandel in allen Bereichen menschlicher Kultur. Die großen kommunistischen Systeme im Osten brechen zusammen, 1989 fällt die Mauer. Im Westen wird das Scheitern der Theorien und Utopien der 68er-Bewegung eingestanden. Die Techno-Bewegung mit all ihren Facetten entwickelt sich zu einer neuen Jugendkultur.

Wirtschaftswachstum und Industrialisierung führen zu immer schwerer lösbaren Problemen, besonders im Bereich der Umwelt. Strukturveränderungen in der Wirtschaft produzieren ein Heer von Arbeitslosen. Der gewaltige informationstechnologische Fortschritt bringt nicht mehr Orientierung, sondern eine neue Unübersichtlichkeit.

Allseits wird der Verfall von Tugenden und Werten beklagt, es fehlen kulturelle und religiöse Leitfiguren und Leitbilder. Stattdessen haben esoterische Lebenshilfen Hochkonjunktur. Die pluralistische Gesellschaft mit ihrem bunten Nebeneinander von Meinungen und Einstellungen fördert statt Toleranz eine Ellenbogenmentalität[1].

Es entsteht ein neues, diffuses Lebensgefühl, das gekennzeichnet ist durch den Verlust aller Bildungsideale und ein Unbehagen gegenüber dem technisch Machbaren. Mit der Parole *„anything goes"* wird eine Beliebigkeit ausgerufen, die alles Verbindliche zum Spiel werden lässt.

[...]

Aus diesem Zeitgeist heraus, der mit dem umstrittenen Begriff „Postmoderne" etikettiert werden kann, tritt eine neue Generation von Schriftstellern auf den Buchmarkt, die mit den ästhetischen Normen der klassischen Moderne brechen. [...]

Diesen postmodernen Schriftstellern [...] geht es nicht mehr um eine erkenntnisorientierte Weltinterpretation oder die Problematisierung des herkömmlichen Geschichtenerzählens. Ihre Romane [...] lassen sich auf der Textoberfläche fast durchgängig als Unterhaltungsliteratur, bisweilen an der Grenze zum Trivialen, lesen. Ihr Stoff ist reizvoll, die Handlung spannend konstruiert und die sprachliche Darbietung voller Effekte. Sie bieten für jeden etwas: historische Belehrung, fantastische Geschichte, Sex and Crime im *virtuosen Bestsellermix:*[2] Sie sind die Autoren einer *Massenkultur.*

[...]

Trotzdem handelt es sich hierbei nicht um Trivialliteratur im eigentlichen Sinne. Von gehobener amerikanischer Trivialliteratur etwa, wie z. B. „Die Nebel von Avalon" (1982) von Marion Zimmer Bradley oder „Der Medicus" (1986) von Noah Gordon, unterscheiden sich die postmodernen Schriftsteller u. a. durch die weniger holzschnittartige Charakterisierung der Figuren, die größere Komplexität der Handlung und vor allem durch das höhere sprachlichstilistische Niveau. Intelligent, belesen und geistreich streuen sie literarische, historische und geistesgeschichtliche Anspielungen in ihre Texte, um auch dem Belesenen etwas zu bieten. Diese Anspielungen bezeichnet man mit dem Begriff *Intertextualität*[3], wenn sie auf andere, zum kulturellen (Bildungs-) Wissen gehörende Texte beziehbar sind.

Ein wichtiges Element dieser Literatur ist das Erzeugen von Spannung beim Leser; das gelingt häufig durch Anleihen beim Kriminalroman. Postmoderne Schriftsteller spielen mit literarischen Formen und Genres[4], wobei der *Unterhaltung als literarischem Wert* eine besondere Rolle zukommt. Wie postmoderne Architekten treiben sie geschickt ein Spiel mit den bekannten literarischen Mustern. Bewusst – und mit Erfolg – schreiben sie an der Grenze zwischen ernster und unterhaltender Literatur.

Die Handlung wird gern in *vergangene Zeiten* verlegt. Aber der Leser wird durch diese historische Perspektive nicht direkt zu einer bewussten Auseinandersetzung mit der eigenen Geschichte veranlasst. Die Handlung spielt häufig *an entlegenen, manchmal recht exotischen Orten.* Der Leser kann sich gemütlich zurücklehnen; mit seiner eigenen Welt haben diese Orte – zunächst einmal – nichts zu tun.

---

1 Insbesondere für das beginnende 21. Jahrhundert sind in diesem Zusammenhang zudem der zunehmende Einfluss der Globalisierung, die Banalisierung der Massenmedien sowie der Verlust sozialer Sicherheiten anzuführen.

2 In der Literaturwissenschaft wird von der sogenannten Mehrfachcodierung eines Textes immer dann gesprochen, wenn dieser mehrere literarische Gattungen in sich vereint und auf diese Weise unterschiedliche Lesarten ermöglicht.

3 Als gängige Formen der Intertextualität gelten insbesondere das Zitat (wörtlich übernommene Stelle eines anderen Textes), die Collage bzw. Montage (Zusammenfügen von Textfragmenten zu einem neuen Text), die Parodie (komische bzw. satirische Nachahmung der literarischen Vorlage) sowie der Pastiche (Sonderform der Parodie, bei der das Komische bzw. Satirische völlig fehlt und die folglich von Hochachtung für das Original gekennzeichnet ist).

4 Genre = mehrdeutiger Begriff der (antiken) Literaturwissenschaft: Genre als Synonym für (Literatur-) Gattung bzw. als Bezeichnung für besonders stark typisierte, kommerziell ausgerichtete Trivialliteratur (z. B. Arztroman)

Der Held macht – ganz traditionell – eine Entwicklung durch. Anders aber als bei der Nabelschau und psychologisierenden Selbstverständigung, die die Lektüre vieler deutschsprachiger Texte der Siebzigerjahre so mühsam machte, kann der Leser diese Entwicklung aus einer *angenehmen Distanz* verfolgen. Er muss sich nicht unbedingt mit dem Helden identifizieren.

Der *postmoderne Erzähler* ist in den Texten *kaum mehr greifbar*. Er hat keinen ausgeprägten Charakter mit Stärken und Schwächen und Eigenheiten. Er ist zumeist ironisch-distanziert, liebt das Parodistische, das Übertreibende und ist weltanschaulich nicht festgelegt. Interpretierende Rückschlüsse vom Erzähler auf den Autor, so problematisch sie immer schon waren, sind nun kaum mehr möglich.

[...]

Das Erzählte problematisiert zwar durchaus individuelle Verhaltensweisen und politische Zustände. Der Erzähler drängt aber dem Leser *keine didaktisch-moralisierende Botschaft* auf. Der Roman als Instrument der Aufklärung ist tot, denn es gibt keine absolut zu setzenden moralischen Standpunkte mehr: „anything goes". Der postmoderne Schriftsteller verzichtet darauf, sich zum moralischen Gewissen seiner Leserschaft zu erklären. Diese Literatur hat, man mag es bejubeln oder beklagen, ihren Appellcharakter verloren. Die Frage „Was will der Autor uns damit sagen?" verfehlt die Intention dieser Schriftsteller.

[...]

Raab, Alexander/Oswald, Ellen: Patrick Süskind. Das Parfum. Inhalt, Hintergrund, Interpretation. mentor Lektüre Durchblick plus. München (mentor Verlag) 2010, S. 28–31

1. *Fassen Sie die wesentlichen Merkmale postmoderner Literatur zusammen.*
2. *Überprüfen Sie, ob Peter Stamms Roman „Agnes" ein typisches Werk der Postmoderne ist. Gehen Sie in diesem Zusammenhang auch darauf ein, was an diesem Werk aus Ihrer Sicht neu oder andersartig ist.*

Die Bedeutung der intertextuellen Bezüge im Roman (Gruppenpuzzle)

Phase 1
Erschließen Sie sich die verschiedenen intertextuellen Bezüge in dem Roman „Agnes" in arbeitsteiliger Gruppenarbeit **(Expertengruppen).** Wenn Sie fertig sind, erhalten Sie ein Lösungsblatt, sodass Sie Ihre Ergebnisse vergleichen und ggf. vervollständigen können.

Phase 2
Anschließend sollen Sie neue Gruppen bilden, in denen jeweils mindestens ein Vertreter jeder Expertengruppe sein muss **(Mischgruppen).** Hier sollen Sie Ihre Arbeitsergebnisse untereinander austauschen und sich gegenseitig erläutern, sodass am Ende dieses sogenannten **Gruppenpuzzles** jeder von Ihnen mit allen Teilaspekten vertraut ist. Diese lauten im Einzelnen wie folgt:

Expertengruppe 1: William Shakespeare: Sonnet 18 (1609)
S. 48

Expertengruppe 2: Hermann Hesse: Siddhartha (1922)
S. 119

Expertengruppe 3: Ernest Hemingway: A Farewell to Arms (1929)
S. 102

Expertengruppe 4: Dylan Thomas: A Refusal to Mourn the Death, by Fire, of Child in London (1945)
S. 130

Aufgabenstellungen für die Expertengruppen (Phase 1)

1. *Informieren Sie sich mithilfe Ihnen zugänglicher Quellen (Lernbuch, Schulbibliothek, Internet usw.) über den Inhalt dieses Werkes.*
2. *Interpretieren Sie die angegebene Textstelle auf Grundlage dieser Hintergrundinformationen.*
3. *Halten Sie Ihre Arbeitsergebnisse auf Ihrem Teil des Auswertungsbogens (s. Anlage) fest.*
4. *Überlegen Sie, wie Sie Ihre Arbeitsergebnisse in den Mischgruppen strukturiert erklären können, sodass alle Kursteilnehmer diese verstehen. Machen Sie sich geeignete Notizen.*

Aufgabenstellungen für die Mischgruppen (Phase 2)

1. *Tauschen Sie Ihre Ergebnisse aus den verschiedenen Expertengruppen untereinander aus und erläutern Sie diese entsprechend.*
2. *Vervollständigen Sie den Auswertungsbogen, indem Sie die Ergebnisse der anderen Expertengruppen übernehmen (s. Anlage).*
3. *Diskutieren Sie in Ihrer Gruppe, welche Bedeutung die intertextuellen Bezüge haben.*

Auswertungsbogen zur Textanalyse (Anlage)

Intertextueller Bezug 1: *Sonnet 18*, William Shakespeare (S. 48)

Inhalt der literarischen Vorlage:
Bezug zum Roman:

✂ -

Intertextueller Bezug 2: *Siddhartha*, Hermann Hesse (S. 119)

Inhalt der literarischen Vorlage:
Bezug zum Roman:

Intertextueller Bezug 3: ***A Farewell to Arms*****, Ernest Hemingway (S. 102)**

Inhalt der literarischen Vorlage:
Bezug zum Roman:

Intertextueller Bezug 4: ***A Refusal to Mourn the Death, by Fire, of Child in London,*** **Dylan Thomas (S. 130)**

Inhalt der literarischen Vorlage:
Bezug zum Roman:

Lösungs-/Kontrollbogen mit den Ergebnissen der Textanalyse

Intertextueller Bezug 1: *Sonnet 18*, William Shakespeare (S. 48)

Inhalt der literarischen Vorlage:

- Vergleich des geliebten Menschen mit dem Sommer (vgl. V. 1)
- Letzterer kann der Schönheit des Geliebten nicht standhalten (vgl. V. 2), denn dessen Herrlichkeit währt nur kurz (vgl. V. 4ff.)
- Hoffnung des lyrischen Ichs, dass die Schönheit des Geliebten den Lauf der Zeit überdauern bzw. unvergänglich sein möge (vgl. V. 9ff.)
- Versprechen des lyrischen Ichs, dass zumindest durch dieses Gedicht die Erinnerung an ihn unvergessen bleiben wird (vgl. V. 12ff.)

Bezug zum Roman:

- Die Idee wird aufgegriffen, allerdings ins Gegenteil verkehrt:
  - Die Initiative für die Geschichte über Agnes geht hier von ihr aus (vgl. S. 48ff.).
  - Die Motivation des Ich-Erzählers ist nicht das Bedürfnis, die Schönheit der Geliebten für die Ewigkeit festzuhalten, sondern lediglich Neugier, ob das „Experiment gelingen" (S. 50) wird.
- Mit ihrer Bitte, die Geschichte fortzusetzen und den Werdegang der fiktiven Margaret zu erzählen, hofft Agnes, ihre Liebe retten zu können (vgl. S. 88).
- Auch die fiktive Geschichte über Agnes entpuppt sich für den Ich-Erzähler im Nachhinein als Gedächtnisarchiv, da diese das Einzige ist, was ihm von ihr bleibt (vgl. S. 9).

Das Sonett deutet das Scheitern der Liebesbeziehung zwischen Agnes und dem Ich-Erzähler voraus.

✂- -

Intertextueller Bezug 2: *Siddhartha*, Hermann Hesse (S. 119)

Inhalt der literarischen Vorlage:

- Siddhartha, der junge Brahmane, begibt sich auf mehrere Reisen, um, seinem religiösen Glauben entsprechend, den Sinn des Lebens zu finden.
- Dabei gerät er auf viele Irrwege (Liaison mit einer Kurtisane, materielle Raffgier, Alkoholkonsum usw.).
- Zwischenzeitlich äußerst verzweifelt, lebensmüde und völlig selbstentfremdet findet der Held im hohen Alter schließlich zu sich selbst und erlangt die angestrebte Weisheit des Erleuchteten.

Bezug zum Roman:

- Auch der Ich-Erzähler ist auf der Suche nach dem Sinn des Lebens (vgl. S. 28, S. 99 und S. 147).
- Allerdings bleibt dem Ich-Erzähler letztlich eine positive Entwicklung versagt (vgl. S. 9).

Die Erzählung spiegelt das unbewältigte Identitätsproblem des Ich-Erzählers wider.

Intertextueller Bezug 3: *A Farewell to Arms*, Ernest Hemingway (S. 102)

Inhalt der literarischen Vorlage:

- Nach dem vergeblichen Versuch, seiner Einsamkeit durch flüchtige Affären zu entkommen, lernt der Lieutenant Frederic Henry die britische Krankenschwester Catherine kennen.
- Zwischen beiden entwickelt sich eine innige Liebesbeziehung.
- Nachdem Henry dem Tod in der Schlacht knapp entronnen ist, beschließen er und die von ihm schwangere Catherine, in die Schweiz zu fliehen, um dort ein neues, erfülltes Leben als Familie zu beginnen.
- Die Liebesbeziehung endet unvermittelt und tragisch mit Catherines Tod im Kindbett; Henry bleibt allein und verlassen zurück.

Bezug zum Roman:

- Der Ich-Erzähler empfindet die Liebesbeziehung nicht als Erfüllung, sondern als Beschneidung seiner persönlichen Freiheit (vgl. S. 110).
- Auch das Kind, welches Agnes von ihm erwartet, ist für ihn eine zusätzliche Last (vgl. S. 89f.).
- Er ist weder bereit noch dazu fähig, sich in die für ihn ungewohnte Vaterrolle einzufinden, da ihm dies emotionales Engagement und Verantwortungsbewusstsein abverlangt (vgl. S. 92f. und S. 99).

Der Kriegsroman demonstriert den Mut, sich auf die Liebe einzulassen, welcher dem Ich-Erzähler gänzlich fehlt.

Intertextueller Bezug 4: *A Refusal to Mourn the Death, by Fire, of Child in London* Dylan Thomas (S. 130)

Inhalt der literarischen Vorlage:

- Entfaltung eines düsteren Kriegsszenarios (vgl. Strophen 1 bis 3)
- Bewertung der Situation (vgl. Strophe 4)
  - Der Mensch kann lediglich einmal sterben (vgl. V. 24).
  - Es ist daher unerheblich, ob ein Mensch stirbt oder in der Folge die gesamte Bevölkerung einer Stadt, dieser Tod ist in jedem Fall gleichermaßen tragisch und schrecklich.
- Botschaft: Indirekte Anklage an die Verantwortlichen, keine ausreichende Vorsorge zum Schutz der Bürger in London getroffen zu haben (vgl. V. 19ff.)
- Weigerung des lyrischen Ichs, um die Toten zu trauern, als Konsequenz dieses Versäumnisses (vgl. Titel)

Bezug zum Roman:

- Das Gedicht begleitet Agnes bei ihrer Trauerarbeit (vgl. S. 130).
- Sie erkennt die Botschaft, bezieht diese allerdings auf sich selbst und empfindet große Schuldgefühle angesichts des Todes ihres Kindes (vgl. S. 131).
- Diese spiegeln sich zudem in der Verschlechterung ihres gesundheitlichen Zustandes wider (vgl. S. 131).

Das Gedicht bestärkt Agnes in ihrem Gefühl, versagt zu haben, noch zusätzlich.

Baustein 4

Rezeption und Wirkung

Die Zeit musste offenbar erst reifen, ehe sich Peter Stamm am Literaturmarkt etablieren konnte. Er selbst berichtet auf seinen Internetseiten, dass es fünfzehn Jahre dauern sollte, bis mit „Agnes“ sein erster Roman erscheinen sollte, und resümiert, dass er „wohl kaum weitergemacht [hätte]“[1], wenn dies im Vorwege abzusehen gewesen wäre; denn zunächst wurde sein Manuskript von vier Verlagen abgelehnt. Erst dann fand sich mit dem Arche Verlag ein Abnehmer, sodass „Agnes“ im Jahre 1998 endlich erscheinen konnte und zum fulminanten Prosadebüt des damals 35-jährigen Autors erklärt wurde.[2]
Rückblickend ist heute festzustellen, dass Stamm im deutschsprachigen Literaturbetrieb längst die ihm gebührende Anerkennung gefunden und sein erster Roman Interesse an weiteren Werken dieses Autors geweckt hat. Dies belegt nicht nur der Erfolg seines Romans „Agnes“, welcher mittlerweile von mehreren Verlagen in das Programm aufgenommen worden ist und bereits Eingang in den Deutschunterricht der gymnasialen Oberstufe gefunden hat, sondern neben seinem vollen Terminkalender auch seine Lesereisen, welche ihn unter anderem bereits nach China, Mexico, Russland und in den Iran geführt haben.[3]
Bevor zum Abschluss dieser Unterrichtsreihe die Wirkung des Romans auf die Schülerinnen und Schüler beleuchtet wird und diese sich ein eigenes Urteil bezüglich dessen Qualität bilden (vgl. Baustein 4.3, S. 100 ff.), sollen zunächst exemplarisch die Rezensionen von drei Literaturkritikern unterschiedlicher Zeitungen bzw. Zeitschriften zu Stamms Roman „Agnes“ näher beleuchtet werden (vgl. Baustein 4.1, S. 97 ff.). Einen Exkurs stellt hingegen die Frage nach den autobiografischen Bezügen im Roman sowie dem Selbstverständnis Stamms als Autor dar (vgl. Baustein 4.2, S. 98 ff.).

4.1 Zeitgenössische Kritik

Zur Einführung in die Wirkung der Erzählung auf zeitgenössische Literaturkritiker lesen die Schülerinnen und Schüler exemplarisch eine der auf den **Arbeitsblättern 15a – 15c** (S. 102 ff.) abgedruckten Rezensionen, welche entweder selbst ausgewählt oder von der Lehrkraft zugeteilt werden[4], und entnehmen die wesentlichen Aussagen des jeweiligen Textes. Zudem sollen sie zur Position des Rezensenten Stellung beziehen.

- *Lesen Sie Sabine Doerings (Peter Hamms bzw. Silja Ukenas) Literaturkritik zum Roman „Agnes“ vom 23. April 1999 (16. November 1998 bzw. 15. Dezember 1998) und fassen Sie ihre (seine) Bewertung des Werkes zusammen.*
- *Nehmen Sie kritisch zu der Position des Rezensenten Stellung.*

[1] Stamm (o.J.), zitiert nach URL: www.peterstamm.ch/index.php?n=13&s=41&p=121 (Stand: 2011-07-02)
[2] Vgl. Rowinska-Januszewska (2009), S. 95.
[3] Vgl. Stamm (o.J.), zitiert nach URL: www.peterstamm.ch/index.php?n=13&s=41&p=121 (Stand: 2011-07-02).
[4] Denkbar ist hier sowohl eine arbeitsgleiche als auch eine arbeitsteilige Vorgehensweise.

Die Ergebnisse können in sprachlich reduzierter Form auf Wandplakaten gesammelt werden:

Sabine Doering (FAZ vom 23. April 1999)
- Der Autor legt eine nicht alltägliche Geschichte vor (vgl. Z. 15 ff.).
  - „verstörende Parabel über die Macht der Literatur" (Z. 17 f.)
  - „Liebe nur als literarische Illusion" (Z. 71)
  - „Konfrontation von Alter und Neuer Welt" (Z. 80) ohne Wertung (vgl. Z. 81 f.)
- Stamm beherrscht die Kunst des Erzählens (vgl. Z. 61 ff.).
  - „dichtes Netz von Verweisen durchzieht die fein aufeinander abgestimmten Kapitel des Buches" (Z. 63 ff.)
  - „suggestive Bilder für die Kälte und die Beziehungslosigkeit" (Z. 65 ff.)
  - „unwirtschaftliche[s] Chicago" als „angemessener Schauplatz für diese komplizierte Liebesgeschichte" (Z. 73 ff.)

Peter Hamm (Focus vom 16. November 1998)
- Der Autor behandelt mit der „Fremdheit zwischen den Menschen" (Z. 8 f.) ein generelles Gesellschaftsproblem (vgl. Z. 7 f.).
- Stamms Prosa ist vollkommen (vgl. Z. 117 ff.).
  - der „Kältetod" steht symbolisch für eine „Welt, in der die Liebe gezwungen ist, sich in die Form der Fiktion zu flüchten" (Z. 108 ff.)
  - „kein schiefes Bild" (Z. 114)
  - „kein Adjektiv als bloß schmückendes Attribut, kein Wort zu viel oder zu wenig" (Z. 115 ff.)
  - „vorsätzliche Schmucklosigkeit" (Z. 117 f.)

Silja Ukena (Hamburger Abendblatt vom 15. Dezember 1998)
- Der Autor liefert eine bewegende Liebesgeschichte (vgl. Z. 7 ff.).
  - Frage „nach dem Sinn und Wert der eigenen Existenz" (Z. 29 f.).
  - die Liebe der Protagonisten wird von „Schatten der Bedrohung gestreift" (Z. 37 ff.)
  - ihre „Fehlgeburt bringt Agnes gänzlich aus dem mühsam gebastelten Gleichgewicht" (vgl. Z. 51 ff.)
- Gelungene Komposition Stamms (vgl. Z. 7 ff.)
  - „kluges Buch, fesselnd, stilistisch fein gesetzt, von einer immer beklemmenderen Traurigkeit erfüllt" (Z. 9 ff.)
  - „wunderbares, fein komponiertes Werk" (Z. 68 f.)
  - „eine der anrührendsten Liebesgeschichten seit langem" (Z. 69 f.)

Abschließend können die Kursteilnehmer untereinander diskutieren, welche Aussagen über Peter Stamms Roman „Agnes" sie nachvollziehen können. Unerheblich ist letztlich, ob und inwiefern dem Literaturkritiker zugestimmt wird. Entscheidend ist, dass die eigene Position fachlich fundiert begründet wird und die Argumentation in sich schlüssig ist.

4.2 *Exkurs:* Autobiografische Bezüge im Roman

Obgleich jedem Literaturanhänger und -kenner bewusst ist, dass Poesie und Wirklichkeit strikt voneinander zu trennen sind und jegliche Gleichsetzung von Dichtern und deren Charakteren äußerst problematisch ist, stellt sich bei der Rezeption eines Werkes dennoch immer wieder die Frage nach deren Verhältnis von Dichtung und Wahrheit. Auf Stamms Roman bezogen hieße dies mit anderen Worten: Inwiefern und gegebenenfalls aus welchem Grund lässt der Autor Teile seiner eigenen Biografie in seinen Roman einfließen?
Auffällig ist zunächst, dass der Autor, ebenso wie seine literarische Figur, Schweizer ist und ebenfalls über längere Zeit in den Vereinigten Staaten gelebt hat; er ging jedoch, anders als der Ich-Erzähler, nach New York. Beide üben den Beruf des Schriftstellers aus und auch hinsichtlich des Alters könnte Stamm sich selbst als Vorlage zur Ausgestaltung des männlichen Protagonisten genommen haben (vgl. Baustein 2.2, S. 31 ff.).

Wenn Stamm seinen beruflichen Werdegang resümiert, werden darüber hinaus weitere Gemeinsamkeiten mit seiner literarischen Figur deutlich: So schrieb Stamm „schon damals gerne Aufsätze und dachte [sich] […] Geschichten aus“. Diese Leidenschaft scheint bis jetzt anzudauern, denn das Schreiben gefällt ihm „mehr als jede andere Beschäftigung“[1].
Ähnlich wie der Ich-Erzähler, welcher „vor Jahren einen Roman zu schreiben angefangen“ (S. 30) hatte, diesen jedoch nie vollenden konnte, erging es auch dem Autor selbst mit seinem Roman „Agnes“: Obwohl ihm bereits im Alter von knapp 20 Jahren die Idee für diese Geschichte kam, konnte er diese jedoch „erst Jahre später zu ihrem schlechten Ende“[2] führen. Und auch heute noch glaubt der Schweizer Autor, beim Schreiben nie „ganz das zu erreichen, was [er] erreichen will“[3].
Ausgehend von seinen eigenen Erfahrungen zeichnet Stamm demzufolge die Figur des Ich-Erzählers, dessen berufliche Situation zwar deutliche Parallelen, jedoch auch entscheidende Unterschiede im Detail aufweist: Stamm, der offensichtlich die Höhen und Tiefen des Schriftstellerdaseins kennengelernt hat, stattet auch seine literarische Figur mit Selbstzweifeln („Ich bin kein Schriftsteller.“, S. 43) aus.
Während Stamm jedoch zeitweilige Schaffenskrisen überwindet und weiterhin erfolgreich literarische Texte schreibt, beschränkt sich der Ich-Erzähler seither darauf, Sachbücher zu verfassen (vgl. S. 13 und S. 47), da es ihm einfach nicht gelingen will, seine „Stoffe zu beherrschen“ (S. 30) bzw. die Kontrolle über das, worüber er schreibt, zu erlangen (vgl. S. 50). Die Aufkündigung der Freundschaft einer seiner ehemaligen Freundinnen (vgl. S. 50) und das Scheitern seiner Beziehung zu Agnes sind die logische Konsequenz, welche allerdings in Stamms Roman vornehmlich in der mangelnden Empathiefähigkeit des Ich-Erzählers begründet ist (vgl. Baustein 2, S. 26 ff.) und weniger in der Fertigkeit des Schreibens an sich. An Letzterer scheint es hingegen nicht zu mangeln, denn der Ich-Erzähler konnte sich laut eigener Aussage an dem von ihm geschriebenen Wort berauschen (vgl. S. 30) – eine Auffassung, die der Leser aufgrund der in den Roman eingearbeiteten „Leseproben“ des Ich-Erzählers durchaus auch nachvollziehen kann.
Die Funktion der autobiografischen Bezüge in dem Roman „Agnes“ liegt somit auf der Hand. Eine andere zeitgenössische Autorin, Birgit Vanderbeke, formulierte in einem Interview einmal treffend: „Wenn ich weiß, ein Stoff ist mir wichtig, stelle ich ihm Teile meiner Biografie zur Verfügung. Das ist wie ein Leihvorgang. Ich borge der Erzählung Teile meiner Biografie“[4], wodurch die fiktive Geschichte zugleich authentisch ist.

Um die Schülerinnen und Schüler an das Problem der autobiografischen Bezüge im Roman heranzuführen, erhalten sie das **Arbeitsblatt 16**, S. 106, welches als vorbereitende Hausaufgabe bearbeitet werden kann und folgende Arbeitsanweisungen bereithält:

- *Erläutern Sie die Bedeutung der Arbeit als Schriftsteller für den Schweizer Peter Stamm.*
- *Vergleichen Sie Stamms Motivation mit der seiner literarischen Figur des Ich-Erzählers aus dem Roman „Agnes“.*

Die Ergebnisse können zu folgendem Tafelbild zusammengefasst werden:

1 Stamm (o. J.), zitiert nach URL: www.peterstamm.ch (Stand: 2011-07-02)
2 Ebda.
3 Ebda.
4 Vanderbeke (1998), zitiert nach: www.medienbuero-niessen.de/91-0-Birgit-Vanderbeke-1998.html (Stand 28.06.2010)

**Verhältnis von Wirklichkeit und Poesie:
Autobiografische Bezüge im Roman**

Peter Stamm	Ich-Erzähler
• schrieb „schon damals gerne Aufsätze und dachte [sich] […] Geschichten aus" (Z. 10 ff.) • liebt „das Schreiben mehr als jede andere Beschäftigung" (Z. 39 f.) • hatte im Alter von knapp 20 Jahren die Idee zu seinem Roman „Agnes" (vgl. Z. 24 ff.) • konnte diese jedoch „erst Jahre später zu ihrem schlechten Ende" (Z. 28 f.) führen • glaubt, beim Schreiben nie „ganz das zu erreichen, was [er] erreichen will" (Z. 37 f.)	• lässt sich bei seiner Arbeit immer von seiner Neugier leiten (vgl. S. 13) • hat vor Jahren einen Roman begonnen, diesen jedoch nie vollendet (vgl. S. 30) • findet keinen geeigneten Schluss für seine Geschichte über Agnes (vgl. S. 125, S. 133, S. 135 und S. 138 f.) • ist unfähig, seinen Stoff zu beherrschen; alles bleibt künstlich (vgl. S. 30) • hat keine Kontrolle darüber, was er schreibt (vgl. S. 50) • schreibt daher nur noch Sachbücher (vgl. S. 13 und S. 47) • hält sich nicht für einen Schriftsteller (vgl. S. 43 und S. 47)

↓

Peter Stamm ≠ Ich-Erzähler
Der Autor nutzt Teile seiner Biografie zur Darstellung der Handlung und/oder Figuren.
➡ Authentizität

4.3 Eigene Rezeption

Während bei den Schülerinnen und Schülern zu Beginn der Unterrichtsreihe eine ausschließlich emotional begründete Bewertung des Romans zu erwarten ist (vgl. Baustein 1), sind sie nach intensiver Behandlung des Werkes im Unterricht nun in der Lage, zu einer fachlich fundierten und somit objektiveren Einschätzung zu gelangen. Ein folgerichtiger und zugleich interessanter Abschluss dieser Unterrichtsreihe ist es daher, die Lernenden zu diesem späteren Zeitpunkt erneut über das Werk urteilen zu lassen.

Im Folgenden sollen daher zwei alternative Vorgehensweisen vorgestellt werden, um die Schülerinnen und Schüler an die Reflexion der eigenen Rezeption sowie die literaturkritische Bewertung von Peter Stamms Prosadebüt „Agnes" heranzuführen[1]:

[1] Je nachdem, wie viel Zeit im Unterricht für diesen Baustein zur Verfügung steht, können auch beide Varianten miteinander kombiniert werden, indem z. B. zunächst ein Poetry Slam organisiert, anschließend eine Rezension (vgl. Arbeitsblätter 15a–15c, S. 102 ff.) besprochen und im letzten Schritt den Schülern das Verfassen einer eigenen Rezension als Hausaufgabe erteilt wird. Gegebenenfalls kann dieser produktive Schreibauftrag auch für eine Klausur genutzt werden.

Verfassen einer Rezension

Nachdem die Schülerinnen und Schüler exemplarisch bereits eine Rezension kennengelernt und bearbeitet haben (vgl. Baustein 4.1, S. 97), sind sie nun gefordert, selbst fachlich fundiert Literaturkritik zu üben. Entsprechende Hilfestellungen für diesen produktiven Schreibauftrag hält das **Arbeitsblatt 17** auf S. 107 bereit.

- *Verfassen Sie eine Rezension zu Peter Stamms Roman „Agnes".*

Abschließend können die Kursteilnehmer ihre Argumente mit denen der Rezensenten (vgl. Baustein 4.1, S. 97ff.) vergleichen und gegebenenfalls erneut darüber diskutieren, welchen Aussagen über das Werk sie zustimmen bzw. nicht zustimmen können.

Einen Poetry Slam organisieren

Im Rahmen eines Poetry Slams sollen die Schülerinnen und Schüler ihre Gedanken zum Roman „Agnes" äußern, die sie während der Unterrichtsreihe beschäftigt haben. Hierfür verfassen sie eigene Slam-Texte in ihrer eigenen Sprache, die sie anschließend auf die (Theater-)Bühne bringen. Die einzelnen Kunstwerke werden gegenseitig beurteilt, der Sieger der „Dichterschlacht" wird bekanntgegeben und geehrt.[1] Letzteres soll zugleich die Motivation der Lernenden fördern, sich nochmals intensiv mit Stamms Roman auseinanderzusetzen.

Je nachdem, wie viel Raum der Poetry Slam einnehmen soll, ist es sinnvoll, die Schülerinnen und Schüler an der Planung zu beteiligen, indem entsprechende Teams gebildet werden, die für bestimmte Bereiche (Ablauf, Räumlichkeiten, Musik usw.) zuständig sind. Eine Checkliste für die Organisation dieses Wettstreites ist dem **Zusatzmaterial 12** (S. 144) zu entnehmen, während entsprechende Hilfestellungen für den eigentlichen produktiven Schreibauftrag das **Arbeitsblatt 18** (S. 108) bereithält.

- *Verfassen Sie Ihren Slam-Text zu Peter Stamms Roman „Agnes" und lernen Sie diesen möglichst auswendig. Planen Sie zudem ihre Live-Performance einschließlich der Begrüßung des Publikums und des Bühnenabganges.*

Idealtypischerweise sollten die Kursteilnehmer die Kriterien für die spätere Bewertung ihrer Live-Auftritte gemeinsam festlegen. Sofern dies aus zeitlichen und/oder organisatorischen Gründen nicht erfolgen kann, enthält das **Zusatzmaterial 13** (S. 145) einen möglichen Vorschlag zur Bewertung der jeweiligen Performance.
Die Beurteilung wiederum schafft vielfältige Anlässe für eine Anschlusskommunikation über die persönliche Einschätzung des besprochenen Romans, etwaige Schwierigkeiten bei der schauspielerischen Umsetzung des Slam-Textes usw. Gleichzeitig stellt auch die Bewertung der Darbietungen der „Slammer" eine Einführung in den Bereich der Literaturkritik dar.

1 Nähere Informationen zum Poetry Slam sind im Internet unter www.arte.tv/de/Kultur-entdecken/Poetry-Slam/Poetry-Slam-von--A-Z-/1773528,CmC=1763232.html (Stand: 05.12.2011) zu finden.

Zeitgenössische Kritik

Eiswinde in Chicago

An der Literatur erfroren: Peter Stamms gelungener Debüt-Roman

Es ist ein naiver Glaube, dass in Amerika alle Geschichten gut ausgehen. Das muss auch der Ich-Erzähler dieses schmalen Romans erfahren. Und dabei fängt alles vielversprechend an: Seine Recherchen über Luxuseisenbahnwagen haben den Schweizer Sachbuchautor nach Chicago geführt, wo er Tag für Tag im viel zu warmen Lesesaal der Public Library sitzt. Aber die Eisenbahnen verlieren ihren Reiz, sobald er Agnes kennenlernt. Die fünfundzwanzigjährige Physikstudentin schwärmt für Kristalle und könnte fast seine Tochter sein. Rasch kommt man sich näher, das gemeinsame Glück scheint vollkommen. Selbst in der Großstadt ist noch Raum für romantische Zweisamkeiten zu entdecken.

Soweit ist es eine alltägliche Geschichte. Doch Peter Stamm begnügt sich nicht damit, Bekanntes neu zu erzählen; sein Roman ist auch eine verstörende Parabel über die Macht der Literatur. Denn eines Tages besinnt sich Agnes auf den Beruf ihres Geliebten: „Schreib eine Geschichte über mich", bittet sie ihn, „damit ich weiß, was du von mir hältst." Der Vorschlag setzt ein tödliches Spiel in Gang. Zögernd schreibt der Autor die Chronik ihrer Begegnung nieder, und Agnes liest zufrieden die immer länger werdende Erzählung, in deren Hauptfigur sie sich wiedererkennt. Bis der Bericht eines Tages die Gegenwart eingeholt hat: Wie soll es weitergehen mit der literarischen Agnes und ihrem ebenfalls literarischen Schweizer Gefährten? Zunächst bleibt die Erfindung der Wirklichkeit nur um wenige Sätze voraus – ein prickelnder Reiz, der dem flüchtigen Moment Bedeutung verleiht. „Ist es gut so? Bist du zufrieden mit mir?", fragt Agnes besorgt ihren Freund, weil sie dem von ihm beschriebenen Arrangement eines gemeinsamen Abends entsprechen möchte.

Allmählich entwickeln sich Literatur und Leben auseinander. Immer stärker erliegt der Schriftsteller dem Sog der Wort[e], und genießt die Macht über seine Erfindungen; Agnes ist ganz und gar sein Geschöpf geworden. Zur Katastrophe kommt es, als die junge Frau schwanger wird – im realen Leben, nicht in der Literatur. Der Erzähler reagiert darauf mit demselben Entsetzen, als hätte ihm ein Lektor sein gelungenes Manuskript zusammengestrichen; denn für seine Agnes ist eine Schwangerschaft nicht vorgesehen. Überstürzt flüchtet der werdende Vater zu einer anderen Frau und leugnet beharrlich seine Verantwortung für Mutter und Kind.

Eine Fehlgeburt bringt das Paar nur scheinbar wieder zusammen. Noch immer von der Kraft seiner Imagination überzeugt, bietet der Erzähler Agnes literarischen Trost an, indem er die Geschichte ihres nie geborenen Kindes aufzuschreiben beginnt. Doch Literatur kann die Wunden der Realität nicht heilen. Am Ende ist Agnes verschwunden; für den Schriftsteller steht fest, dass sie den Tod gesucht hat, wie er es für den Schluss ihrer Geschichte entworfen hatte.

Peter Stamm traut dem geschriebenen Wort viel zu, und er hat allen Anlass dazu. Bislang hat der fünfunddreißigjährige Schweizer vor allem Hörspiele verfasst; „Agnes" ist sein erster Roman. Dieser Wechsel ins erzählende Genre ist dem Verfasser auf beeindruckende Weise geglückt. Ein dichtes Netz von Verweisen durchzieht die fein aufeinander abgestimmten Kapitel des Buches, immer wieder findet Stamm suggestive Bilder für die Kälte und die Beziehungslosigkeit, in denen er seine Figuren gefangen sieht. „Das Geheimnisvolle ist die Leere in der Mitte", beschreibt die Physikstudentin Agnes ihre geliebten Kristallgitter und charakterisiert damit zugleich ihr eigenes Leben, in dem sich Liebe nur als literarische Illusion ereignet.

Das unwirtliche Chicago ist ein angemessener Schauplatz für diese komplizierte Liebesgeschichte. Mit sicherem Blick skizziert Stamm den tristen amerikanischen Alltag zwischen Coffeeshop und Waschsalon, zu dessen Höhepunkten die schrille Halloween-Parade gehört. So wird die Begegnung zwischen Agnes und ihrem Schweizer Eisenbahnforscher auch zur Konfrontation von Alter und Neuer Welt. Es gehört zu den Vorzügen des Romans, dass Stamm weder für die eine noch die andere Seite Partei ergreift; vielmehr schildert er amerikanische Selbstbezogenheit ebenso wie europäische Vorurteile über das Land der angeblich unbegrenzten Möglichkeiten. Denn wie gesagt, auch in Amerika ist ein Happy-End keine Selbstverständlichkeit.

Sabine Döring: Eiswinde in Chicago. An der Literatur erfroren: Peter Stamms gelungener Debüt-Roman. In: Frankfurter Allgemeine Zeitung Nr. 94 vom 23.04.1999, S. 42

1. *Lesen Sie Sabine Doerings Literaturkritik zum Roman „Agnes" vom 23. April 1999 und fassen Sie Ihre Bewertung des Werkes zusammen.*
2. *Nehmen Sie kritisch zu der Position der Rezensentin Stellung.*

Zeitgenössische Kritik

Der Tod der erzählten Frau

Der Schweizer Autor Peter Stamm beschreibt in seinem Debütroman „Agnes" die Fiktion menschlicher Nähe

Mit „Agnes" wird die junge Schweizer Literatur, die oft zwischen einem etwas zu behäbigen Unbehagen am Kleinstaat und einer zu selbstverliebten Verspieltheit pendelt, auch einmal im Weltmaßstab wettbewerbsfähig. Keinen Moment lang verliert dieser Roman sich an Probleme, die nur in St. Gallen und Bern solche sind, sondern stellt sich einem universalen Urproblem, nämlich der Fremdheit zwischen den Menschen.

Diese Fremdheit wird erst dann so richtig furchterregend, wenn sie sich auftut zwischen Menschen, die sich zu lieben glauben. Zwar ist es in jeder Liebe zunächst gerade das Fremde, das fasziniert, doch begünstigt dieses Faszinosum eben auch die Fiktion, die darin besteht, dass der Liebende sich vom Objekt seiner Begierde ein Bild macht, das immer idealer ist als die reale Person. Nur um den Preis einer mehr oder weniger leidvollen Enttäuschung kann dieses Bild der Realität ausgesetzt werden. Wird, weil sich überhaupt nichts mehr vom ursprünglichen Bild bewahren lässt, die Enttäuschung total, erscheint als Rettung oft nur noch der Tod.

Der Tod beherrscht schon die beiden ersten Sätze des Romans: „Agnes ist tot. Eine Geschichte hat sie getötet." Diese Geschichte beginnt im Lesesaal der Public Library in Chicago, wo der Schweizer Ich-Erzähler, der dort für ein Buch über amerikanische Luxuseisenbahnen recherchiert, Agnes zum ersten Mal sieht und anspricht. Nach ein paar Wochen, in denen man sich nur in der Bibliothek begegnete, lässt sich die amerikanische Physikstudentin, die Gedichte und Malerei liebt, Cello in einem Quartett spielt und, notabene[1], noch unschuldig ist, auf eine Liebesbeziehung mit dem Mann aus der Schweiz ein.

Dass er den Jahren nach ihr Vater sein könnte, hindert ihn nicht daran, Agnes bald schon zu bitten, zu ihm in den 27. Stock des Apartmenthauses „Doral Plaza" zu ziehen. Dort entdeckt Agnes, dass ihr Freund, der Sachbuchautor, früher einmal ein Bändchen mit Kurzgeschichten veröffentlicht hat, und fordert ihn zum Schreiben einer neuen Geschichte auf: „Schreib eine Geschichte über mich, damit ich weiß, was du von mir hältst."

Eine Geschichte „wie ein Porträt" wünscht sich Agnes und überhört den Einwand ihres Freundes, schon einmal habe eine seiner Geschichten eine Freundin in die Flucht geschlagen, weil diese sich in dem Bild, das er von ihr zeichnete, nicht wiedererkannt habe.

Obwohl die Geschichte über Agnes, die er nach einigem Zögern tatsächlich zu schreiben beginnt, zunächst nur das nacherzählt, was wir scheinbar alles schon wissen, erweist sich rasch, wie wenig wir wissen, d. h. wie wenig das Bild von Agnes mit der Wirklichkeit übereinstimmt. Vieles hat Agnes, wie sie nach der ersten Lektüre bekennt, ganz anders erlebt oder in Erinnerung als ihr Erzähler. Manches, was dieser ausführlich beschreibt, scheint ihr ohne Belang, anderes, was ihr wichtig war, kommt in seiner Geschichte überhaupt nicht vor. Etwa jene tote Frau, die vor dem chinesischen Restaurant lag, in dem sich die beiden Liebenden zum ersten Rendezvous verabredet hatten. Jetzt erfahren wir, dass Agnes nicht nur zur Beerdigung dieser ihr völlig fremden Frau fuhr, sondern auch mit deren Angehörigen korrespondiert.

Irgendwann hat Agnes' Geschichte dann die unmittelbare Gegenwart eingeholt und stößt, da beide Liebende ihr Ende nicht wollen, in die Zukunft vor, sie wird zur Fiktion. Nicht von Agnes wird erzählt, sondern Agnes wird erzählt: Sie verwandelt sich in das Geschöpf ihres Erzählers und lebt dessen Erzählung nach. Wenn dann fast schon ununterscheidbar geworden ist, was eigentlich Fiktion und was Wirklichkeit ist, bricht letztere mit der Macht einer Schwangerschaft herein, die in der Erzählung nicht vorgesehen war. Agnes verlässt den Freund, der kein Kind will, und zieht in ihre Wohnung und Einsamkeit zurück.

Einige Monate später erfährt der Mann aus der Schweiz, der zwischendurch den Reizen einer anderen Frau eher beiläufig erlag, dass Agnes ihr (sein) Kind verloren hat, und holt sie zu sich zurück. Nicht nur in seiner Geschichte über Agnes, an der er unentwegt weiterschrieb, hat da das von ihm ungewollte Kind längst lebendige Gestalt angenommen. Auch die Wirklichkeit scheint sich wieder der Fiktion zu fügen: Agnes und ihr Freund kaufen Kinderkleider und Spielzeug für ein Kind, das nicht existiert.

Die Erzählung wird zum Ersatz, zum Lebensersatz. Aber letztlich doch nur für den Erzähler, den Mann. Für ihn ist das Fiktivwerden der eigenen Existenz ein Spiel, ein inszeniertes Kunststück, das ihm erlaubt, seine Erzählung einmal mit Happy-End – mit Heirat und einem zweiten Kind – enden zu lassen und ein andermal – als der auf der Festplatte seines Computers abgespeicherte „Schluss 2" – mit dem Tod der

[1] notabene = wohlgemerkt, übrigens

„erzählten Frau". Als einer von Anfang an auf der Schattenseite des Lebens Angesiedelten, die Liebe als Fiktion nicht erträgt, kommt Agnes schier zwangsläufig dieser zweite (ihr verheimlichte) Schluss unter die Augen – und sie hält sich an ihn.

Ihr Tod im Schnee ist in gewisser Weise das einzig „Schweizerische" an Peter Stamms Roman, weil er an den Erfrierungstod Robert Walsers, der Schweizer Schriftsteller-Ikone, erinnert. Darüber hinaus steht er für den Kältetod einer Welt, in der die Liebe gezwungen ist, sich in die Form der Fiktion zu flüchten. Was manchen Leser kalt anmuten mag, fällt nicht auf den Autor, sondern auf die Welt zurück, die er im Blick hat.

Kaum kann man es glauben, dass „Agnes" ein Debütroman sein soll. Da gibt es kein schiefes Bild, keinen falschen Vergleich, kein Adjektiv als bloß schmückendes Attribut, kein Wort zu viel oder zu wenig. Peter Stamms Prosa ist bei aller vorsätzlichen Schmucklosigkeit vollkommen geschmeidig – also vollkommen. Die Schweizer Literatur darf sich zu dieser neuen und unverwechselbaren Stimme gratulieren.

Aus: Hamm, Peter: Der Tod der erzählten Frau. In: Focus. Jg. 1998. Ausgabe Nr. 47 vom 16.11.1998, S. 184.

1. *Lesen Sie Peter Hamms Literaturkritik zum Roman „Agnes" vom 16. November 1998 und fassen Sie seine Bewertung des Werkes zusammen.*

2. *Nehmen Sie kritisch zu der Position des Rezensenten Stellung.*

Zeitgenössische Kritik

Wenn das Leben zum Zwang wird

Schweizer Sachbuch-Autor schreibt eine Geschichte über seine Beziehung zu einer jungen Amerikanerin. Als der Text die Realität einholt, wird aus dem Spiel tödlicher Ernst.

„Agnes ist tot. Eine Geschichte hat sie getötet." Das sind die ersten Sätze des Romans. Brüskierend und nüchtern präsentiert der Ich-Erzähler das Ende jener Geschichte. Doch er verschweigt etwas. Es müsste heißen: „Meine Geschichte hat sie getötet." Der Tod, ein sensibles, skandalöses Thema, dem auch der Mensch der Moderne nicht Herr werden konnte. Um ihn geht es im Erzähl-Debüt des Schweizer Autors Peter Stamm (35). Ein kluges Buch, fesselnd, stilistisch fein gesetzt, von einer immer beklemmenderen Traurigkeit erfüllt.
Die Geschichte nimmt ihren Anfang im Lesesaal der Public Library in Chicago. Der namenlose Ich-Erzähler, ein Schweizer Sachbuchautor mittleren Alters, recherchiert über amerikanische Luxuseisenbahnwagen. Ihm gegenüber sitzt Agnes – viel jünger, schmal und blaß, inmitten dicker Wälzer. Sie ist Physikerin und schreibt an ihrer Dissertation. Er lädt sie ein, sie treffen sich öfter, werden ein Paar. Der Ich-Erzähler ist fasziniert und irritiert von der rätselhaften Ausstrahlung dieser introvertierten, lebensscheuen Person.
Agnes scheint nicht von dieser Welt – zumindest nicht von der quietschbunten, kaugummikauenden amerikanischen. Ihr Interesse beginnt dort, wo das Leben schon fast aufhört: Mit Besessenheit forscht sie über die Kristallgitter der Atome. Allerletzte Erkenntnis, bis es nichts mehr auszuforschen gibt. Ein kleiner Schritt ist es von dort zu den Fragen nach Sinn und Wert der eigenen Existenz. Was bleibt nach dem Tod, welche Spuren hinterlässt einer? Was ist Tod?
Immer stärker lässt Peter Stamm dieses Thema anklingen. Doch der Autor dosiert so geschickt, dass der Leser nur latente Angst verspürt, aber nicht zu sagen vermag, woher sie kommt.
Auch die Liebe zwischen Agnes und dem viel älteren Mann wird von diesen Schatten der Bedrohung gestreift. Ein zunächst harmloses Spiel ist der Auslöser. Agnes drängt ihren Geliebten, einen kleinen Roman über sie zu schreiben, „eine Liebesgeschichte mit dir und mir". Er, der vor Jahren die Literatur aufgab, weil es ihm nicht gelang, seine Stoffe zu beherrschen, willigt ein. Als der Text die Gegenwart erreicht, kippt das Experiment: „Jetzt war Agnes mein Geschöpf." Seine Fantasie beginnt die Realität zu bestimmen, und Agnes, der das Leben-Müssen ein Zwang ist, gibt dem mehr und mehr nach.
Als sie ein Kind erwartet, zieht die erste Krise herauf. „Agnes wird nicht schwanger. [...] Das war nicht ... [vorgesehen]", sagt der werdende Vater. Eine Fehlgeburt bringt Agnes gänzlich aus dem mühsam gebastelten Gleichgewicht. Sie gibt die Verantwortung für ihr Leben an das Buch „Agnes" ab. „Du musst es aufschreiben. Du musst uns das Kind machen. Ich habe es nicht geschafft."
Nüchtern setzt Peter Stamm hier zwei Realitäten aufeinander, lässt sie langsam ineinanderrutschen. Agnes delegiert sich selbst an einen Text, wird zur Marionette des Ich-Erzählers. Doch der beherrscht auch diesen „Stoff" nicht. Das schreckliche Ende seiner Geschichte, von dem er behauptet, es sei der „einzig mögliche" gewesen, ist in Wahrheit der unterbewusste Wunsch, diese symbiosenhafte Beziehung möge ein Ende haben. Und schließlich kann er sagen: Eine Geschichte hat sie getötet – Ich trage keine Schuld.
„Agnes" ist ein wunderbares, fein komponiertes Werk – und eine der anrührendsten Liebesgeschichten seit langem.

Aus: Ukena, Silja: Wenn das Leben zum Zwang wird. In: Hamburger Abendblatt. Ausgabe Nr. 292 vom 15.12.1998

1. *Lesen Sie Silja Ukenas Literaturkritik zum Roman „Agnes" vom 15. Dezember 1998 und fassen Sie ihre Bewertung des Werkes zusammen.*

2. *Nehmen Sie kritisch zu der Position der Rezensentin Stellung.*

Dichtung und Wirklichkeit: Die Funktion autobiografischer Bezüge im Roman

Peter Stamm, 1963 in der Schweiz geboren, studierte nach einer kaufmännischen Berufsausbildung einige Semester Anglistik, Psychologie und Psychopathologie, ehe er für längere Zeit nach Paris, New York, Berlin und London ging. Heute lebt er in Winterthur (CH) und arbeitet seit 1990 als freier Autor und Journalist. Er schrieb bereits mehrere Hörspiele für verschiedene Radiosender, Theaterstücke und Beiträge für die Publikationen anderer Autoren.
Nachdem der Roman „Agnes" zunächst von vier Verlagen abgelehnt wurde und 1998 schließlich im Arche Verlag (Zürich/Hamburg) erschien, feierte der junge Autor mit seinem Debüt einen fulminanten Erfolg, weshalb er mittlerweile weitere Romane wie „Ungefähre Leidenschaft" (2001), „An einem Tag wie diesem" (2006) und „Sieben Jahre" (2009) veröffentlichen konnte.

Meine frühesten Berufswünsche hatten nichts mit Literatur zu tun. Erst wollte ich Schiffsbauer werden, später Professor, ich weiß nicht mehr – und wusste wohl auch damals nicht – welcher Wissenschaft. Pilot wollte ich nie werden, dafür Koch und Fotograf und eine Zeit lang Werber[1] und Kriminalist und wohl noch einiges mehr, woran ich mich nicht erinnere.
Immerhin waren die Deutschstunden schon in der Schule meine liebsten, schrieb ich schon damals gerne Aufsätze und dachte mir überhaupt immer Geschichten aus, wenn ich mich in der Schule oder an freien Nachmittagen langweilte. Ich war Huckleberry Finn, wenn wir im Wald ein Floß bauten, das es dann nie auf das Wasser schaffte, und wenn ich im Winter mit dem Fahrrad zur Blockflötenstunde fuhr, war ich ein Polarforscher, und oft und bei verschiedenen Gelegenheiten war ich ein Agent in geheimer Mission.
Mein erster erhaltener Text ist ein Rezept für Habermus[2], den ich im Kindergarten schrieb, ein anderer früher Text ein Gedicht auf Ferdi Kübler, einen Radrennfahrer, der mir einmal eine Autogrammkarte geschenkt hatte und eine Schirmmütze. Wann genau ich mich für das Schreiben als Beruf entschied, weiß ich nicht mehr. Ich weiß nur noch, dass ich in der Silvesternacht vor meinem zwanzigsten Geburtstag die Idee zu einem Roman hatte, die ich erst Jahre später zu ihrem schlechten Ende führte.
Wie man Schriftsteller wurde, wusste ich nicht, und hätte ich damals gewusst, dass es noch fünfzehn Jahre dauern würde, bis mein erster Roman erscheint, hätte ich wohl kaum weitergemacht. Aber das Schreiben war neben vielen anderen Dingen, die ich ausprobierte, die erste Beschäftigung, die mich nie langweilte, die mich immer herausforderte. Ich hatte und habe nie das Gefühl, ganz das zu erreichen, was ich erreichen will.
Ich „muss" nicht schreiben, aber ich liebe das Schreiben mehr als jede andere Beschäftigung.

Quelle: www.peterstamm.ch (Stand: 2011-06-19).

[1] Werber = Werbetexter

[2] Habermus = traditionelles, gekochtes und sehr vitaminreiches Frühstück aus geknackten Dinkelkörnern

1. *Erläutern Sie die Bedeutung der Arbeit als Schriftsteller für den Schweizer Peter Stamm.*
2. *Vergleichen Sie Stamms Motivation mit der seiner literarischen Figur des Ich-Erzählers aus dem Roman „Agnes".*

Eigene Rezeption des Romans (Rezension)

Gero von Wilpert versteht eine Rezension (lat. *recensio* = Musterung) als „kritische Beurteilung und Besprechung einer Schrift [...] durch einen Rezensenten in einer Zeitung oder Zeitschrift“[1]. Sie dient im Wesentlichen dazu, den Leser über eine Neuveröffentlichung auf dem Buchmarkt zu informieren (**Informationsfunktion**) und die Qualität des Werkes zu beurteilen. Anz ist der Auffassung, dass der Rezensent dem Leser auf diese Weise einen Überblick über „eine zunehmend unüberschaubare Zahl von Neuerscheinungen“ verschaffe und somit eine „Entscheidungshilfe zum Kauf und zur Lektüre“[2] liefere (**Selektionsfunktion**). Die zu den journalistischen Textsorten zählende Rezension hat als solche zudem eine **Unterhaltungsfunktion**[3], weshalb sich der Rezensent der im Journalismus gängigen Stilmittel bedient, um auch die Literaturkritik selbst für die Literaturinteressierten zu einem Leseerlebnis zu machen. Gerade Letzteres setzt bei dem Rezensenten ein hohes Maß an Schreibkompetenz voraus, weshalb im Folgenden einige Tipps zum Verfassen einer Rezension[4] gegeben werden sollen, um die Leserschaft zu begeistern.

Tipps zum Verfassen einer Rezension

1. Überlegen Sie sich einen originellen und sinnstiftenden *Titel* für Ihre Rezension, der zum Lesen einlädt.
2. Informieren Sie den Leser kurz über den *Autoren* bzw. seine vorangegangenen Werke sowie die Entstehungsbedingungen des von Ihnen besprochenen Werkes, sofern der Verfasser noch relativ unbekannt sein sollte.
3. Fassen Sie den Inhalt des Werkes kurz und prägnant zusammen, um dem Leser eine Orientierung zu geben. Achten Sie darauf, dass Ihre *Inhaltsangabe* aber keinesfalls den Ausgang der Handlung vorwegnimmt.
4. Benennen und beschreiben Sie das *Besondere* und/oder *Neue* des Werkes (Thema, Handlungsführung, Figurenkonstellation, Erzähl- bzw. Dramentechnik, Sprache, Schreibstil, Aufmachung des Buches o. Ä.).
5. *Bewerten* Sie das Werk in Bezug auf einzelne, von Ihnen ausgewählte Aspekte (vgl. Punkt 4) und begründen Sie Ihr Urteil mit nachvollziehbaren Argumenten. Führen Sie prägnante, gut gewählte Zitate aus dem Werk als Kostprobe an.
6. Verwenden Sie einen *Schreibstil,* der über eine rein sachliche Sprache hinausgeht. Arbeiten Sie z. B. mit bildhaftem Vokabular, wertenden Adjektiven bzw. Attributen, rhetorischen Figuren. Verwenden Sie zudem die notwendigen literaturwissenschaftlichen Fachbegriffe in korrekter Form.
7. Bewerten Sie abschließend das von Ihnen besprochene Werk insgesamt und sprechen Sie ggf. eine begründete *Lektüreempfehlung* aus. (Geben Sie in diesem Zusammenhang einen Hinweis auf die vollständige Quelle.)

■ *Verfassen Sie eine Rezension zu Peter Stamms Roman „Agnes“.*

[1] Wilpert, Gero von (1989): Sachwörterbuch der Literatur. 7., verbesserte und erweiterte Auflage. Alfred Kröner Verlag. Stuttgart, S. 769

[2] Anz, Thomas (2004): Theorien und Analysen zur Literaturkritik und zur Wertung. In: Anz, Thomas/Baasner, Rainer (Hrsg.), Literaturkritik. Geschichte – Theorie – Praxis. München (2004), S. 195

[3] Vgl. ebenda, S. 196.

[4] Vgl. Anz, Thomas (2004): Literaturkritik als (Neben-)Beruf: Informationen und Anleitungen zur Praxis. In: Anz, Thomas/Baasner Rainer (Hrsg.), Literaturkritik. Geschichte – Theorie – Praxis. München (2004), S. 226–228.

Eigene Rezeption des Romans (Poetry Slam)

Ein Poetry Slam[1] ist ein Dichterwettbewerb zwischen meist unbekannten Künstlern und Laien, der auf einer offenen Bühne (Theater, Kneipe o.Ä.) ausgetragen wird. Jeder Teilnehmer („Slammer") erhält die Möglichkeit, seinen selbst verfassten, in der Regel unveröffentlichten Text innerhalb des vorgegebenen Zeitlimits (ca. 5–10 Minuten) mittels Mikrofon auf der Bühne vorzutragen. Dabei ist alles erlaubt, was mit Stimme und Körper möglich ist.

Das Publikum hat die Aufgabe, die jeweilige Performance, d. h. den Inhalt, die sprachliche Gestaltung sowie die Darbietung insgesamt, zu bewerten und den Gewinner des Poetry Slams zu bestimmen. Dies kann auf unterschiedliche Weise erfolgen: Entweder wird nach dem Zufallsprinzip aus dem Publikum eine zuvor festgelegte Anzahl von Personen in die Jury gewählt oder es werten alle Zuschauer (Stimmzettel am Ende des Slams, Lautstärke des Applauses o. Ä.). Der sogenannte „Master of Ceremony" (MC) führt während des Wettstreites durch die Veranstaltung.

Foto: Dichterwerkstatt e. V.

Tipps zur Vorbereitung auf den Poetry Slam

1. Führen Sie während der Unterrichtseinheit zu Peter Stamms Roman „Agnes" ein Notizbuch, in welchem Sie alles aufschreiben, was Sie gerade bewegt:
   Liebe ++ Partnerschaft ++ Identität ++ Vater ++ Familie ++ Gefühlswelt ++ Wünsche ++ Schwangerschaft ++ Kind(er) ++ Kunst ++ Literatur ++ Isolation ++ Tod ++ Freundschaft ++ ...
2. Tragen Sie das Notizbuch immer bei sich, um „frische" Ideen, Eindrücke, Themen und Texte sammeln zu können.
3. Überlegen Sie, welche Slam-Texte Ihrem Schreibstil entsprechen könnten, indem Sie folgende Fragen für sich beantworten:
   Bevorzugen Sie eher lyrische (Gedicht, Rap usw.), epische (Kurzgeschichte, Märchen, Witz usw.) oder dramatische Texte (Sketch usw.)?
   Welche Stilrichtung mögen Sie (komisch, ernst, gruselig, aggressiv, verträumt usw.)?
4. Nutzen Sie Ihr Notizbuch als Inspirationsquelle und legen Sie das Thema fest, zu dem Sie Ihren Slam-Text schreiben möchten.
5. Schreiben Sie aufrichtig und versuchen Sie nicht, andere mit dem zu beeindrucken, was Sie für Poesie halten. Schreiben Sie zügig und überarbeiten Sie nicht zu viel. Auf diese Weise bleibt Ihr Slam-Text authentisch.
6. Überlegen Sie, wie Sie Ihren Slam-Text sprachlich (Artikulation, Rhythmus, Lautstärke, Betonung, Sprechpausen usw.) und körpersprachlich (Mimik, Gestik, Körperhaltung) performen wollen, um beim Publikum die von Ihnen beabsichtigte Wirkung zu erzielen.
7. Üben Sie Ihre Performance möglichst mehrmals für sich. Stoppen Sie in jedem Fall die Zeit, um sicherzustellen, dass Sie das vorgegebene Zeitlimit während des Poetry Slams einhalten.

■ *Verfassen Sie Ihren Slam-Text zu Peter Stamms Roman „Agnes" und lernen Sie diesen möglichst auswendig. Planen Sie zudem Ihre Live-Performance einschließlich der Begrüßung des Publikums und des Bühnenabganges.*

[1] slam (engl.) = (Tür) zuschlagen; Schlag, Knall

Als Anregung finden Sie hier ein Beispiel für einen Slam-Text:

Lukas Fassnacht
Am Bug

Es fährt ein Schiff,
trägt einen Gast,
der steht am Bug.

Steht da und schweigt,
den Kopf geneigt,
versunken in sein Selbst.
Blickt nicht zurück,
blickt nicht nach vorn, scheint wie verloren
zu sein,
so ganz allein
am Bug.

Es ist ein Bild in seinem Kopf.
Es zeigt ihn selbst,
schon weit gereist,
mit Furchen im Gesicht –
auch damals stand er vorn am Bug.

Und damals dachte er:

Warum bin ich so schicksalhaft getroffen?
Ich habe Geld und Macht, genieße tausend Freuden.
Und welchen Weg auch immer ich beschreiten will,
er steht mir offen.
Mein Leben ist erfüllt von lautem Lachen.
Nur in mir drinnen ist es still.

Und meine Frau ist längst nicht mehr die meine.
Und meine Tochter nicht mehr meine Kleine.
Und meine alten Freunde lassen mich alleine.
So habe ich mich all die Jahre aufgerieben,
mit aller Kraft gekämpft für eine kleine Portion Glück.
Doch nichts ist mir von meinem Glück geblieben,
Die Welt gibt mir für meinen Einsatz nichts zurück.

Ich dachte einstmals anders, heute ist mir klar:

Ich war
ein Narr.

Es ist ein Bild in seinem Kopf.
Es zeigt ihn selbst,
der Anzug passt,
die Frau ist hübsch, das Kind gesund –
auch damals stand er vorn am Bug.

Und damals dachte er:

Ich habe eine wunderschöne Frau.
Nur unser Kind bedeutet mir noch mehr.
Und ich verdiene eine ganze Menge Geld,
bei einem Job, der mir sogar gefällt.
Nein, gut zu leben ist gar nicht so schwer.
Du musst nur wissen, was du willst, und darfst
nicht zögern.
Und pass dich auch mal an, wenn es dir nützt.
Dann hast du viele Freunde schnell gewonnen
und hast dein Glück gesichert und geschützt.
Zwar sind dann kühne Jugendträume rasch zerronnen.
Doch wenn du glücklich werden willst,
Dann lass die Sorgen andrer nur den andern.
Was nützt es ihnen, wenn du ihretwegen weinst?

Ich dachte einstmals anders, heute ist mir klar:

Ich war
ein Narr.

Es ist ein Bild in seinem Kopf.
Es zeigt ihn selbst,
mit frechem Blick,
in jugendlicher Unschuld –
auch damals stand er vorn am Bug.

Und damals dachte er:

Ich habe eine ganze Welt vor mir,
die nur drauf wartet, dass ich mit ihr tanze.

Ich will überall hingehn,
alles mir ansehn,
die krassesten Sachen machen.
Ich will es krachen lassen.
Jeden lieben, niemanden hassen.

Ich werde tausend tolle Menschen kennen lernen
und auch so toll sein wie sie selbst.
Ich finde eine wundervolle Frau.

Die Falten, die ich kriege, krieg ich nur vom Lachen
und Kriege wird man nie mehr führen müssen.
Ich will das Böse auf der Welt zu Tode küssen
und aus der Welt ein Opernhaus für Operetten
machen.
Und alle lieben mich, ich liebe alle andern.
Ich werde glücklich sein, und alle andern mit mir mit.

Die Welt ist wunderbar!

Er war
ein Narr.

Es fährt das Schiff,
der Gast steht einsam vorn am Bug.
Es schäumt die Gischt.
Wie Tränen trägt der Gast
die Meerestropfen auf der Wange.
Dann wischt
er sie sich ohne Hast
ganz langsam vom Gesicht.
Er weiß, lange
steht er nicht
mehr vorn am Bug.

Aus: Lucas Fassnacht: Ottonormalverbraucht, Periplaneta Verlag, Berlin 2012
(ISBN: 978-3-940767-85-1)

Klausurvorschläge

Vorschlag 1
Homo faber (Auszug)

Max Frisch (15. Mai 1911–4. April 1991) war ein Schweizer Schriftsteller und Architekt, welcher zunächst Germanistik studiert hatte, sein Studium jedoch aus finanziellen Gründen abbrechen musste, um vorerst als Journalist zu arbeiten. Im Alter von 25 Jahren begann er erneut zu studieren – dieses Mal allerdings Architektur.
Zeit seines Lebens beschäftigte den Dichter die Frage, wie der Mensch ein Individuum bleiben könne, ohne von anderen festgelegt zu werden, was unter anderem in seinen Werken „Andorra" und „Homo faber" anklingt, mit denen er ein breites Publikum erreichte und die längst Eingang in den Schulkanon gefunden haben.

Der folgende Textauszug stammt aus seinem Roman „Homo faber" (1957), in dem der Held, Walter Faber (von Beruf Techniker), mit der Schwangerschaft seiner jüdischen Lebensgefährtin konfrontiert wird.

Sie [Hanna, Verf.] erwartete damals ein Kind. Ihre Offenbarung hörte ich ausgerechnet an dem Tag, als ich von meiner ersten Besprechung mit Escher-Wyss kam, meinerseits entschlossen, die Stelle in Bagdad anzutreten sobald als möglich. Ihre Behauptung, ich sei zu Tode erschrocken, bestreite ich noch heute; ich fragte bloß: Bist du sicher? Immerhin eine sachliche und vernünftige Frage. Ich fühlte mich übertölpelt nur durch die Bestimmtheit ihrer Meldung; ich fragte: Bist du zu einem Arzt gewesen? Ebenfalls eine sachliche und erlaubte Frage. Sie war nicht beim Arzt gewesen. Sie wisse es! Ich sagte: Warten wir noch vierzehn Tage. Sie lachte, weil vollkommen sicher, und ich mußte annehmen, daß Hanna es schon lange gewußt, aber nicht gesagt hatte; nur insofern fühlte ich mich übertölpelt. [...] Ihre Enttäuschung! Ich tanzte nicht vor Vaterfreude, das ist wahr, dazu war die politische Lage[1] zu ernst. Ich fragte: Hast du denn einen Arzt, wo du hingehen kannst? Natürlich meinte ich bloß: um sich einmal untersuchen zu lassen. Hanna nickte. Das sei keine Sache, sagte sie, das lasse sich schon machen! Ich fragte: Was meinst du? Später behauptete Hanna, ich sei erleichtert gewesen, daß sie das Kind nicht haben wollte [...]. Sie selber war es, die nicht mehr davon sprechen wollte, und dann berichtete ich von Escher-Wyss, von der Stelle in Bagdad, von den beruflichen Möglichkeiten eines Ingenieurs überhaupt. Das war keineswegs gegen ihr Kind gerichtet. Ich sagte sogar, wie viel ich in Bagdad verdienen würde. Und wörtlich: Wenn du dein Kind haben willst, dann müssen wir natürlich heiraten. Später ihr Vorwurf, daß ich von Müssen gesprochen habe! Ich fragte offen heraus: Willst du heiraten, ja oder nein? Sie schüttelte den Kopf, und ich wußte nicht, woran ich bin. Ich besprach mich viel mit Joachim[2], während wir unser Schach spielten. Joachim unterrichtete mich über das Medizinische, was bekanntlich kein Problem ist, dann über das Juristische, bekanntlich auch kein Problem, wenn man sich die erforderlichen Gutachten zu verschaffen weiß [...]. Ich meldete Hanna, daß alles kein Problem ist. Es war Hanna, die plötzlich Schluß machen wollte; sie packte ihre Koffer, plötzlich ihre wahnsinnige Idee, nach München zurückzukehren. Ich stellte mich vor sie, um sie zur Vernunft zu bringen; ihr einziges Wort: Schluß! Ich hatte gesagt: Dein Kind, statt zu sagen: Unser Kind. Das war es, was mir Hanna nicht verzeihen konnte.

[1] Anspielung auf die Terror-Herrschaft zur Zeit des Nationalsozialismus
[2] Joachim Hencke = Arzt; Freund Walter Fabers, der sich nach ihrer Trennung von Faber um Hanna kümmert, sie später heiratet und mit ihr das Kind gemeinsam großzieht

1. *Analysieren Sie den vorliegenden Auszug aus dem Roman „Homo faber" unter besonderer Berücksichtigung der Charaktere der Figuren sowie der von ihnen vertretenen Standpunkte.*
2. *Vergleichen Sie das Scheitern dieser Liebesbeziehung mit Agnes' Situation. Beurteilen Sie in diesem Zusammenhang auch die Einschätzung des Ich-Erzählers gleich zu Beginn des Romans: „Agnes ist tot. Eine Geschichte hat sie getötet." (S. 1)*

Bewertung der Schülerleistung:
Interpretation des Textauszuges aus dem Roman „Homo faber" von Max Frisch

a) inhaltliche Leistung – Anforderungen

Teilaufgabe 1

	Der Schüler/die Schülerin
1	nennt einleitend die bibliografischen Informationen (Autor, Titel, Erscheinungsjahr und -ort), die literarische Gattung (Roman) und das Thema (Scheitern der Liebesbeziehung zwischen Hanna und Walter Faber).
2	fasst die charakterlichen Merkmale der Figuren zusammen, z. B.: *Hanna* • initiativ: teilt Faber die Schwangerschaft mit (vgl. Z. 1 ff.) • sachlich: lässt sich von Fabers Idee einer Schwangerschaftsunterbrechung nicht beeindrucken, sondern bleibt ihm gegenüber ruhig (vgl. Z. 25 ff.) • selbstbewusst bzw. emanzipiert: trennt sich von Walter Faber, um ihr Leben ohne ihn weiter zu leben („Es war Hanna, die plötzlich Schluß machen wollte; […] Ich hatte gesagt: Dein Kind, statt zu sagen: Unser Kind. Das war es, was mir Hanna nicht verzeihen konnte.", Z. 47 ff.) • beharrlich: lässt sich durch Faber nicht davon abbringen, nach München zurückzukehren *Walter Faber* • geistig unflexibel bzw. mit ungewohnter Situation überfordert: ist wegen der Schwangerschaft „zu Tode erschrocken" (Z. 6) • wenig empathisch: schlägt Hanna einen Schwangerschaftsabbruch vor, um das vermeintliche Problem aus der Welt zu schaffen (vgl. Z. 23 ff.) • emotional bzw. irrational: fühlt sich „übertölpelt" bzw. betrogen, ist aufgeregt, übereifrig, ablehnend gegenüber dem Ungeborenen (vgl. Z. 8 ff., Z. 36 ff. und Z. 42 ff.) • verfügt über wenig Menschen- bzw. Frauenkenntnis: Faber ist verunsichert, dass Hanna seinen „Heiratsantrag" ablehnt, da dies nicht in sein Frauenbild passt (vgl. Z. 47 ff.)
3	legt die Standpunkte beider Protagonisten umfassend und differenziert dar, z. B.: *Hanna* • ist von Fabers Ablehnung ihres gemeinsamen Kindes enttäuscht (vgl. Z. 26 und Z. 47 ff.) • lehnt eine Heirat ausschließlich wegen einer Schwangerschaft kategorisch ab (vgl. Z. 39 f.) • verzichtet eher auf die Liebesbeziehung mit Faber zugunsten ihres ungeborenen Kindes (vgl. Z. 47 ff.) *Walter Faber* • erachtet das Kind als Hindernis bei der Ausübung seines Berufes als Ingenieur (vgl. Z. 31 ff.) • hält ein Kind angesichts der gegenwärtigen politischen Lage nicht für angebracht (vgl. Z. 22 f.) • ist bereit, Hanna zu heiraten, wenn diese das Kind behalten möchte (vgl. Z. 35 ff.)
4	fasst abschließend die Problematik dieser Liebesbeziehung (Walter Fabers Ablehnung des Kindes, welches Hanna als Zeichen ihrer Liebe wertet) zusammen.
5	belegt seine/ihre Ausführungen mithilfe geeigneter Textbeispiele.

Teilaufgabe 2

Der Schüler/die Schülerin	
1	erläutert kurz den Untersuchungsgegenstand (vergleichende Textanalyse über das Scheitern beider Liebesbeziehungen) im Sinne einer Überleitung.
2	legt die Gemeinsamkeiten und Unterschiede beider Texte umfassend und differenziert dar, z. B.: *Gemeinsamkeiten* • In beiden Fällen führt die Mitteilung der Schwangerschaft zur sofortigen Beendigung der Liebesbeziehung (vgl. S. 89ff.). • Auch der Ich-Erzähler verfügt über wenig Einfühlungsvermögen, insbesondere Frauen gegenüber: – Er erkennt nicht ihren Willen, ihm nachzueifern, sondern wertet ihren Schreibversuch pauschal ab (vgl. S. 42ff.). – „Wieder erstaunten mich trotz Lächelns der Ernst in ihrem Gesicht und ihr Blick, dessen Sprache ich nicht verstand." (S. 53) – „Ich schaute sie an und erkannte sie nicht. Ihr Gesicht erschien mir wie eine unbekannte Landschaft." (S. 58)/„Ich [...] merkte erst jetzt, wie wenig ich sie kannte." (S. 61)/„Was weißt du überhaupt von mir?" (S. 127) • Auch er kann sich weder mit seiner neuen Vaterrolle identifizieren (vgl. S. 92f. und S. 99) noch zu dem ungeborenen Kind bekennen (vgl. S. 111 ff.). • Beide Frauenfiguren sind couragiert genug, um die Verantwortung für das Ungeborene zu übernehmen und das Kind allein großzuziehen (vgl. S. 94ff.). *Unterschiede* • Der Ich-Erzähler ist noch ungleich zynischer als Walter Faber: – Anders als Faber, der immerhin versucht, scheinbar sachliche Gründe anzuführen, die gegen ein Kind sprechen, äußert er seine Ablehnung ganz direkt und schonungslos: „Ich will kein Kind. Ich kann kein Kind gebrauchen" (S. 90). – Seine Beziehung zu Agnes ist ihm gleichgültig und er betrachtet sie nunmehr als beendet, weshalb er nach dem Streit um das Kind (demonstrativ) die Wohnung verlässt (vgl. S. 91; vgl. zudem S. 126). – Er ist später sogar erleichtert, als er von Agnes' Fehlgeburt erfährt (vgl. S. 111). • Symptomatisch ist in diesem Zusammenhang folglich, dass der Ich-Erzähler Agnes verlässt und sie somit ihrem Schicksal überlässt (vgl. S. 126), während sich Hanna von dem Vater ihres Kindes trennt und einen ratlosen Walter Faber zurücklässt.
3	belegt seine/ihre Ausführungen mithilfe geeigneter Beispiele.

b) Schreib- und Darstellungsleistung – Anforderungen

Der Schüler/die Schülerin	
1	schreibt sprachlich richtig und syntaktisch sicher.
2	gibt die Meinung Dritter korrekt im Konjunktiv I bzw. in der Ersatzform wieder.
3	formuliert sprachlich und stilistisch sicher und abwechslungsreich.
4	strukturiert seinen/ihren Text schlüssig, stringent und gedanklich klar.
5	verwendet das erforderliche Fachvokabular der Textanalyse.
6	wendet die Zitiertechniken korrekt an.

Vorschlag 2
Vera Kast: Vater – Töchter, Mutter – Söhne (Auszug)

Dass Menschen Vater- und Mutterkomplexe „haben", ist unterdessen verbreitetes allgemeines psychologisches Wissen. [...] Der Ich-Komplex eines Menschen muss sich altersgemäß von den Mutter- und Vaterkomplexen ablösen, soll der Mensch seine altersgemäßen Entwicklungsaufgaben wahrnehmen können und über einen kohärenten[1] Ich-Komplex – ein „hinreichend starkes Ich" – verfügen können, [der] es ihm oder ihr erlaubt, die Anforderungen des Lebens wahrzunehmen, mit Schwierigkeiten umzugehen und ein gewisses Maß an Lebenslust und Zufriedenheit aus dem Leben gewinnen zu können. [...]

Diese Komplexe selber sind unter anderem natürlich auch Komplexe, die in einer patriarchalen Kultur entstehen. [...] Ich möchte diese Komplexe beschreiben, damit uns deutlich wird, wo wir von ihnen geprägt sind, und damit es uns in der Folge möglich wird, uns durch das Benennen und das Bewusstwerden von ihnen abzulösen, um eigenständigere und bindungsfähigere Menschen zu werden. [...]

„Aus dir wird nie eine richtige Frau"

Die Mutter gebrauchte immer wieder den Satz: „Ich mische mich da nicht ein. Vater hat das Sagen." Karin[2] war das erste Mädchen, die Eltern waren enttäuscht, sie hatten auf einen Stammhalter gehofft. Dennoch stand sie dem Vater sehr nah, als er seinen Stammhalter dann doch noch bekam. Der Vater pochte auf Anstand. Als Sechsjährige hatte sie einmal 20 Rappen[3] geklaut. Noch zu der 14-jährigen sagte der Vater immer wieder: „Anstand ist das Wichtigste im Leben, aber du schaffst das wohl nicht." Karin war überzeugt, dass er immer noch an die 20 Rappen dachte, sie fragte aber nicht nach. Die Schulleistungen waren dem Vater sehr wichtig. Dass sie eine gute Schülerin war, verhalf ihr dazu, „die Sonderposition beim Vater zu behalten". [...]

Sie erzählt: „Er hat die Schulaufgaben kontrolliert, den Lesestoff, die Freundinnen, die Kleider ... Ich hätte so gerne einmal gehört, dass er stolz auf mich ist, dass ich ihm gefalle, nicht als Frau, sondern in der Art, wie ich ‚meinen Mann im Berufsleben stehe'." [...] Auch sie muss auf den Segen des Vaters verzichten. Sie ist fähig, ihren Wunsch nach Anerkennung durch den Vater zu revidieren, auf diese Anerkennung könnte sie notfalls verzichten, sie möchte sich aber nicht mehr so gehetzt fühlen, sie möchte nicht ständig in dem Zwang sein, von jemandem anerkannt zu werden.

Sie hatte verstanden, dass sie diese Sehnsucht nach Anerkennung besonders in ihrem Arbeitsleben auf viele Menschen, die anstelle des Vaters stehen können, ausgedehnt hatte. Wonach sie sich jetzt sehnte, war ein Lebensgefühl des einfachen Seindürfens. Es ist typisch für eine Frau mit [...] Vaterkomplex, dass sie leichter auf die Anerkennung durch den Vater und durch die Väter verzichten kann, weil es einen Aspekt des weiblichen Selbst gibt, den dieser nicht abdecken kann. Sie verliert, bekommt sie die Anerkennung des Vaters nicht, nicht ihre Identität, sie ist im Gegenteil dann gezwungen, sich auf ihre Identität außerhalb dem vom Vater Geprägten zurückzubesinnen.

Aus: Verena Kast: Vater – Töchter, Mutter – Söhne. Wege zur eigenen Identität aus Vater- und Mutterkomplexen. Stuttgart: 2005, S. 9–12 und S. 242–244

[1] kohärent = zusammenhängend
[2] Die Autorin schildert mit Karin den Fall einer 23-jährigen Frau, welche über außerordentlich gute Qualifikationen verfügt und daher inzwischen eine höhere Position in einem Kreditinstitut bekleidet. Sie fühlt sich jedoch ständig müde, lustlos und leidet an vielen banalen Infekten.
[3] Rappen = Währungseinheit der Schweiz, 100 Rappen = 1 Franken

1. *Geben Sie die Kernaussagen der vorliegenden Auszüge aus Verena Kasts psychologischem Ratgeber wieder. Gehen Sie in diesem Zusammenhang insbesondere auf den Begriff des Vaterkomplexes ein.*

2. *Überprüfen Sie mithilfe dieser Theorie, ob die Figur Agnes aus Peter Stamms gleichnamigem Roman unter einem Vaterkomplex leidet bzw. gelitten hat. Beziehen Sie auch den Schluss in Ihre Überlegungen ein.*

Bewertung der Schülerleistung: Textanalyse zu Agnes' Vaterkomplex als Identitätsproblem

a) inhaltliche Leistung – Anforderungen

Teilaufgabe 1

Der Schüler/die Schülerin	
1	nennt einleitend die bibliografischen Informationen (Autor, Titel, Erscheinungsjahr und -ort), die Textsorte und das Thema (Vaterkomplex als Identitätsproblem).
2	gibt Kasts Theorie zum Vaterkomplex umfassend und differenziert wieder, z. B.: • Ablösung von den Eltern als Voraussetzung für die Entwicklung eines kohärenten Ich-Komplexes (Identität) und somit wichtiger Bestandteil der Adoleszenz (vgl. Z. 3 ff.) • Prozess der Identitätsfindung wird durch patriarchalische Strukturen innerhalb der Familie erschwert (vgl. Z. 4 ff.) • Patriarchat begünstigt das Entstehen von Vaterkomplexen (vgl. Z. 14 ff.) • Merkmale des Vaterkomplexes – dominanter Vater, welcher „das Sagen" hat und auch von der Mutter als Autorität und Familienoberhaupt bedingungslos anerkannt wird: „Ich mische mich da nicht ein." (vgl. Z. 23 ff.) – Herrschafts-Untertanen-Verhältnis, bei dem sich das Kind als Nichts begreift und unter Schuld- und Schamgefühlen leidet (vgl. Z. 24 ff.) – Versuch, die Anforderungen des Vaters zu erfüllen, ist hoffnungslos (vgl. Z. 43 ff.) – Anerkennung des Vaters bleibt daher immer verwehrt (vgl. Z. 50 f.) – Folge: Übertragung der Sehnsucht nach Anerkennung auf andere Personen, Übereifer in anderen Lebensbereichen (z. B. Beruf) zur Kompensation des vermeintlichen Versagens (vgl. Z. 40 ff.) • Bewältigung des Komplexes gelingt nur durch Bewusstwerdung des Dilemmas und den bewussten Verzicht auf die Anerkennung des Vaters (vgl. Z. 54 ff.)
3	belegt seine/ihre Ausführungen mithilfe geeigneter Beispiele.

Teilaufgabe 2

Der Schüler/die Schülerin	
1	erläutert kurz den Untersuchungsgegenstand (Textanalyse zu Agnes' Vaterkomplex) im Sinne einer Überleitung.
2	stellt die Anzeichen für Agnes' Vaterkomplex als Identitätsproblem sowie die hieraus entstehenden Folgen für ihr Leben in der Gesellschaft sachlich zutreffend dar, z. B.: • Agnes' dominanter Vater gibt sich als autoritäres Familienoberhaupt (vgl. S. 40 und S. 135), was von der Mutter jedoch toleriert bzw. stillschweigend akzeptiert wird. • Agnes denkt nicht gerne an ihre Kindheit zurück und spricht auch nicht gerne über diesen Lebensabschnitt (vgl. S. 57) – Sie wurde von ihrem Vater gezwungen, bei den Pfadfindern zu sein, was sie jedoch belastete (vgl. S. 32). – Sie hatte stets das Gefühl, nicht den Wünschen ihres Vaters zu entsprechen, welcher es weniger als sie ertragen konnte, wenn über sie gelacht wurde (vgl. S. 54). – Sie hasste die Nachbarstochter, da ihr Vater diese bevorzugte (vgl. S. 32 f.). • Sie fühlt sich von ihren Eltern im Stich gelassen, da diese ohne sie nach Florida gezogen sind (vgl. S. 20 und S. 134 f.). • Agnes fühlt sich missverstanden (vgl. S. 48), ist daher generell sehr verschlossen und hat zudem „kaum Freunde oder Freundinnen" (S. 20), denen gegenüber sie sich öffnen kann bzw. will: „Ich bin kein sehr sozialer Mensch." (S. 20) • Agnes versucht, die Ablehnung durch den Vater zu kompensieren: – gibt sich auf Fotos „abweisend und verschlossen" (S. 39) – Trotz bzw. Rachegefühle als emotionale Reaktion (vgl. S. 40 f.) – Ausgrenzung der Eltern aus ihrem Privatleben: Der Kontakt ist auf seltene Telefonate beschränkt (vgl. S. 134 f.) – starkes berufliches Engagement (vgl. S. 20 und S. 44 f.)

	– Sich-Klammern an die Beziehung mit dem Ich-Erzähler (vgl. S. 12 und S. 126f.), obwohl auch er sie als Individuum letztlich nicht akzeptieren kann bzw. will (vgl. S. 127) • Letzteres wird zudem daran deutlich, dass er deutlich älter ist als sie und fast ihr Vater sein könnte (vgl. S. 26). • Fehlgeburt als neuerliche Lebenskrise: Agnes fühlt sich schuldig und bewertet den Verlust des ungeborenen Kindes als (weiteres) Scheitern bzw. Versagen (vgl. S. 116 und S. 131). • Agnes zeigt darüber hinaus psychosomatische Krankheitssymptome: Sie ist oftmals müde und friert häufig, zudem erkältet sie sich schnell und ist dann für längere Zeit ans Bett gefesselt (vgl. S. 130ff. und S. 141f.)
3	fasst abschließend das letztlich unbewältigte Identitätsproblem der Protagonistin, welches sich in ihrem spurlosen Verschwinden manifestiert (vgl. Romanschluss), zusammen.
4	belegt seine/ihre Ausführungen mithilfe geeigneter Beispiele.

b) Schreib- und Darstellungsleistung – Anforderungen

Der Schüler/die Schülerin	
1	schreibt sprachlich richtig und syntaktisch sicher.
2	gibt die Meinung Dritter korrekt im Konjunktiv I bzw. in der Ersatzform wieder.
3	formuliert sprachlich und stilistisch sicher und abwechslungsreich.
4	strukturiert seinen/ihren Text schlüssig, stringent und gedanklich klar.
5	verwendet das erforderliche Fachvokabular der Textanalyse.
6	wendet die Zitiertechniken korrekt an.

Vorschlag 3
Homo faber (Auszug)

Max Frisch (15. Mai 1911–4. April 1991) war ein Schweizer Schriftsteller und Architekt, welcher zunächst Germanistik studiert hatte, sein Studium jedoch aus finanziellen Gründen abbrechen musste, um vorerst als Journalist zu arbeiten. Im Alter von 25 Jahren begann er erneut zu studieren – dieses Mal allerdings Architektur.
Zeit seines Lebens beschäftigte den Dichter die Frage, wie der Mensch ein Individuum bleiben könne, ohne von anderen festgelegt zu werden, was unter anderem in seinen Werken „Andorra" und „Homo faber" anklingt, mit denen er ein breites Publikum erreichte und die längst Eingang in den Schulkanon gefunden haben.

Der folgende Textauszug stammt aus seinem Roman „Homo faber" (1957), in dem der Held, Walter Faber, die aktuelle Situation nach dem kurz zuvor erlebten Flugzeugabsturz mitten in der Wüste reflektiert.

Ich bin Techniker und gewohnt, die Dinge zu sehen, wie sie sind. Ich sehe alles, wovon sie [die übrigen Flugzeugpassagiere, Verf.] reden, sehr genau; ich bin ja nicht blind. Ich sehe den Mond über der Wüste vom Tamaulipas – klarer als je, mag sein, aber eine errechenbare Masse, die um unseren Planeten kreist, eine Sache der Gravitation, interessant, aber wieso ein Erlebnis? Ich sehe die gezackten Felsen, schwarz vor dem Schein des Mondes; sie sehen aus, mag sein, wie die gezackten Rücken von urweltlichen Tieren, aber ich weiß: Es sind Felsen, Gestein, wahrscheinlich vulkanisch, das müßte man nachsehen und feststellen. Wozu soll ich mich fürchten? Es gibt keine urweltlichen Tiere mehr. Wozu sollte ich sie mir einbilden? Ich sehe auch keine versteinerten Engel, es tut mir leid; auch keine Dämonen, ich sehe, was ich sehe: die üblichen Formen der Erosion, dazu meinen langen Schatten auf dem Sand, aber keine Gespenster. Wozu weibisch werden? [...]
Ferner weiß ich, daß ich nicht (wenn es im Augenblick auch so aussieht) der erste oder letzte Mensch auf der Erde bin; und ich kann mich von der bloßen Vorstellung, der letzte Mensch zu sein, nicht erschüttern lassen, denn es ist nicht so. Wozu hysterisch sein? [...]
Ein Flugzeug ist für mich ein Flugzeug, ich sehe keinen ausgestorbenen Vogel dabei, sondern eine Super-Constellation mit Motor-Defekt, nichts weiter, und da kann der Mond sie bescheinen, wie er will. [...] Ich weigere mich, Angst zu haben aus bloßer Fantasie, beziehungsweise fanatisch zu werden aus bloßer Angst, geradezu mystisch.
„Kommen Sie!" sagte ich.
Herbert stand und erlebte noch immer.
„Übrigens", sagte ich, „sind Sie irgendwie verwandt mit einem Joachim Hencke[1], der einmal in Zürich studiert hat?" Es kam mir ganz plötzlich, als wir so standen, die Hände in den Hosentaschen, den Rockkragen heraufgestülpt; wir wollten gerade in die Kabine steigen.
„Joachim?" sagte er, „das ist mein Bruder."
„Nein!" sagte ich –
„Ja", sagte er, „natürlich – ich erzählte Ihnen doch, daß ich meinen Bruder in Guatemala besuche."
Wir mußten lachen.
„Wie klein die Welt ist!"

Aus: Max Frisch, Homo faber. Ein Bericht.
(aus lizenzrechtlichen Gründen nicht in reformierter Schreibung)

[1] Joachim Hencke = früherer Freund Walter Fabers, der sich vor mehr als zwanzig Jahren um Fabers damals schwangere Lebensgefährtin Hanna kümmerte, nachdem sie Faber, der das Kind nicht wollte, verlassen hatte

1. *Erläutern Sie Walter Fabers Einstellung zur Welt, die in diesem Textauszug deutlich wird.*
2. *Vergleichen Sie dieses Weltbild mit dem des Ich-Erzählers aus Peter Stamms Roman „Agnes". Belegen Sie Ihre Ausführungen mithilfe geeigneter Textbeispiele.*
3. *Beurteilen Sie, ob und inwiefern diese Sichtweise für das Scheitern der Liebesbeziehung zwischen Agnes und dem Ich-Erzähler ausschlaggebend gewesen ist.*

Bewertung der Schülerleistung: Interpretation des Textauszuges aus dem Roman „Homo faber" von Max Frisch

a) inhaltliche Leistung – Anforderungen

Teilaufgabe 1

Der Schüler/die Schülerin	
1	nennt einleitend die bibliografischen Informationen (Autor, Titel, Erscheinungsjahr und -ort), die literarische Gattung (Roman) und das Thema (Weltbild Walter Fabers).
2	erläutert Walter Fabers Einstellung zur Welt ausführlich und differenziert, z. B.: • Faber ist es als Techniker gewohnt, die Dinge zu sehen, wie sie sind (vgl. Z. 1 f.); „ich sehe, was ich sehe" (Z. 16f.) • hält Gefühle (z. B. Angst) für eine menschliche Schwäche und demzufolge für typisch weibliche Eigenschaften – „Wozu soll ich mich fürchten?" (Z. 13) – „Wozu weibisch werden?" (Z. 19) – „Ich weigere mich, Angst zu haben aus bloßer Fantasie" (Z. 30f.) – „geradezu mystisch" (Z. 32) • glaubt nicht an Fügung/Schicksal, sondern andernfalls an den mathematisch wahrscheinlichen Zufall (vgl. Z. 26ff.) (hier: Passagier entpuppt sich als Bruder Joachim Henckes, vgl. Z. 41 ff.) • hat Angst, die Kontrolle zu verlieren (vgl. Z. 20ff.)
3	fasst abschließend das ausschließlich technikorientierte Weltbild des Helden zusammen.
4	belegt seine/ihre Ausführungen mithilfe geeigneter Beispiele.

Teilaufgabe 2

Der Schüler/die Schülerin	
1	erläutert kurz den Untersuchungsgegenstand (Vergleichende Textanalyse der Weltbilder Walter Fabers und des Ich-Erzählers) im Sinne einer Überleitung.
2	legt die Gemeinsamkeiten und Unterschiede beider Texte umfassend und differenziert dar, z. B.: *Gemeinsamkeiten* • Der Ich-Erzähler ist ebenfalls von (moderner) Technik fasziniert (vgl. S. 13, S. 20 und S. 108). • Auch er denkt dementsprechend rational, was möglicherweise ein wichtiger Grund ist, dass er es „nie geschafft [hat], [seine] Stoffe zu beherrschen. Es blieb immer alles künstlich" (S. 30), weshalb er sich seither ausschließlich dem Verfassen von Sachbüchern widmet. • Diese Charaktereigenschaften verweisen auf seine sachlich-konkrete Attitüde zur Welt, in der tiefere, irrationale und somit unberechenbare Gefühle keinen Platz haben (vgl. S. 14f.). • Ebenso wie Faber möchte er jederzeit die Kontrolle haben bzw. Herr der Lage sein; unvorhergesehene Ereignisse versetzen ihn in „panische Angst" (S. 73). • Dementsprechend sachlich bzw. sogar zynisch reagiert er auch auf Agnes' Mitteilung, dass sie schwanger ist (vgl. S. 90f.) bzw. eine Fehlgeburt hatte (vgl. S. 126). *Unterschiede* • Beide Männerfiguren nutzen den Schreibprozess zur Bewältigung ihrer Probleme aus jüngster Vergangenheit, aber: – Walter Faber versucht auf diese Weise, seine Selbstzweifel und Ängste zu verdrängen. – Für den Ich-Erzähler ist dies hingegen das einzige Medium, sich diese zumindest zeitweilig selbst einzugestehen und offen auszusprechen (vgl. S. 99). • Der Ich-Erzähler ist noch ungleich egoistischer und zynischer als Walter Faber: – Walter Faber trauert aufrichtig um seine tote Freundin, bedauert dieses Ende zutiefst und zeigt Einsicht. – Der Ich-Erzähler hingegen zerstört die Liebe zu Agnes systematisch und ganz bewusst, um in sein Single-Leben zurückkehren zu können (vgl. Schluss 2).
3	belegt seine/ihre Ausführungen mithilfe geeigneter Beispiele.

Teilaufgabe 3

Der Schüler/die Schülerin	
1	erläutert kurz die Aufgabenstellung (Stellungnahme zu den Gründen für das Scheitern der Liebesbeziehung) im Sinne einer Überleitung.
2	fasst die beziehungshemmenden Charaktereigenschaften des Ich-Erzählers zusammen, z. B.: • fehlendes Einfühlungsvermögen • zudem starre Denkweise • …
3	leitet hieraus schlüssig mögliche Gründe für das Scheitern der Liebesbeziehung zwischen Agnes und dem Ich-Erzähler ab.
4	belegt seine/ihre Ausführungen mithilfe geeigneter Beispiele.

b) Schreib- und Darstellungsleistung – Anforderungen

Der Schüler/die Schülerin	
1	schreibt sprachlich richtig und syntaktisch sicher.
2	gibt die Meinung Dritter korrekt im Konjunktiv I bzw. in der Ersatzform wieder.
3	formuliert sprachlich und stilistisch sicher und abwechslungsreich.
4	strukturiert seinen/ihren Text schlüssig, stringent und gedanklich klar.
5	verwendet das erforderliche Fachvokabular der Textanalyse.
6	wendet die Zitiertechniken korrekt an.

Vorschlag 4

Peter Stamm:
„Ich kann nicht lieben, weil ich will"
Die freie Liebe ist gescheitert, aber um die unfreie steht es nicht viel besser.

Freiheit in der Liebe scheint uns zu schrecken. Wir können sie uns nur als Promiskuität[1] und Bindungslosigkeit vorstellen. Der polygame Held in der Literatur ist fast immer ein Bösewicht, bestimmt aber ein ausschweifender, ein lasterhafter Mensch. Dass er unglücklich und einsam endet, erfüllt uns insgeheim mit Genugtuung. Während es selbstverständlich ist, dass die Liebe zu unseren Kindern nicht mit der Zahl der Kinder abnimmt und dass man mehrere Freunde nebeneinander haben kann, muss die Gattenliebe auf einen Partner beschränkt bleiben.

Selbstzufrieden und etwas beruhigt konstatieren wir, dass die freie Liebe der 1970er-Jahre kläglich gescheitert ist, und übersehen dabei, dass auch die Erfolgsquote der unfreien Liebe nicht eben hoch ist. Während es ungesetzlich wäre, einen Arbeits- oder einen Mietvertrag ohne Kündigungsmöglichkeit abzuschließen, ist es wieder zur Usanz[2] geworden, sich Liebe bis ans Ende seiner Tage zu versprechen. Ich habe mehrmals beobachtet, wie lange Partnerschaften in dem Moment zerbrachen, als man sich endlich zur Ehe entschlossen hatte.

Sind Ehen von Dauer, ähneln sie oft eher dem Stockholmsyndrom[3], der emotionalen Bindung von Entführungsopfer und Geiselnehmer, denn einer Beziehung gleichberechtigter Partner. Kürzlich erzählte mir ein Mann, der sich nach Jahren von seiner Frau trennen wollte, sie habe ihm mit Selbstmord gedroht. Nun, da er bei ihr geblieben sei, bilde sie sich ein, sie habe damit die Beziehung gerettet.

„Liebe ist eine Sache der Empfindung, nicht des Wollens", schrieb Immanuel Kant in der „Metaphysik der Sitten", „und ich kann nicht lieben, weil ich will, noch weniger aber, weil ich soll."

Wer sich verliebt, verliert zuallererst einmal Freiheit. Pausenlos kreisen die Gedanken um das Objekt der Begierde, das in diesem frühen Stadium eher als Subjekt empfunden wird. Die Liebe scheint von außen zu kommen, sie wird von der Geliebten – auch ohne ihr Wissen – erzeugt, sie verleiht ihr Macht über uns, macht uns abhängig. Mehr als einmal hörte ich Männer klagen: „Wäre ich doch impotent. Dann hätte ich endlich Ruhe und würde mich nicht dauernd verlieben."

Wird die Liebe erwidert, mag das für kurze Zeit als Befreiung empfunden werden, als glückliche Erfüllung. Man geht zusammen essen, besucht eine Disco, landet spätabends in einer fremden Wohnung – und wird plötzlich daran erinnert, dass die geliebte Person ein Leben ohne einen geführt und mit großer Wahrscheinlichkeit auch schon andere geküsst hat. Ein verräterisches Passbild an der Pinnwand, eine zweite Zahnbürste, Kondome, die etwas zu schnell zur Hand sind, zerstören das Gefühl der Einzigartigkeit des glücklichen Moments.

Je älter wir werden, desto komplizierter wird die Liebe, desto zahlreicher werden die anderen Bedürfnisse, mit denen sie in Einklang gebracht werden muss. So besteht in Beziehungen ein stetig sich änderndes Ungleichgewicht von Freiheitsdrang und Abhängigkeit. Wer mehr liebt, verliert Freiheit und mag glauben, mehr für die Beziehung tun zu müssen als der andere. Er versucht, die eigene Unfreiheit zu kompensieren, indem er die Freiheit des anderen einschränkt.

Ein Freund, der seit Jahren in einer – wie er sagte – perfekten Beziehung lebt, gestand mir vor einiger Zeit, er habe Sehnsucht, sich wieder einmal zu verlieben. Er wünschte sich keine andere Partnerin, er wollte nur wieder einmal gefesselt sein wie in der ersten Zeit seiner Liebe. Und doch wusste er, dass es keinen Sinn hatte, noch einmal von vorn zu beginnen, nur um in drei oder fünf Jahren wieder an dem Punkt zu stehen, an dem er jetzt stand. Es wäre, als würde man immer nur den Anfang von Büchern lesen und sie nach zehn oder zwanzig Seiten weglegen, weil man die Protagonisten schon kennt.

Vielleicht ist es das, was die Liebe für Autoren so attraktiv macht: dass sie nicht wie die Freiheit ein Zustand ist, sondern ein Prozess. Liebe kann nur als Geschichte existieren. [...] Liebesgeschichten und Kunstwerke haben eine Form, die der formlosen Freiheit abgetrotzt werden muss. Beide sind endlose Reihen kleiner Entscheidungen, komplexe Bauten, dauernd in Gefahr einzustürzen und gerade deshalb so reizvoll. Ihre Schönheit liegt im Ganzen, nicht in einem aufregenden Anfang oder einem glücklichen Ende. Sie liegt in der Mitte, in den kurzen Momenten glücklicher Balance von Anziehung und Abstoßung. Der Rest ist Erinnerung, oft das gemeinsame Sich-Erinnern, sind die Familienlegenden und Paarle-

---
1 Promiskuität = Geschlechtsverkehr mit häufig wechselnden Partnern

2 Usanz (eigentlich Usance) = Brauch, Gepflogenheit

3 Stockholm-Syndrom = psychologisches Phänomen, bei dem Opfer von Geiselnahmen ein positives emotionales Verhältnis zu ihren Entführern aufbauen; häufig führt dies dazu, dass das Opfer mit den Tätern sympathisiert und/ oder sogar mit ihnen kooperiert.

genden, die das Fundament jeder Beziehung sind. Der Moment des Glücks ist zentral, aber er funktioniert nur im Kontrast zu den weniger glücklichen Momenten. Im Film „Cinema Paradiso“ gibt es eine endlose Collage von Kussszenen, die im Dorfkino vom Priester zensuriert worden waren und nun endlich gezeigt werden dürfen. Aber die Wirkung der dutzendfachen Küsse ist nicht romantisch, sondern komisch, wenn nicht grotesk. In der Liebe gibt es keine Repeat-Taste wie beim CD-Player. Man kann dasselbe Stück nicht immer wieder hören. Und gerade das ist das Schöne und das Schreckliche an der Liebe.

Aus: Stamm, Peter: „Ich kann nicht lieben, weil ich will“. Die freie Liebe ist gescheitert, aber um die unfreie steht es nicht viel besser. In: NZZ Folio. Die Zeitschrift der Neuen Zürcher Zeitung. Ausgabe Nr. 12 vom 01.01.2006. Zürich 2006, S. 74.

1. *Geben Sie Peter Stamms Auffassung von Liebe und Partnerschaft wieder.*

2. *Überprüfen Sie, ob und inwiefern der Autor diese in seinem Roman „Agnes“ konkretisiert hat.*

Bewertung der Schülerleistung: Analyse des Sachtextes „Ich kann nicht lieben, weil ich will" von Peter Stamm

a) inhaltliche Leistung – Anforderungen

Teilaufgabe 1

Der Schüler/die Schülerin	
1	nennt einleitend die bibliografischen Informationen (Autor, Titel, Erscheinungsjahr und -ort), die Textsorte (Zeitschriftartikel) und das Thema (Unmöglichkeit einer dauerhaft glücklichen Liebesbeziehung in der heutigen Gesellschaft).
2	gibt die Kernaussagen in eigenen Worten wieder, z. B.: • „Der polygame Held in der Literatur ist fast immer ein Bösewicht" (Z. 3 ff.), dessen Schicksal (Unglück und Einsamkeit) als Genugtuung empfunden wird (vgl. Z. 5 ff.). • Aber sowohl die freie („wilde Ehe") als auch die unfreie Liebe ist gescheitert (vgl. Z. 12 ff.). • „Wer sich verliebt, verliert zuallererst einmal Freiheit" (Z. 35), wenngleich die neue Liebe für kurze Zeit als Befreiung erlebt wird (vgl. Z. 50 ff.). • Letztlich besteht jedoch in jeder Beziehung „ein stetig sich änderndes Ungleichgewicht von Freiheitsdrang und Abhängigkeit" (Z. 64 ff.). • Der Partner, welcher mehr liebt, glaubt, „mehr für die Beziehung tun zu müssen als der andere" und „versucht, die eigene Unfreiheit zu kompensieren, indem er die Freiheit des anderen einschränkt" (Z. 66 ff.). • Folgen: – „Liebe kann nur als Geschichte existieren." (Z. 85 f.) – „Der Moment des Glücks ist zentral, aber er funktioniert nur im Kontrast zu den weniger glücklichen Momenten." (Z 98 ff.)

Teilaufgabe 2

Der Schüler/die Schülerin	
1	erläutert kurz den Untersuchungsgegenstand (Nachweis der Kernaussagen im Roman) im Sinne einer Überleitung.
2	stellt die Parallelen beider Texte umfassend und differenziert dar, z. B.: *Ich-Erzähler* • negativer Held • Liebesbeziehung ist gleichbedeutend mit dem Verlust der Freiheit, welche ihm jedoch wichtiger ist als Glück (vgl. S. 110) • versucht, mit seiner Geschichte, Agnes zu kontrollieren bzw. beherrschen und seine Freiheit wiederzuerlangen (vgl. S. 62, S. 89 und S. 139) *Agnes* • engagiert sich stärker für die Beziehung mit dem Ich-Erzähler (vgl. S. 47 ff., S. 61, S. 65 und S. 129) • reflektiert die Liebesbeziehung zwischen sich und dem Ich-Erzähler – nimmt die Asymmetrie wahr (vgl. S. 4 f. und S. 127) – „Und dass es Glück war, wird man erst aus der Distanz sehen." (S. 69) – erkennt den Illusionscharakter dieser Beziehung: „Du widerst mich an mit deiner Geschichte" (S. 91 sowie S. 118 f.)
3	belegt seine/ihre Ausführungen mithilfe geeigneter Beispiele.

b) Schreib- und Darstellungsleistung – Anforderungen

Der Schüler/die Schülerin	
1	schreibt sprachlich richtig und syntaktisch sicher.
2	gibt die Meinung Dritter korrekt im Konjunktiv I bzw. in der Ersatzform wieder.
3	formuliert sprachlich und stilistisch sicher und abwechslungsreich.
4	strukturiert seinen/ihren Text schlüssig, stringent und gedanklich klar.
5	verwendet das erforderliche Fachvokabular der Textanalyse.
6	wendet die Zitiertechniken korrekt an.

Vorschlag 5
Homo faber (Auszug)

Max Frisch (1911–1991) war ein Schweizer Schriftsteller und Architekt. Er studierte zunächst Germanistik, brach dieses Studium aus finanziellen Gründen jedoch ab, arbeitete als Journalist, nahm aber mit 25 Jahren ein Architekturstudium auf. Zeit seines Lebens beschäftigte ihn die Frage, wie ein Mensch ein Individuum bleiben kann, ohne von anderen festgelegt zu werden, was unter anderem in seinen Werken „Andorra" und „Homo faber" anklingt.
Der folgende Textauszug stammt aus dem Roman „Homo faber" (1957), in dem sich der Protagonist, Walter Faber, an seine deutlich jüngere Geliebte erinnert, an deren Tod er eine Mitschuld trägt.

Ich sehe diesen Streifen noch jetzt:
Ihr Gesicht, das nie wieder da sein wird –
Sabeth im Mistral, sie geht gegen den Wind, die Terrasse, Jardin des Papes, alles flattert, Haare, ihr Rock wie ein Ballon, Sabeth am Geländer, sie winkt.
Ihre Bewegungen –
Sabeth, wie sie Tauben füttert.
Ihr Lachen, aber stumm –
Pont d'Avignon, die alte Brücke, die in der Mitte einfach aufhört. Sabeth zeigt mir etwas, ihre Miene, als sie merkt, daß ich filme statt zu schauen, ihr Rümpfen der Stirne zwischen den Brauen, sie sagt etwas.
Landschaften –
Das Wasser der Rhone, kalt, Sabeth versucht es mit den Zehen und schüttelt den Kopf, Abendsonne, mein langer Schatten ist drauf.
Ihr Körper, den es nicht mehr gibt –
Das antike Theater in Nîmes.
Frühstück unter Platanen, der Kellner, der uns nochmals Brioches bringt, ihr Geplauder mit dem Kellner, ihr Blick zu mir, sie füllt meine Tasse mit schwarzem Kaffee.
Ihre Augen, die es nicht mehr gibt –
Pont du Gard.
Sabeth, wie sie Postkarten kauft, um an Mama zu schreiben; Sabeth in ihren schwarzen Cowboy-Hosen, sie merkt nicht, daß ich filme; Sabeth, wie sie ihren Roßschwanz aus dem Nacken wirft.
Hotel Henri IV.
Sabeth sitzt auf der tiefen Fensterbrüstung, ihre Beine verschränkt, barfuß, sie ißt Kirschen, Blick in die Straße hinunter, sie spuckt die Steine einfach aus, Regentag.
Ihre Lippen –
Wie Sabeth sich mit einem französischen Maulesel unterhält, der ihrer Meinung nach zu schwer beladen ist.
Ihre Hände –
Unser Citroën, Modell 57.
Ihre Hände, die es nirgends mehr gibt, sie streichelt den Maulesel, ihre Arme, die es nirgends mehr gibt –
Stierkampf in Arles.
Sabeth, wie sie ihre Haare kämmt, eine Spange zwischen den jungen Zähnen, sie merkt wieder, daß ich filme, und nimmt die Spange aus dem Mund, um mir etwas zu sagen, vermutlich sagt sie, ich soll sie nicht filmen, plötzlich muß sie lachen.
Ihre gesunden Zähne –
Ihr Lachen, das ich nie wieder hören werde – […]
Sabeth geht zu einem Kiosk, um Zigaretten zu holen.
Sabeth, wie sie geht. Sabeth in ihren schwarzen Hosen wie üblich, sie steht auf dem Trottoir[1], um links und rechts zu schauen, ihr baumelnder Roßschwanz dabei, dann schräg über die Straße zu mir.
Ihr hüpfender Gang –
Nochmals Pinien im Mistral.
Sabeth schlafend, ihr Mund ist halboffen, Kindermund, ihr offenes Haar, ihr Ernst, die geschlossenen Augen –
Ihr Gesicht, ihr Gesicht –
Ihr atmender Körper – […]
Sabeth beim Blumenpflücken –
Ich habe (endlich!) die Kamera weniger hin und her bewegt, dadurch kommen die Bewegungen des Objektes viel stärker.
Brandung –
Ihre Finger, Sabeth sieht zum ersten Mal eine Korkeiche, ihre Finger, wie sie die Rinde brechen, dann wirft sie nach mir! […]
Ende der Spule.

[1] Trottoir = Bürgersteig

1. *Interpretieren Sie den vorliegenden Auszug aus dem Roman „Homo faber" unter besonderer Berücksichtigung der Bedeutung des Videografierens.*

2. *Vergleichen Sie das Ende dieser Liebesbeziehung mit dem Ausgang des Romans „Agnes" (S. 10ff. und S. 153). Belegen Sie Ihre Ausführungen mithilfe geeigneter Textbeispiele.*

Bewertung der Schülerleistung: Interpretation des Textauszuges aus dem Roman „Homo faber" von Max Frisch

a) inhaltliche Leistung – Anforderungen

Teilaufgabe 1

	Der Schüler/die Schülerin
1	nennt einleitend die bibliografischen Informationen (Autor, Titel, Erscheinungsjahr und -ort), die literarische Gattung (Roman) und das Thema (Walter Fabers Schwelgen in Erinnerungen an die tote Geliebte).
2	stellt den Inhalt des vorliegenden Textauszuges ausführlich und differenziert dar, z. B.: • Walter Faber betrachtet das während seiner gemeinsamen Reise mit Sabeth von ihm gedrehte Video, das ihm als einzige Erinnerung an die Verstorbene geblieben ist (vgl. Z. 1 ff.). • Der Film zeigt ausschließlich Sabeth an den verschiedensten Orten und in unterschiedlichsten Situationen. • Leitmotivisch kommentiert Faber immer wieder das aktuelle Bild scheinbar unwichtiger Details bzw. Urlaubserinnerungen wie – Kauf von Postkarten, Streicheln eines Maulesels usw. – Sabeths Lachen, Augen, Lippen, Hände usw., welche er allerdings nie wieder erleben wird und demzufolge einzigartig sind (vgl. Z. 2, Z. 18, Z. 41 und Z. 50).
3	erläutert die Bedeutung des Filmens, z. B.: • Die Kamera fängt die Bewegungen, Gestik und Mimik Sabeths ein. • Faber folgt ihr mit der Kamera, was Sabeth nicht bewusst ist (vgl. Z. 9 f.). • Durch das Filmen mit der Kamera wird das „Objekt" nicht ganzheitlich, sondern nur ausschnitthaft erfasst, weshalb im übertragenen Sinn auch die Erinnerungen gefiltert bzw. bruchstückhaft sind. → subjektive Kamera • Die Bilder dokumentieren rückblickend Fabers tiefe Gefühle: Liebe für Sabeth einerseits, aber bei jetziger Betrachtung auch Trauer und Verzweiflung. → Letzteres wird zudem durch sein zunehmendes Verstummen (vgl. Gedankenstriche) verdeutlicht. • Faber erkennt erst zum Schluss, dass eine ruhigere Kameraführung das „Objekt" (Sabeth) besser zur Geltung gebracht hätte. → Im übertragenen Sinn kommt seine Einsicht über das Glück, welches er mit Sabeth hatte und nun unwiederbringlich verloren ist, zu spät.
4	belegt seine/ihre Ausführungen mithilfe geeigneter Beispiele.

Teilaufgabe 2

	Der Schüler/die Schülerin
1	erläutert kurz den Untersuchungsgegenstand (Ende beider Liebesbeziehungen im Vergleich) im Sinne einer Überleitung.
2	legt die Gemeinsamkeiten und Unterschiede beider Texte umfassend und differenziert dar, z. B.: *Gemeinsamkeiten* • Die Frauen, welche beide deutlich jünger gewesen sind als der Mann, sind zu diesem Zeitpunkt bereits tot. • Beide Männer, welche (Mit-)Schuld am Tod ihrer Geliebten tragen, lassen ihre Erinnerungen an gemeinsame Reisen bzw. Ausflüge mithilfe von selbst gedrehten Videos Revue passieren. *Unterschiede* • Während im Roman „Homo faber" das gefilmte „Objekt" in der verstorbenen Frau besteht und der überlebende Ich-Erzähler das filmende „Subjekt" darstellt, sind die Verhältnisse in Stamms „Agnes" genau umgekehrt. → Der Ich-Erzähler unterlässt es bewusst, Spuren zu hinterlassen (vgl. S. 28), Agnes hingegen filmt im Nationalpark sogar den Parkwächter, weil dieser „ein Zeuge" (S. 71) ist.

2	• In beiden Fällen kommentiert der Ich-Erzähler die laufenden Bilder, aber – Walter Faber macht dies ausführlich, nimmt Sabeth mit der Kamera liebevoll in den Blick und zeigt offen seine Trauer über den Verlust und den Schmerz. – der Ich-Erzähler beschränkt sich auf kurze, lapidare und sachliche Äußerungen, welche Bedauern oder gar Trauer vermissen lassen. Während Walter Faber seine Schuld am Tod der Geliebten letztlich (an-)erkennt, weist der Ich-Erzähler diese von sich, denn lediglich „[e]ine Geschichte hat sie getötet." (S. 9) Dass diese ausgerechnet von ihm ist, verschweigt er.
3	belegt seine/ihre Ausführungen mithilfe geeigneter Textbeispiele.

b) Schreib- und Darstellungsleistung – Anforderungen

Der Schüler/die Schülerin	
1	schreibt sprachlich richtig und syntaktisch sicher.
2	gibt die Meinung Dritter korrekt im Konjunktiv I bzw. in der Ersatzform wieder.
3	formuliert sprachlich und stilistisch sicher und abwechslungsreich.
4	strukturiert seinen/ihren Text schlüssig, stringent und gedanklich klar.
5	verwendet das erforderliche Fachvokabular der Textanalyse.
6	wendet die Zitiertechniken korrekt an.

Vorschlag 6 (produktionsorientiert)

■ *Lesen Sie das Kapitel 24 (S. 107–110) erneut und füllen Sie die Leerstelle im Text aus, indem Sie den zerrissenen Brief des Ich-Erzählers an Agnes verfassen.*

Georges-Pierre Seurat: Un Dimanche d'été à l'Île de la Grande Jatte (Folie)

Georges-Pierre Seurat (1884–1886): Un Dimanche d'été à l'Île de la Grande Jatte. Öl auf Leinwand (207,5 cm x 308,1 cm), Art Institute of Chicago

Tipps zur Analyse und Interpretation von zweidimensionalen Bildern

Der folgende „Kunst-Werkzeugkasten" soll Ihnen lediglich als Anregung dienen, um zu einem eigenen und vor allem fachlich begründeten (!) Bildverständnis von Seurats pointillistischem Werk „Un dimanche après-midi à l'Île de la Grande Jatte"[1] (1884–1886) zu gelangen. Er erhebt daher keinen Anspruch auf Vollständigkeit und sollte zudem variabel eingesetzt werden, da oftmals nicht alle Analysekriterien auf das betreffende Gemälde angewendet werden können.

1 Einleitung

- Angabe des Titels und des Künstlers
- Größe des Bildes
- Anlass (z. B. Porträt der Geliebten als Auftragsarbeit)
- erster Eindruck

2 Beschreibung (Was ist auf dem Bild zu sehen?)

Hier erfolgt eine kurze sachliche Erläuterung des Bildes, möglichst in einer erkennbaren Ordnung, z. B. vom Vorder- zum Hintergrund, einem Handlungsablauf folgend (von links nach rechts) oder nach der Wichtigkeit des Abgebildeten (Zentralfigur).

3 Analyse (Wie werden die Gestaltungsmittel eingesetzt und wie wirken diese?)

3.1 Form
- Technik (z. B. Fotografie, Ölmalerei, Zeichnung, Collage)
- Wirkung der Formen und Strukturen (z. B. rau/glatt, weich/hart, geometrisch/organisch, scharf/verschwommen)
- Detailgenauigkeit bzw. Stofflichkeit oder Stilisierung
- Plastizität (z. B. Hell-Dunkel-Modellierung) oder Flächigkeit
- Proportionen (z. B. realistisch, übertrieben, verzerrt)

[1] Im Deutschen: Ein Sonntagnachmittag auf der Insel La Grande Jatte

3.2 Farbe
- Hauptfarbigkeit und Farbverteilung
- Kontrastwirkungen (z. B. hell/dunkel, warm/kalt)
- Farbfunktion (z. B. Symbolfarbe, Gegenstands- bzw. Erscheinungsfarbe)

3.3 Räumlichkeit
- Raumtiefe (z. B. Überschneidung, Staffelung, Verkleinerung, Perspektiven [Frosch-, Vogel-, Normal-], Farbperspektive durch kräftigere, dunklere, wärmere Farben im Vordergrund und hellere, kühlere Farben im Hintergrund)
- keine Raumtiefe, also flächige Gestaltung oder Verzicht auf Raumlogik (z. B. durch Bedeutungsperspektive, d. h. die Größe entspricht der Wichtigkeit)

3.4 Komposition
- Bildaufbau und Ordnungsprinzipien (z. B. Einteilung der Bildfläche)
- Funktion und Wirkung von z. B. Horizontaler (Ruhe), Vertikaler (Anspannung), Diagonaler (Bewegung), Symmetrie (Statik), Asymmetrie (Dynamik)

4 Interpretation (Warum werden die Gestaltungsmittel in dieser Weise verwendet?)

- Erarbeitung von Sinnzusammenhängen auf der Grundlage der Analyseergebnisse
- Deutung von Haltung, Gestik, Mimik, Kleidung, Umfeld, Symbolen, Farben usw.
- Aspekte der Entstehung (z. B. historisch, ökonomisch, politisch, kulturell, religiös)
- (vermutliche) Absicht des Künstlers
- Gesamtbewertung, Überarbeitung des ersten Eindrucks, Schlusswort

Hinweis: *Analyse und Interpretation sind nicht immer eindeutig voneinander zu trennen. Deshalb ist es sinnvoll, unmittelbar im Anschluss an ein bestimmtes Analyseergebnis einen entsprechenden Interpretationsansatz zu entwickeln.*

1. *Informieren Sie sich mithilfe der Ihnen zugänglichen Quellen (Schulbibliothek, Internet usw.) zunächst über die zeit- und kunstgeschichtliche Einordnung von Seurats Gesamtwerk.*

2. *Analysieren und interpretieren Sie auf dieser Grundlage mit seinem Bild „Un Dimanche d'été à l'Île de la Grande Jatte" die erste pointillistische Arbeit in der Kunstgeschichte.*

Zeit- und kunstgeschichtliche Einordnung von Seurats Gesamtwerk

Bilder stellen eine besondere Form von Sprache und folglich von Kommunikation dar, denn zum einen sind sie ein Spiegel der Zeit, in der sie entstanden sind. Zum anderen gewähren sie dem Betrachter einen (intimen) Blick in die Seele des Künstlers und geben auf diese Weise Aufschluss darüber, was die Menschen seinerzeit bewegt haben mag. Ebenso wie die zahlreichen überlieferten Texte aus früheren Epochen sind Bilder somit Zeitzeugnisse. Während das Wort abstrakt und dessen Bedeutung festgelegt ist, sind Bilder im Gegensatz dazu räumlich, anschaulich, folglich konkret und zudem in ihrer Bedeutung offen[1], was wiederum zur Folge hat, dass auch die emotionale Wirkung eines Bildes auf den Rezipienten unmittelbarer ist als beim Wort.

Dies sind möglicherweise Gründe dafür, weshalb sich Menschen seit jeher für die Malerei interessieren und versuchen, die Aussage eines Bildes zu ergründen, das heißt, es zu deuten. Die Interpretation eines Bildes – in diesem Fall Seurats pointillistisches Kunstwerk „Ein Sonntagnachmittag auf der Insel La Grande Jatte" (1884–1886) – ist dabei umso fundierter, je intensiver sich der Betrachter mit der Entwicklung der Malerei auseinandergesetzt hat. Im Folgenden soll daher ein zeit- und kunstgeschichtlicher Überblick über die Malerei von ihren Anfängen bis zur Entstehung dieses Bildes gegeben werden:

Die Wurzeln der Malerei sind bereits in der **Frühzeit** zu finden. Beispiele hierfür sind unter anderem die Höhlenbilder, bei denen unsere Vorfahren die Farbpigmente aus Eisenoxiden (rot), Holzkohle (schwarz) usw. mit den ihnen zur Verfügung stehenden Malmedien (Pinsel aus präparierten Zweigen, Stempel, Finger usw.) auftrugen, um z.B. das Verhalten von Tieren naturgetreu wiederzugeben. Ein wesentliches Merkmal dieser frühen Malerei ist, dass die Bilder lediglich zweidimensional waren, was bis zum Beginn der Neuzeit auch so bleiben sollte.

[1] Nicht selten haftet etwas Geheimnisvolles oder sogar Mystisches an ihnen.

Die **Renaissance** (ca. 1420–1590) schließlich brachte erstmalig einschneidende Veränderungen in der Malerei mit sich: Während die bis dahin überwiegend religiösen Bilder im Auftrag der Kirche, die auf diese Weise die eigene Machtposition festigen wollte, von Mönchen gemalt wurden, entdeckten die Menschen in dieser Epoche den dekorativen Wert dieser Kunst. Bedingt durch den mittlerweile entstandenen Handel und die nun ebenfalls möglichen Reisen ins Ausland wurden zunehmend Bilder für den eigenen Salon in Auftrag gegeben, welche den Wohlstand der Eigentümer repräsentieren und ihnen zu einem höheren Ansehen in der Gesellschaft verhelfen sollte.

Die von den Reisen aus China mitgebrachten Farben waren neu und verstärkten diesen Trend, Bilder als Dekoration zu verstehen, ebenso, wie das Auftreten anderer Künstler mit einem neuen Selbstverständnis, welche nunmehr Gegenstände, Situation usw. malten, welche sie selbst interessierten. Das Weltliche wurde plötzlich darstellungswürdig. Nicht zuletzt führte auch das Experimentieren der engagierten Künstler dieser Zeit dazu, dass das Spiel mit Farbe und Licht sowie die plastische Darstellung in der Malerei insbesondere im Hinblick auf die Perspektive und die Räumlichkeit zunehmend berücksichtigt wurden.

Die Anfänge des dreidimensionalen Malens waren somit gemacht, welches im üppigen **Barock** (ca. 1600–1770) weiter perfektioniert wurde, indem nun Lichtquellen in die Bilder eingearbeitet werden, um die Körper mithilfe von Licht und Schatten besser modellieren zu können und auf diese Weise einen Tiefenraum zu imaginieren. Ein gängiger Bildinhalt dieser Epoche war die Darstellung des höfischen Lebens, wodurch die Malerei mit der Dokumentation eine weitere wichtige Funktion erlangte.

Im Spätbarock beginnend und bis in den **Rokoko** (ca. 1730–1775) hinein wurde die Farbgebung insgesamt heller, der Pinselstrich lockerer, fast skizzenhaft, und auch die Stimmung spielerisch und heiter. Wie schon im Barock wurde auch hier dem Schönheitsideal der höfischen Gesellschaft gehuldigt, was die Künstler dieser Stilrichtung durch verspielte und geradezu übersteigerte Formen und Farben zum Ausdruck brachten.

Charakteristisch für diese Epoche sind insbesondere der bewusste Verzicht auf jegliche Symmetrie, die noch im Barock ein verbindliches Gestaltungsmittel gewesen war, sowie leichte, zierliche, gewundene Linien und häufig rankenförmige Umrandungen.

Die Übertreibung des Barocks bis hin zum Kitsch führte schließlich zu einem Wendepunkt in der Malerei. Ein Teil der Künstler lehnte eine derartige Idea-

Jean-Honoré Fragonard: Die Schaukel (1767)

lisierung bzw. Stilisierung strikt ab und betrachtete die Kunst stattdessen als Abbild der Wirklichkeit. Als eine Art Gegenbewegung zum Rokoko entstand so der **Realismus** (ab ca. 1850).
Begünstigt war die Entwicklung dieser Stilrichtung vornehmlich dadurch, dass das dreidimensionale Malen mittlerweile weit fortgeschritten und es den Künstlern technisch daher möglich war, realistisch zu malen[1]. Gleichzeitig bedeutete Realismus, dass nun auch die unteren Stände der Gesellschaft (insbesondere Kleinbürgertum und Arbeiter) als darstellungswürdig betrachtet wurden. Im Zuge der Industrialisierung entstanden demzufolge auch Bilder mit reinen Fabriklandschaften.

Adolph Menzel: Das Eisenwalzwerk (1875)

Durch den technischen Fortschritt und dem nunmehr möglichen Einsatz von Maschinen kamen zu Beginn des 19. Jh. synthetische Farben und industriell gefertigte Bildträger auf, welche einen weiteren Meilenstein in der Kunstgeschichte markieren sollten: Zum einen waren Malmedien nunmehr erschwinglich, zum anderen war es mit dem Beginn der Frauenbewegungen um 1900 schließlich auch dem weiblichen Geschlecht gestattet, Bilder zu malen, sodass wichtige Voraussetzungen geschaffen waren, dass die Amateurmalerei entstehen und sich die Malerei zu einer beliebten Freizeitbeschäftigung entwickeln konnte.
Vor diesem Hintergrund entwickelten sich um 1900 parallel zum Realismus weitere, teilweise gegenläufige Stilrichtungen, zumal nicht alle die technische Entwicklung gutheißen konnten. Während ein Teil der Bevölkerung die Erfindung von Maschinen befürwortete, gab es viele Menschen, welche die fortschreitende Technisierung skeptisch verfolgten bzw. sich davor fürchteten.
Eine wichtige dieser gleichzeitig verlaufenden Strömungen bildete der **Impressionismus** (ab 1874), deren Vertreter aus den sich zunehmend bildenden Großstädten flüchteten und sich bewusst in die Natur begaben, um den zwar flüchtigen, aber besonderen Augenblick einzufangen. Diese Gruppe von Künstlern, die sich als Pleinairmaler[2] verstanden, brach mit vielen Regeln malerischer Praxis, entwickelte stattdessen neue künstlerische Techniken und revolutionierte auf diese Weise die bis dahin geltende Auffassung der Malerei. Der Impressionismus markierte daher den Beginn der Moderne, in der fortan alles erlaubt war, wenngleich nicht immer jedes Experiment öffentlich anerkannt wurde.
Kennzeichnend für diese Epoche war, wie bereits erwähnt, die Darstellung des flüchtigen, besonderen Augenblicks (Momentaufnahme). Aus diesem Grund verwendeten die Künstler meist flüssige Farben, malten gröber und führten die sogenannte Kommatechnik[3] ein, damit das Malen selbst möglichst schnell ging. Das Festhalten von Licht- und Schattenverhältnissen zu einer bestimmten Tageszeit gewann für die Impressionisten an Relevanz, weshalb die Farben nunmehr das wichtigste Ausdrucksmittel waren, wohingegen die zeichnerischen Elemente in den Hintergrund traten. Insgesamt waren die Bilder der Impressionisten demzufolge sehr atmosphärisch, frisch und offen.
Ein Exot unter den Impressionisten war Georges-Pierre Seurat, wenngleich er sich selbst nicht als zu dieser Gruppe von Künstlern zugehörig erachtete. Den-

1 In diesem Zusammenhang wird auch von sogenannter naturalistischer Malerei gesprochen, da das Gemalte wie in Wirklichkeit aussehen sollte. (Anders als im Bereich der Literatur wird in der Malerei folglich nicht zwischen Realismus und Naturalismus unterschieden.)

2 Pleinairmalerei (franz. *en plein air* = unter freiem Himmel) = Freilichtmalerei; im Gegensatz zur Ateliermalerei stellt der Künstler sein Objekt in natürlichem Licht und in dessen natürlichem Umfeld dar

3 Kommatechnik (oder: Virgulismus) = Maltechnik, bei der die Farbe mit kurzen, starken und „kommaartigen" Pinselstrichen aufgetragen wird

Claude Monet: Frau mit Sonnenschirm (1886)

noch gab es neben entscheidenden Unterschieden durchaus Parallelen, weshalb er letztlich als Begründer des **Neo-Impressionismus** gilt. Ebenso wie die Impressionisten wollte auch er das Licht sowie eine Szenerie einfangen, allerdings ging es ihm nicht darum, einen besonderen Augenblick auf Leinwand festzuhalten, vielmehr wollte er in seinen Bildern ganz alltägliche Situationen darstellen.

Da sich Seurat seinerzeit sehr intensiv mit den wissenschaftlichen Erkenntnissen der Farbenlehre beschäftigt hatte, war es ihm zudem wichtig, diese akribisch anzuwenden. In diesem Zusammenhang ist auch sein Ziel zu sehen, möglichst reine Farben auf die Leinwand auftragen zu wollen, die sich erst aus der Distanz im Auge des Betrachters und nicht bereits auf der Farbpalette des Künstlers mischen sollten. Hiervon erhoffte er sich eine intensivere und hellere Leuchtkraft der Farben.

Um dieses Vorhaben realisieren zu können, entwickelte er die Kommatechnik der Impressionisten zu seiner ganz eigenen Punkttechnik weiter, welche unter dem Begriff **Pointillismus** (oder: Divisionismus) Eingang in die Fachwelt finden sollte und nur in feinster und äußerst zeitintensiver Atelierarbeit umgesetzt werden konnte.

Typisch für Seurats Pointillismus war neben seiner Maltechnik zudem der streng nach geometrischen Gesetzmäßigkeiten durchkomponierte Bildaufbau. Dieser ist ein Beleg dafür, dass er, anders als die Impressionisten, keine realistische Momentaufnahme anstrebte, sondern eine wohldurchdachte Komposition mit formal stimmigen Beziehungen einzelner Bildelemente untereinander wie Licht, Gegenstände, Personen usw., weshalb er an seinem ersten pointillistischen Werk (vgl. Abbildung) zwei Jahre (!) intensiv arbeitete.

Autorentext

Georges-Pierre Seurat: Ein Sonntagnachmittag auf der Insel La Grande Jatte (1884–1886)

Interview mit dem Autor Peter Stamm

**Vom Glück des Butterbrotstreichens
Der Schweizer Autor Peter Stamm über verpasste Gelegenheiten, das Glück im Leben und die Schönheit von Plattenbauten**

Bei den Kurzgeschichten „In fremden Gärten" fällt auf, dass Ihre Figuren sehr einsam und heimatlos sind. Warum fasziniert Sie dieses Thema?
Das ist schwer zu sagen. Nun, es hat sicher etwas mit meinem Leben zu tun. Ich bin solchen Menschen begegnet. Wenn man im Ausland arbeitet, dann befindet man sich immer in Ausnahmesituationen. Leute werden irgendwo hinversetzt, sind dort völlig entwurzelt, müssen etwas arbeiten, wovon sie den Sinn nicht wirklich einsehen. Da entsteht natürlich eine Fremdheit. Eine Fremdheit, die vielleicht auch sonst im Leben vorhanden ist, die aber bei diesen Leuten vielleicht deutlicher wird. Das Gefühl hat wahrscheinlich auch der Bauer, der sein Leben lang auf demselben Hof bleibt, aber beim Reisenden wird das deutlicher.

Es gibt ja viele verpasste Gelegenheiten in Ihren Erzählungen?
Ja, so entstehen auch diese Geschichten. Auch bei mir steckt vielleicht eine verpasste Gelegenheit dahinter. Ich male mir häufig aus, was geschehen wäre, wenn ich anders entschieden hätte. Es sind nicht wenige meiner Texte, die so entstehen. Andererseits finde ich es zu billig, Geschichten zu schreiben, die irgendwelche Pointen haben, denn in Wirklichkeit löst sich die Situation meistens nicht auf. Das Leben besteht ja gerade darin, dass man das Falsche macht. Meistens aber macht man gar nichts.

In der Fotografie gibt es das Thema „Unorte", Orte, die überall und nirgends sein können. Entspricht diese Idee in etwa Ihrer literarischen Vorstellung?
Ja, diese Art der Fotografie hat eine unglaubliche Ästhetik. Sie steht für unsere Gesellschaft, denn sie repräsentiert eine nicht-religiöse Gesellschaft. Es gibt ein Buch, das unheimlich wichtig für mich war: Mircea Eliade, Das Heilige und das Profane. Diese moderne Gesellschaft, die kein Zentrum mehr hat, fasziniert mich. Das hat eine eigene Schönheit. Früher war die Kathedrale das Zentrum, und heute ist es die Fußgängerzone. Letztere ist ja die Leere an sich. Daher ist das schon unsere Welt. Und irgendwie habe ich den Anspruch, auch darin die Schönheit zu sehen, die verborgene Schönheit – meinetwegen sogar in Plattenbauten. Ich mag dieses Regressive[1] nicht, wo man immer noch so tut, als würden wir immer noch im Mittelalter leben, als wäre noch alles in Ordnung. So ist es halt nicht mehr.

Sie meinen, es gibt nichts Sinnstiftendes mehr?
Darin liegt ja auch die Kraft unserer Gesellschaft, obwohl nur wenige das aushalten, und manche immer wieder zurückfallen auf irgendwelche Verführer. Aber eigentlich wäre das eine tolle Gesellschaft, die diese Freiheit und Offenheit besitzt und auch die Vernetztheit. Ich finde auch, dass dieses Netzwerk ein Bild für unsere Gesellschaft ist und nicht mehr eine Pyramide, wo zuoberst Gott sitzt oder der Papst oder der König.

Glauben Sie, dass heute die größte Herausforderung für jeden einzelnen darin besteht, sich seinen Sinn selbst zu suchen?
Oder darin, damit zu leben, dass es keinen Sinn gibt. Das wäre vielleicht die größte Leistung, dies ertragen zu können, sodass nur noch ein Staunen überbleibt. Ein Staunen über die Vielfalt und die Schönheit. [...]

Dient die Dichtung der Poetisierung des – relativ banalen – Alltags?
Ich habe das mal das *Glück des Butterbrotstreichens* genannt, so wie am Schluss von „Ungefähre Landschaft", wo Kathrine und Morten zusammen ihre Brote streichen. Das ist für mich Glück. Glück ist für mich nicht Lottogewinn, sondern jeden Tag seine Arbeit zu machen, zufrieden und gesund zu sein. Ich denke, die meisten Leute verstehen Glück letztlich so, auch wenn sie sich vielleicht vormachen, sie könnten noch mal im Lotto gewinnen.

In „Agnes" heißt es „Glück malt man mit Punkten und nicht mit Strichen". Ist das damit gemeint?
Ja, das ist meine Erfahrung. Glück ist nicht Handlung, Glück ist eigentlich Stillstand. Das steht schon im Faust, wo es heißt: „Verweile doch, du bist so schön." Das sind die Momente des Stillstands, und zwangsläufig müssen sie kurz sein.

Ihre Protagonisten warten oft auf das Glück. Aber keiner versucht, es aktiv in die Hand zu nehmen.
Aber das ist doch ein bisschen die Situation im Moment, dass alle auf etwas warten. Das ist eine Art Verunsicherung und irgendwie mogelt man sich so durch. Ich finde aber, das hat was. Ich denke in vielen Geschichten gibt es so eine Art Verständigung. Es ist nicht ewiges Glück. Aber es sind Momente, wo man einem anderen Menschen etwas näher ist.

[1] regressiv = nachlassend, rückläufig, abflauend

Man könnte sagen, Ihre Geschichten sind traurig, trist, melancholisch. Es gibt vielleicht kurze Momente des Glücks, aber oft bleiben verpasste Gelegenheiten. Eigentlich sind es Geschichten ohne Happy End?

Ja, am Ende muss jeder sterben. Das Leben hat kein Happy End. So ist das auch mit meinen Geschichten. Wenn man sie chronologisch betrachtet und nur auf den Schluss schaut, dann sind es vielleicht unglückliche Geschichten, aber dann ist das Leben auch immer unglücklich. Deshalb, glaube ich, muss man sein Leben auch als Figur, als Gestalt sehen. Dann liegt vielleicht der Höhepunkt in der Mitte, und das ist in den Geschichten auch so. Ich vergleiche meine Geschichten oft mit Skulpturen, und bei denen kann man ohnehin nicht sagen, da oder dort ist das Ende. Das Ende ist im Grunde überall. Weil die Geschichte wie eine Skulptur überall aufhört gegenüber der Außenwelt. Es muss nicht zwingend ein Happy End am Schluss sein, es kann sein, dass es einen Moment des Glücks gibt und dann ist er wieder weg. So wie es in einer Geschichte heißt: „Wir treten ins Leben wie in einen Raum und verlassen ihn wieder.“ Genauso laufen Begegnungen ab: Man trifft jemanden, man erlebt etwas, man verliert sich wieder.

Peter Stamm: Vom Glück des Butterbrotstreichens (Teil 1). Das Gespräch führten Ingmar Weber und Jürgen Sander mit Peter Stamm. Erschienen in: Büchergilde Magazin 2/2004.

1. *Geben Sie die wesentlichen Aussagen Peter Stamms wieder.*

2. *Überprüfen Sie, ob und inwiefern diese auf die zentralen Figuren seines Romans „Agnes“ zutreffen.*

Erich Fromm: Die Kunst des Liebens

Im Gegensatz zur symbiotischen Vereinigung[1] ist die reife Liebe eine Vereinigung, bei der die eigene Integrität und Individualität bewahrt bleibt. Liebe ist eine aktive Kraft im Menschen. Sie ist eine Kraft, welche Wände niederreißt, die den Menschen von seinem Mitmenschen trennen, eine Kraft, die ihn mit anderen vereinigt. Die Liebe lässt ihn das Gefühl der Isolation und Abgetrenntheit überwinden und erlaubt ihm trotzdem, er selbst zu sein und seine Integrität zu behalten. In der Liebe kommt es zu dem Paradoxon, dass zwei Wesen eins werden und trotzdem zwei bleiben. [...]
Liebe ist eine Aktivität und kein passiver Affekt. Sie ist etwas, das man in sich selbst entwickelt, nicht etwas, dem man verfällt. Ganz allgemein kann man den aktiven Charakter der Liebe so beschreiben, dass man sagt, sie ist in erster Linie ein Geben und nicht ein Empfangen.
Was heißt geben? [...] Das verbreitetste Missverständnis besteht in der Annahme, geben heißt etwas „aufgeben", dessen man damit beraubt wird und das man zum Opfer bringt. Jemand, dessen Charakter sich noch nicht über das Stadium der rezeptiven, ausbeuterischen oder hortenden Orientierung hinaus entwickelt hat, erfährt den Akt des Gebens auf diese Weise. Der Marketing-Charakter ist zwar bereit, etwas herzugeben, jedoch nur im Austausch für etwas anderes, das er empfängt; zu geben, ohne etwas zu empfangen, ist für ihn gleichbedeutend mit Betrogenwerden. [...]
Für den produktiven Charakter hat das Geben eine ganz andere Bedeutung. Für ihn ist Geben höchster Ausdruck seines Vermögens. Gerade im Akt des Schenkens erlebe ich meine Stärke, meinen Reichtum, meine Macht. Dieses Erlebnis meiner gesteigerten Vitalität und Potenz erfüllt mich mit Freude. Ich erlebe mich selbst als überströmend, hergebend, lebendig und voll Freude. [...] Geben bereitet mehr Freude als Empfangen nicht deshalb, weil es ein Opfer ist, sondern weil im Akt des Schenkens die eigene Lebendigkeit zum Ausdruck kommt. [...]
Der wichtigste Bereich des Gebens liegt jedoch nicht im Materiellen, sondern im zwischenmenschlichen Bereich. Was gibt ein Mensch dem anderen? Er gibt etwas von sich selbst, vom Kostbarsten, was er besitzt, er gibt etwas von seinem Leben. Das bedeutet nicht unbedingt, dass er sein Leben für den anderen opfert – sondern dass er ihm etwas von dem gibt, was in ihm lebendig ist; er gibt ihm etwas von seiner Freude, von seinem Interesse, von seinem Verständnis, von seinem Wissen, von seinem Humor, von seiner Traurigkeit – von allem, was in ihm lebendig ist. [...]
Wir brauchen wohl nicht besonders darauf hinzuweisen, dass die Fähigkeit zur Liebe – wird Liebe als ein Akt des Gebens verstanden – von der Charakterentwicklung des Betreffenden abhängt. Sie setzt voraus, dass er bereits zu einer vorherrschend produktiven Orientierung gelangt ist; bei einer solchen Orientierung hat der Betreffende seine Abhängigkeit, sein narzisstisches Allmachtsgefühl, den Wunsch, andere auszubeuten, oder den Wunsch zu horten überwunden; er glaubt an seine eigenen menschlichen Kräfte und hat den Mut, auf seine Kräfte zu vertrauen. In dem Maß, wie ihm diese Eigenschaften fehlen, hat er Angst sich hinzugeben – Angst zu lieben.
Die Liebe ist aber nicht nur ein Geben, ihr „aktiver" Charakter zeigt sich auch darin, dass sie in allen ihren Formen stets folgende Grundelemente enthält: Fürsorge, Verantwortungsgefühl, Achtung vor dem anderen und Erkenntnis. [...] Achtung hat [dabei] nichts mit Furcht und nichts mit Ehrfurcht zu tun: Sie bezeichnet die Fähigkeit, jemanden so zu sehen, wie er ist, und seine einzigartige Individualität wahrzunehmen. Achtung bezieht sich darauf, dass man ein echtes Interesse hat, dass der andere wachsen und sich entfalten kann. Daher impliziert Achtung das Fehlen von Ausbeutung. Ich will, dass der andere um seiner selbst willen und auf seine eigene Weise wächst und sich entfaltet und nicht mir zuliebe. Wenn ich den anderen wirklich liebe, fühle ich mich eins mit ihm, aber so, wie er wirklich ist, und nicht, wie ich ihn als Objekt zu meinem Gebrauch benötige. [...] Die Liebe ist das Kind der Freiheit und niemals das der Beherrschung.
Achtung vor einem anderen ist nicht möglich ohne ein wirkliches Kennen des anderen. Fürsorge und Verantwortungsgefühl für einen anderen wären blind, wenn sie nicht von Erkenntnis geleitet würden. Meine Erkenntnis wäre leer, wenn sie nicht von der Fürsorge für den anderen motiviert wäre. [...] Die Erkenntnis, die ein Aspekt der Liebe ist, bleibt nicht an der Oberfläche, sondern dringt zum Kern vor. [...] So kann ich zum Beispiel merken, dass jemand sich ärgert, selbst wenn er es nicht offen zeigt; aber ich

[1] Unter einer symbiotischen Vereinigung versteht Fromm zwei Menschen, welche auf psychologischer Ebene untrennbar miteinander verbunden sind. Dabei unterwirft sich der masochistisch veranlagte Mensch der anderen Person, welche ihn fortan lenkt, leitet und beschützt, um auf diese Weise dem unerträglichen Gefühl der Isolation zu entrinnen. Aus demselben Grund versucht der sadistisch veranlagte Part im Gegensatz dazu, den anderen zu beherrschen.

kann ihn auch noch tiefer kennen, und dann weiß ich, dass er Angst hat und sich Sorgen macht, dass er sich einsam und schuldig fühlt. Dann weiß ich, dass sein Ärger nur die Manifestation von etwas ist, was tiefer liegt, und ich sehe in ihm dann den verängstigten und verwirrten, das heißt den leidenden und nicht den verärgerten Menschen.

Solche Erkenntnis steht noch in einer anderen, noch grundlegenderen Beziehung zum Problem der Liebe. Das Grundbedürfnis, sich mit einem anderen Menschen zu vereinigen, um auf diese Weise dem Kerker des eigenen Abgetrenntseins zu entrinnen, ist eng verwandt mit einem anderen spezifisch menschlichen Verlangen, nämlich dem, „das Geheimnis des Menschen" zu ergründen. [...] Wir kennen uns – und kennen uns doch auch wieder nicht, sosehr wir uns darum auch bemühen mögen. Wir kennen unseren Mitmenschen und kennen ihn doch auch wieder nicht, weil wir selbst kein Ding sind und weil unser Mitmensch ebenfalls kein Ding ist. Je weiter wir in die Tiefe unseres eigenen Seins oder das eines anderen Menschen hinabreichen, umso mehr entzieht sich uns das, was wir erkennen möchten. Trotzdem können wir den Wunsch nicht unterdrücken, in das Geheimnis der Seele des Menschen, in den innersten Kern seines wahren Wesens einzudringen.

Es gibt eine verzweifelte Möglichkeit, dies zu erreichen: Sie besteht darin, den anderen völlig in seine Gewalt zu bekommen, ihn mit Macht dazu zu bringen, das zu tun, was wir wollen, das zu fühlen, was wir wollen, das zu denken, was wir wollen, sodass er in ein Ding, in unseren Besitz verwandelt wird. [...] Dieses Verlangen, in das Geheimnis eines anderen Menschen und damit in das eigene Geheimnis einzudringen, ist im wesentlichen die Motivation für die Tiefe und Intensität der Grausamkeit und Destruktivität.

Der andere Weg, „das Geheimnis" zu erkennen, ist die Liebe. Liebe ist ein aktives Eindringen in den anderen, wobei das eigene Verlangen, ihn zu erkennen, durch die Vereinigung gestillt wird. Im Akt der Vereinigung erkenne ich dich, erkenne ich mich, erkenne ich alle die anderen, und ich „weiß" doch nichts. Ich erkenne auf die einzige Weise, in welcher dem Menschen Erkenntnis des Lebendigen möglich ist: im Erleben von Einheit – und nicht aufgrund des Wissens, das mir mein Verstand vermittelt. [...] Selbst wenn wir tausendmal mehr über uns wüssten, kämen wir doch nie auf den Grund. Wir blieben uns immer ein Rätsel, wie auch unsere Mitmenschen uns immer ein Rätsel bleiben würden. Der einzige Weg zu ganzer Erkenntnis ist der Akt der Liebe: Dieser Akt transzendiert alles Denken und alle Worte. Es ist der kühne Sprung in das Erleben von Einheit.

Aus: Erich Fromm: Die Kunst des Liebens.

1. *Erläutern Sie mithilfe des vorliegenden Textauszuges, wie Erich Fromm den Ich-Erzähler hinsichtlich seines Charakters beurteilen würde.*

2. *Setzen Sie sich kritisch mit der Problemstellung auseinander, was Menschen wie die Figur des Ich-Erzählers konkret lernen müssten, um die Kunst des Liebens zu beherrschen.*

Tipps zum Verfassen eines Essays

Ein Essay (der oder das; franz. *essayer* = versuchen) ist ein nicht zu umfangreicher, stilistisch anspruchsvoller Prosatext zu einem beliebigen Thema. Im Gegensatz zur Erörterung erfolgt hier keine strenge analysierende Darstellung, vielmehr handelt es sich um eine freie, **assoziative** und **betont subjektiv**-reflektierende Form des Erörterns, welche folglich keinen Anspruch auf Vollständigkeit oder gar wissenschaftliche Systematik erhebt. Zudem stellt der Essay keine fest umrissene Textsorte dar, wodurch sich dem Verfasser viele sprachlich-stilistische Gestaltungsmöglichkeiten eröffnen. Auffällig ist jedoch die meist geschliffene, **pointierte,** ironische, provokative oder aphoristische **Sprache.**
Der Essay enthält in der Regel keine neuen Fakten, sondern Bekanntes aus einer anderen Sichtweise. Das Ziel ist dabei nicht, den Leser von einer bestimmten Meinung zu überzeugen. Ein Essay stellt vielmehr den Versuch dar, beim Leser **Denkanstöße** auszulösen, ihn zur Reflexion über eine bestimmte Problemstellung anzuregen. Aus diesem Grund werden in einem Essay häufig sogar verschiedene Denk- und Lösungsmöglichkeiten durchgespielt, wodurch eine **mehrperspektivische** Auseinandersetzung mit dem Thema stattfindet.

Tipps zum Verfassen eines Essays

1. Legen Sie ein Rahmenthema fest (z. B. „Single-Dasein: Glück oder Unglück?").
2. Notieren Sie Ihre ersten Assoziationen zum Thema.
3. Recherchieren und sammeln Sie Texte, Schaubilder, Karikaturen usw., welche zu Ihrem Thema passen.
4. Erstellen Sie ein Dossier (franz. *dossier* = Datei), indem Sie ein Bewertungsraster entwerfen und mithilfe dessen die ergiebigsten bzw. verwertbaren Materialien auswählen.
5. Werten Sie Ihr Dossier aus, indem Sie das ausgewählte Material in Form von Abstracts (= kurze, nicht wertende Zusammenfassung eines Textes zur Orientierung des Lesers) zusammenfassen.
6. Führen Sie Stilübungen durch, indem Sie Paralleltexte zu kürzeren Essays verfassen.
7. Verfassen Sie Ihren eigenen Essay. Achten Sie dabei auf einen möglichst kunstvollen Schreibstil, indem Sie die für diese Textsorte gängigen rhetorischen Figuren (Metapher, Allegorie, Vergleich, Antithese, Paradoxon, Hyperbel, rhetorische Frage, Repetitio und Wortspiel) gezielt einsetzen.

- *Verfassen Sie einen Essay zu einer von Ihnen selbst gewählten Problemstellung, welche sich für Sie aus der Romanhandlung ergibt.*

Grundlagen der Erzähltheorie

Die Literaturwissenschaft bedient sich verschiedenster Kriterien, um die Struktur epischer Texte zu analysieren und auf diese Weise vergleichbar zu machen. Im Folgenden werden die in diesem Zusammenhang bedeutsamen Grundbegriffe der Erzähltheorie kurz erläutert.

1 Zeitstruktur

Im Hinblick auf die Zeitstruktur epischer Texte wird in der Erzähltheorie zwischen **Erzählzeit** und **erzählter Zeit** unterschieden.

- Erzählzeit = Dauer des Lesens, Lesezeit
  (Diese ist von der Anzahl der Druckseiten, der Lesekompetenz usw. abhängig und somit individuell verschieden.)
- Erzählte Zeit = Zeitraum der erzählten Handlung

Diese setzt der Autor eines epischen Textes zueinander in Beziehung – je nachdem, welche Wirkung er beabsichtigt:

- zeit**deckendes** Erzählen = Erzählzeit = erzählte Zeit
  Die zur Lektüre verwendete Zeit entspricht der Zeit des erzählten Vorgangs. Dies gewährleistet ein hohes Maß an Authentizität, da der Leser das Geschehen unmittelbar miterleben bzw. nachempfinden kann.
- zeit**dehnendes** Erzählen = Erzählzeit > erzählte Zeit
  Die Erzählzeit ist länger als die erzählte Zeit. Hierdurch wird die Aufmerksamkeit des Lesers auf das aktuelle Ereignis gelenkt, dem eine besondere Bedeutung im Hinblick auf den gesamten Handlungsverlauf beizumessen ist.
- zeit**raffendes** Erzählen = Erzählzeit < erzählte Zeit
  Die Erzählzeit ist (meist deutlich) kürzer als die erzählte Zeit. Die für das Verständnis der weiteren Handlung erforderlichen Eckdaten werden kurz zusammengefasst, Unwesentliches wird ausgelassen. Der Gang der Handlung wird auf diese Weise bewusst vorangetrieben, um möglichst schnell zu einem bedeutsamen Ereignis zu gelangen.

2 Erzähltechnik

Epische Texte zeichnen sich dadurch aus, dass in der Regel eine in der Zeit fortschreitende Handlung dargestellt wird. Diese wird von einem **Erzähler** geschildert, der für den Leser mehr oder weniger erkennbar ist. Er ist vom Autor des Werkes zu trennen, auch wenn z. B. autobiografische Erfahrungen verarbeitet werden oder der Erzähler Ähnlichkeiten mit dem Autor aufweist.

2.1 Erzählform

Der Erzähler kann zwei Erzählformen benutzen, nämlich die **Ich-Erzählung** oder die **Er-** bzw. **Sie-Erzählung**.

- Ich-Erzählung = Der Erzähler tritt hierbei selbst in Erscheinung, spricht von sich und verwendet das Personalpronomen 1. Person Singular.
- Er-/Sie-Erzählung = Der Erzähler berichtet über andere in der 3. Person Singular und tritt selbst in den Hintergrund.

2.2 Erzählperspektive und Erzählerstandort

Wie der Leser das Erzählte wahrnimmt, hängt ganz wesentlich von der **Erzählperspektive** und dem **Erzählerstandort** ab, die innerhalb eines Textes durchaus wechseln können.
In Bezug auf die Erzählperspektive wird zwischen der *Außen-* und der *Innensicht* unterschieden:

- Außensicht = Der Erzähler kann sich auf das beschränken, was er als Betrachter von außen wahrnehmen kann.
- Innensicht = Der Erzähler kann in die Figuren hineinsehen und ihre Wahrnehmungen, Gedanken und Gefühle mitteilen. Auf diese Weise vermittelt er dem Leser das Gefühl, unmittelbarer am Geschehen teilzuhaben.

Darüber hinaus ist es wichtig, welchen *Standort* der Erzähler zum erzählten Geschehen einnimmt:

- Distanz = Der Erzähler steht außerhalb der von ihm erzählten Welt und berichtet von der Handlung als Unbeteiligter. Er hat zumeist den Überblick über die gesamte Handlung und kennt deren Vorgeschichte und Fortgang (olympischer bzw. allwissender Erzähler).
- Nähe = Der Erzähler ist nah am Geschehen und hat in der Regel eine eingeschränkte Perspektive auf die Figuren und die Handlung.

2.3 Erzählverhalten

Es werden folgende Verhaltensweisen des Erzählers unterschieden, die innerhalb eines Textes auch wechseln können:
Auktoriales Erzählverhalten (lat. *auctor* = Urheber, Verfasser)
Der Erzähler tritt deutlich hervor, indem er das erzählte Geschehen arrangiert und kommentiert und sich dabei auch direkt an den Leser wendet. Der auktoriale Erzähler weiß in der Regel mehr als die handelnden Figuren, überblickt das Geschehen und gibt dem Leser Hinweise auf Geschehnisse, die vor der erzählten Handlung liegen oder erst später ausgeführt werden. Der Erzählerstandort ist meistens der des allwissenden Erzählers.
Personales Erzählverhalten
Der Erzähler beschränkt sich auf die Sicht einer oder mehrerer Figuren. Der Leser erlebt das Geschehen sowie die Wahrnehmungen, Gedanken und Gefühle der handelnden Figur(en) scheinbar unmittelbar aus deren Sicht und tritt hinter die Figur(en) zurück.
Neutrales Erzählverhalten
Der Erzähler stellt das Geschehen als unbeteiligter Beobachter dar. Er wird vom Leser in der Regel nicht bemerkt und konzentriert sich auf die äußerlich wahrnehmbaren Vorgänge.

2.4 Erzählhaltung

Der Erzähler kann dem von ihm erzählten Geschehen und den von ihm dargestellten Figuren **neutral** gegenüberstehen, er kann aber auch eine **wertende Einstellung** einnehmen. Diese kann zustimmend oder ablehnend, ironisierend, satirisch, kritisch oder humorvoll sein.

2.5 Darbietungsformen

Der Erzähler kann das Geschehen auf verschiedene Weise darbieten: Grundlegend ist hier zwischen **Erzählerbericht** und **Personenrede** zu unterscheiden:

- **Erzählerbericht** = Diese Textpassagen sind für den Leser als Äußerungen des Erzählers erkennbar, denn der Erzähler berichtet, beschreibt, kommentiert und/oder erörtert die Handlung.

- **Personenrede** = Die Äußerungen (einschließlich der unausgesprochenen Gedanken und Empfindungen) erfolgen direkt von der jeweiligen Figur der Handlung bzw. wird unmittelbar von ihr wiedergegeben.

Bei beiden Darbietungsformen gibt es wiederum mehrere Ausprägungen, die im Folgenden skizziert werden.

Erzählerbericht

- **Episches Präteritum** = Der Erzähler berichtet rückblickend über ein für die Figur gegenwärtiges oder zukünftiges Geschehen.
  Beispiel: Morgen wurde die Hochzeit gefeiert. Sabine war plötzlich unsicher.
- **Historisches Präsens** = Der Erzähler holt ein für ihn vergangenes, für die Figur hingegen gegenwärtiges oder zukünftiges Geschehen in die Gegenwart, wodurch Spannung erzeugt wird.
  Beispiel: Es schlug zwölf Uhr, als Sabine in ihr Brautkleid schlüpft.
- **Indirekter Erzählerbericht** = Der Erzähler gibt das Geschehen, welches ihm von einem anderen berichtet wurde, indirekt, d. h. im Konjunktiv, wieder. Dadurch wird ein Höchstmaß an Distanz zum Erzählten erreicht.
  Beispiel: Nur ihrer Trauzeugin habe die Braut anvertraut, dass ihr eine ganz intime Feier eigentlich viel besser gefalle.

Personenrede

- **Direkte Rede** = Die Aussage einer Figur wird mit unverändertem Wortlaut wiedergegeben und in der Regel mit Anführungszeichen gekennzeichnet.
  Beispiel: „Das gefällt mir“, meinte Sabine.
- **Indirekte Personenrede** = Der Erzähler gibt die Aussage einer Figur indirekt, d. h. im Konjunktiv, wieder, um Distanz zum Geschehen zu schaffen.
  Beispiel: Sabine meinte, es werde ihr gefallen.
- **Innerer Monolog** = Die Figur führt ein Selbstgespräch, d. h. die Gedanken und Gefühle werden in der 1. Person Singular und ohne Vermittlung durch den Erzähler wiedergegeben.
  Beispiel: Das wird mir gefallen, dachte sie.
- **Bewusstseinsstrom** *(stream of consciousness)* = Bei dieser Sonderform des inneren Monologes werden nicht nur die bewussten Gedanken der Figur wiedergegeben, sondern auch deren unbewussten inneren Vorgänge (z. B. Erinnerungen, Assoziationen, Gedankenbruchstücke, Träume usw.), weshalb der Bewusstseinsstrom frei von grammatischen und syntaktischen Regeln ist.
- **erlebte Rede** = Die Gedanken der Figur werden im Präteritum in der 3. Person Singular wiedergegeben. Erzählerbericht und Personenrede werden auf diese Weise miteinander vermischt, wodurch dem Leser das unmittelbare Miterleben des Geschehens ermöglicht wird.
  Beispiel: Ob es ihr wohl gefallen wird? Das wusste sie nicht genau. Wie sollte sie es bloß herausfinden?

Peter Stamm: Literatur muss nackt sein

Mein Stil

Ich sei ein Stilist, ist eine der zehn häufigsten Formulierungen aus den Kritiken meiner Bücher, und es ist jene, mit der ich am meisten Mühe habe. Dabei scheint die Formulierung durchaus freundlich gemeint zu sein. Ein Stilist ist laut Duden einer, der „die sprachlichen Ausdrucksmittel beherrscht", und was möchte ein Autor lieber über sich hören. Dass mir das Wort trotzdem nicht behagt, hat mit seiner handwerklichen Seite zu tun. Wer die Sprache beherrscht, gebraucht sie und kommt schnell in den Verdacht, sie zu missbrauchen. Ich habe das oft genug getan, redend häufiger als schreibend, aber dabei ist nie Literatur entstanden. Und neben einem selbstgefälligen Stolz über das eigene Raffinement blieb immer ein schales Gefühl zurück.

Letztes Jahr nahm ich an einem Festival in Sarajevo teil. Am Schluss des kurzen Besuchs in der kriegsversehrten Stadt wurden wir gebeten, einen Text über unsere Erlebnisse zu verfassen. Ein bekannter irischer Kollege – der sich während des Bosnienkrieges so wenig engagiert hatte wie ich – lieferte innerhalb weniger Tage einen herzzerreißenden (und zutiefst amoralischen) Text ab über ein im Kugelhagel des Krieges sterbendes Kind. Mein eigener Text begann – durchaus als Antwort auf den Kollegen – mit dem Satz: „Ich will nicht über Sarajevo schreiben." Er handelte nicht von Bosnien und dem Krieg, sondern von mir und der Rhetorik des Krieges und des Friedens. Natürlich war der Text des Iren willkommener als meiner.

Der Stil, scheint mir, definiert die Distanz zwischen dem Text und dem Autor, so wie der Kleidungsstil jene zwischen dem angezogenen und dem nackten Menschen. Aber Literatur muss immer auch nackt sein, der Körper muss unter der Hülle spürbar bleiben, seine Wärme, seine Formen, seine Lebendigkeit. Was uns an großen Stilisten wie Thomas Mann, Musil, Joyce – und auf komplizierte Weise auch an Robert Walser – brillant erscheint, ist vielleicht, dass ihre Sprache nie Selbstzweck ist, sondern ihren Gegenstand enthüllt. Diese Autoren beherrschen die Sprache, aber sie werden zugleich von ihr beherrscht. Wäre das nicht so, kein Mensch würde heute noch ihre Bücher lesen.

Ich habe, wie jede Autorin, wie jeder Autor einen Stil, so wie jede und jeder von uns eine Stimme hat, eine Sprache, einen Akzent. Aber wenn wir uns ausdrücken, kann das ebenso gut auf Bern-, auf Zürich- wie auf Hochdeutsch sein, solange wir verstanden werden, macht die Sprache keinen Unterschied. Die Qualität eines Schriftstellers misst sich nicht daran, wie groß sein Wortschatz ist, wie lang und komplex seine Sätze sind. Die Qualität ergibt sich aus der Übereinstimmung von Person und Werk (allerdings nicht in einem biografischen Sinn). Was zählt, ist keine faktische Wahrheit, sondern die Wahrhaftigkeit. Vielleicht war es das, was Felicitas Hoppe meinte, als sie sagte: „Stil ist, wenn man es nicht merkt." Eine Kritikerin meinte einmal, sie wünsche sich in meinen Texten mehr Nebensätze, ein Wunsch, der so sinnvoll ist wie jener, Liz Taylor hätte blond sein sollen.

Meine Texte fingen an etwas zu taugen, als ich aufhörte, an meinen Stil zu denken. Ich hadere mit jedem Wort, jedem Satzzeichen, überarbeite meine Geschichten zwanzig, dreißig Mal oder öfter. Aber ich denke dabei nicht an die Sprache, nicht an den Stil. Ich entblöße mich mit dem Risiko, lächerlich zu erscheinen. Ich will die Sprache nicht missbrauchen, nicht verraten, nicht benutzen. Vielleicht ist das mein Stil.

Aus: Stamm, Peter: Literatur muss nackt sein. Mein Stil. In: Neue Zürcher Zeitung vom 26. September 2009

1. *Geben Sie Peter Stamms Auffassung darüber, wie Literatur beschaffen sein sollte, wieder.*
2. *Nehmen Sie kritisch zur Position des Autors Stellung. Beziehen Sie dabei Ihre Werkkenntnisse zum Roman „Agnes" in Ihre Überlegungen ein.*

Hintergrundinformationen zu ausgewählten Werken

William Shakespeare: Sonnet 18 (1609)

Text 1: Sonnet 18

Shall I compare thee[1] to a summer's day?
Thou[2] art more lovely and more temperate:
Rough[3] winds do shake the darling buds[4] of May,
And summer's lease hath[5] all too short a date:
Sometime too hot the eye of heaven shines,
And often is his gold complexion[6] dimmed[7],
And every fair[8] from fair sometime declines[9],
By chance, or nature's changing course untrimmed[10];
But thy eternal summer shall not fade,
Nor lose possession[11] of that fair thou ow'st[12],
Nor shall death brag[13] thou wand'rest in his shade,
When in eternal lines to time thou grow'st,
So long as men can breathe or eyes can see,
So long lives this, and this gives life to thee.

Aus: Shakespeare, William: Sonnet 18. In: Schuenke, Christa: Shakespeare: Die Sonette. Zweisprachige Ausgabe. Deutscher Taschenbuch Verlag. München 2009, S. 24

Text 2: Sonett 18

Soll ich dich einem Sommertag vergleichen?
Nein, du bist lieblicher und frischer weit –
Durch Maienblüten raue Winde streichen
Und kurz nur währt des Sommers Herrlichkeit.
Zu feurig oft lässt er sein Auge glühen,
Oft auch verhüllt sich seine goldne Spur,
Und seiner Schönheit Fülle muss verblühen
Im nimmerruh'nden Wechsel der Natur.
Nie aber soll *dein* ewiger Sommer schwinden,
Die Zeit wird deiner Schönheit nicht verderblich,
Nie soll des neidischen Todes Blick dich finden,
Denn fort lebst du in meinem Lied unsterblich.
So lange Menschen atmen, Augen sehn,
Wirst du, wie mein Gesang, nicht untergehn.

Aus: Shakespeare, William: Sonett 18. Ins Deutsche übersetzt von Friedrich Bodenstedt (1866). Zitiert nach URL: www.deutsche-liebeslyrik.de/europaische_liebeslyrik/shakespeare/shakespeare_18.htm (Stand: 2011-08-31), Schreibung modernisiert

1 thee = alte Form von „you"; dich
2 thou = alte Form von „you"; du
3 rough = rau
4 bud = Knospe
5 hath = alte Form von „has"; hat
6 complexion = Teint
7 dim = schwach, dunkel (Lampe)
8 fair = Messe
9 decline = Rückgang
10 untrimmed = unbeschnitten
11 possession = Besitz
12 to owe = schulden
13 to brag = prahlen

Text 3:

Die europäische Sonettdichtung, die in der Renaissance zu einer literarischen Mode und Manie wurde, hat ihren Ursprung im *Canzoniere*[14] von Petrarca. Sir Th. Wyatt und Henry Howard, Graf von Surrey, führten das Sonett in England ein, wo es meist eine von der italienischen verschiedene Form annahm: drei kreuzweise gereimte Strophen schließen mit einem paarweise gereimten Couplet ab (abab cdcd efef gg). Dadurch ergibt sich eine Tendenz zur Schlusspointe.
In den 90er-Jahren des 16. Jahrhunderts stand die Sonettmode in England auf ihrem Höhepunkt. [...] Die 154 Sonette [von William Shakespeare] gliedern sich in Gruppen. Die ersten 17 richten sich an einen schönen jungen Mann und fordern ihn auf, Nachkommenschaft zu erzeugen (die „Prokreations-Sonette"[15]); 18 bis 126 schildern die Gefühle, die der Autor in verschiedenen Situationen für den jungen Mann empfindet; 127 bis 152 handeln von einer „dunklen Dame", die der Dichter heftig liebt, ohne von ihrer Schönheit und ihrem sittlichen Wert überzeugt zu sein. Die beiden letzten Sonette sind konventionelle Tändeleien[16] über Cupido[17]. [...]
[Der] junge Mann und die dunkle Dame sind nicht identifizierbar; alle Versuche, aus den Sonetten einen Herzensroman zu konstruieren, bleiben spekulativ [...]. Die dichterische Qualität der Sonette, die mit den biografisch-psychologischen Deutungen nur wenig zu tun hat, ist nicht einheitlich; einige von ihnen gehören zum festen Bestandteil englischer Lyrikanthologien[18], einige, und nicht immer die populärsten, erstaunen durch ihre sprachliche Kraft, durch die Tiefe des Empfindens, andere wirken auf viele heutige Leser gekünstelt, wieder andere setzen zwar mächtig ein, enden aber sentenziös und floskelhaft. Demnach geht von allen eine starke Faszination aus, und dies vielleicht nicht nur deswegen, weil Shakespeare hier einmal persönlich redet oder zu reden scheint.

Aus: Kleinstück, Johannes: Sonette von William Shakespeare. In: Wilpert, Gero von Wilpert (Hrsg.), Lexikon der Weltliteratur. 3. Auflage, S. 1120f., Alfred Kröner Verlag, Stuttgart 1993

14 Canzoniere = Gedicht-Zyklus von Petrarca, welcher überwiegend aus Sonetten besteht und dabei meist die Liebe thematisiert
15 procreation (engl.) = Fortpflanzung
16 tändeln = etwas in eher spielerisch-leichter als in ernsthafter Weise machen; schäkern, flirten
17 Cupido (eigentlich Kupido) = veraltete Bezeichnung für sinnliche Begierde, Verlangen
18 Anthologie = Sammlung ausgewählter literarischer Texte (Lyrik oder Epik)

Hermann Hesse: Siddhartha (1922)

Der Text verwebt legendäre Fragmente aus dem Leben Buddhas mit fiktionalen Handlungselementen zu einem psychologisch-religiösen Entwicklungsroman, der in Indien zur Zeit des Religionsstifters spielt. Der Brahmanensohn Siddhartha weiß um das Wesen der Erleuchtung als Koinzidenz[1] von Einzelseele und Weltseele (Atman und Brahman), erkennt aber, dass die traditionellen Lehren und Riten der Brahmanen ihn nicht vom Wissen zum Erleben führen können. Daraufhin verlässt er zusammen mit seinem Freund Govinda das Elternhaus und schließt sich der Asketenschule der Samanas an. Aber das Experiment scheitert: Siddhartha muss erkennen, dass Erleuchtung nicht das Resultat einer bloßen Willensanstrengung ist. Enttäuscht ziehen die beiden Freunde weiter und suchen den berühmten Buddha auf. Während Govinda sich seinen Jüngern anschließt, insistiert[2] Siddhartha trotz seiner Bewunderung für den Erleuchteten in einem Gespräch mit dem Meister auf seinem eigenen Weg zum Heil: „Ich habe nicht einen Augenblick gezweifelt, dass du Buddha bist, dass du das Ziel erreicht hast. [...] Es ist dir geworden aus deinem eigenen Suchen. [...] Nicht ist es dir geworden durch Lehre! Keinem wird Erlösung zuteil durch Lehre."
Im Einklang mit diesem individualistischen Bekenntnis und seiner Einsicht in die Insuffienz[3] des Geistes sucht Siddhartha den Weg ins Leben und wird der Geliebte der Kurtisane Kamala. Um die materiellen Wünsche der verwöhnten Halbweltdame befriedigen zu können, tritt er in die Dienste des Händlers Kamaswami und wird Kaufmann. Zunächst in philosophischer Distanz zur Sphäre des Ökonomischen, verliert er mit der Zeit alle Überlegenheit und Würde und verfällt hemmungslos der Raffgier, dem Glücksspiel und dem Alkohol.
Auf dem Höhepunkt der Selbstentfremdung, des Lebensekels und der Verzweiflung verlässt er Kamala und will seinem Leben ein Ende setzen. Aber gerade in dem Moment, als er bereit ist, sich ins Wasser fallen zu lassen, erfährt er ein visionäres Wiedergeburtserlebnis. Erschüttert begreift er die Zusammenhänge: „Ich habe Verzweiflung erleben müssen, ich habe hinabsinken müssen bis zum törichtesten aller Gedanken, zum Gedanken des Selbstmords, um Gnade erleben zu können, um wieder Om zu vernehmen." Er bleibt an dem Fluss, der ihm ein neues Leben geschenkt hat, und wird Gehilfe des weisen alten Fährmannes Vasudeva.
Nach langen Jahren der Einsamkeit, der Meditation und einer anspruchslosen Lebensführung meint Siddhartha schließlich, das Wesen der Weisheit verstehen zu können: „Es war nichts als eine Bereitschaft der Seele, eine Fähigkeit, eine geheime Kunst, jeden Augenblick, mitten im Leben, den Gedanken der Einheit denken, die Einheit fühlen und einatmen zu können." Als schließlich die altgewordene Kamala zu ihm kommt, in seinen Armen stirbt und ihm ihren gemeinsamen Sohn zurücklässt, wird jedoch der vermeintlich weise Siddhartha plötzlich in die Vaterschaft gezwungen und muss die schmerzliche Erfahrung machen, dass auch im Verhältnis zum eigenen Kind Weisheit nicht lehrbar ist: Der Sohn verlässt den Vater und geht seinen eigenen Weg – wie einst Siddhartha selbst.
Als am Ende der Erzählung der ewige Sucher Govinda auftaucht und Siddhartha um seine Einsichten befragt, helfen auch hier die Worte nicht weiter; erst als Govinda seinen alten Freund bewundernd küsst, erkennt auch er in Siddharthas Gesicht jene Einheit in der Vielheit, die nach der Meinung des Dichters das Wesen des Erleuchteten und der Weisheit ausmacht.

Artikel zu Hermann Hesse, Siddhartha. Kindlers Neues Literaturlexikon in 20 Bänden. Herausgegeben von Walter Jens.

Ernest Hemingway: A Farewell to Arms (1929)

Der Protagonist Lieutenant Frederic Henry ist amerikanischer Freiwilliger an der italienischen Front im Ersten Weltkrieg. Er wird verwundet und verliebt sich im italienischen Lazarett in die britische Krankenschwester Catherine Barkley, deren Verlobter gefallen ist. Durch seine Liebe entdeckt er einen dritten Weg zwischen dem hedonistischen[4] Treiben der anderen Offiziere in Bordellen und Bars, an dem er keine Befriedigung findet, und dem religiösen Leben, zu dem ihn der Feldpriester bewegen will.
Unter dem Eindruck des katastrophalen italienischen Rückzugs nach der Schlacht von Caporetto (November 1917), in dessen Verlauf er knapp der Erschießung durch die Carabinieri[5] entgeht, entschließt sich Frederic zur Desertion[6]. Mit der schwangeren Catherine flieht er nachts über den Lago Maggiore in die Schweiz. Nach wenigen glücklichen Wochen stirbt Catherine im Kindbett. Auch das Baby ist tot. Frederic bleibt leer und allein zurück.

---

[1] Koinzidenz = Zusammenfallen bzw. Zusammentreffen mehrerer Ereignisse, Dinge o. Ä.
[2] insistieren = auf etwas bestehen, beharren
[3] Insuffizienz = Unzulänglichkeit, Unvermögen

[4] Hedonismus = in der Antike begründete philosophische Lehre, nach der das höchste ethische Prinzip das Streben nach Sinneslust und -genuss ist und Glück in der dauerhaften Erfüllung individueller physischer und psychischer Lust gesehen wird
[5] Carabinieri = Mitglieder der italienischen Polizeitruppe, welche dem Verteidigungsministerium unterstellt ist
[6] desertieren = fahnenflüchtig werden, die Truppe verlassen (um eventuell zum Feind überzulaufen)

„In einem anderen Land“[1] erzählt zwei Geschichten. An der Oberfläche handelt es sich um eine tragische Liebesgeschichte. Dahinter verbirgt sich die Suche der Figuren nach einem Sinn im Leben, kompliziert durch die Erwartungen und Konventionen ihrer Umwelt sowie die allgegenwärtige Bedrohung durch den Tod. So gibt Frederic anfänglich dem Drängen seiner Kameraden nach, sich in das wüste Nachtleben zu stürzen. Er gaukelt sich vor, die Suche nach sinnlicher Befriedigung sei das einzig Wahre auf der Welt – obwohl er im Unterbewusstsein Leere verspürt.
Für die Religion kann er sich nicht bewusst entscheiden. So widmet er sich dem gerechten Krieg – und erfährt die Dummheit und Gewalt der eigenen Anführer, die aus der Etappe die Hinrichtung von Frontoffizieren befehlen, die ihre Männer vor der feindlichen Übermacht retten wollen. Auch Catherine ist auf der Suche nach Sinn und Existenz. Sie empfindet Schuld und Versäumnis zugleich, da sie sich auf Grund der Konventionen nie mit ihrem Verlobten vereinte. Sinnlichem Verlangen will sie sich trotzdem nicht hingeben, doch öffnet sie sich Frederic, nachdem er sie von seiner Liebe überzeugt hat. Beide hoffen, ein neues, erfülltes Leben als Familie zu finden.
Hemingway verwendet wiederholt die Symbolik der Wiedergeburt, insbesondere bei den Fluchtszenen. Frederic entkommt den Carabinieri durch einen Sprung in den reißenden Tagliamento-Fluss, der ihn weit fortträgt. Als er später den Fluten entsteigt, liegt sein altes Leben hinter ihm – er ist geläutert, neugeboren und getauft. Der Abschied von den Waffen, den Frederic beschließt [vgl. Originaltitel], bedeutet den Abschied von seinem bisherigen Leben. Auch die nächtliche Fahrt über den Lago Maggiore symbolisiert das Überschreiten einer mythischen Schwelle in ein neues Leben.
Im Gegensatz zum vorangehenden Werk „Fiesta“, das eine fast durchgehende Leere der Charaktere zeigt, deren Sinnsuche nie befriedigt wird, ist „In einem anderen Land“ wesentlich tragischer – Frederic findet seine Erfüllung, um sie nach kurzer Zeit wieder zu verlieren. Im Sinne des Hemingway-Ethos bedeutet diese Entwicklung aber nicht, dass der Mensch sich einem Leben mit Enttäuschungen und Verlusten entziehen soll. Vielmehr gehen Frederic und vor allem Catherine, die bereits den Tod ihres Verlobten erfahren hat, bewusst ein Risiko ein. Sie erkennen die Realität des Lebens und stellen sich ihr, wohl wissend, dass es keine Garantien gibt.

Sidney E. Dean: Ernest Hemingway. In: Kritisches Lexikon zur fremdsprachigen Gegenwartsliteratur. Band 5, S. 8f. edition text + kritik, München 2002

1 In einem anderen Land = deutscher Titel des englischsprachigen Kriegsromans

Dylan Thomas: A Refusal to Mourn the Death, by Fire, of Child in London (1945)

Der Dichter verfasste das folgende Gedicht nach den Bombenangriffen der deutschen Luftwaffe auf London im Zweiten Weltkrieg, welche im englischen Sprachgebrauch als „The Blitz“ bezeichnet werden. Hierunter werden insbesondere diejenigen Angriffe zwischen dem 7. September 1940 und dem 16. Mai 1941 verstanden, mit denen Hitler die Briten zum Kriegsaustritt bewegen wollte.
Das NS-Regime erreichte zwar dieses Ziel letztlich nicht, gleichwohl erwies sich die Luftverteidigung Londons schon nach kurzer Zeit als zu schwach, denn bereits der erste Angriffstag kostete über 400 Menschen das Leben und zog weitere 1.500 Verletzte nach sich.

Text 1: Dylan Thomas: A Refusal[2] to Mourn[3] the Death, by Fire, of Child in London

Never until the mankind[4] making
Bird beast and flower
Fathering[5] and all humbling[6] darkness
Tells with silence the last light breaking
And the still hour
Is come of the sea tumbling in harness[7]

And I must enter again the round
Zion of the water bead[8]
And the synagogue of the ear of corn[9]
Shall I let pray the shadow of a sound
Or sow my salt seed[10]
In the least valley of sackcloth[11] to mourn

The majesty and burning of the child's death.
I shall not murder
The mankind of her going with a grave[12] truth
Nor blaspheme[13] down the stations of the breath
With any further
Elegy of innocence[14] and youth.

Deep with the first dead lies London's daughter,
Robed[15] in the long friends,
The grains[16] beyond age, the dark veins[17] of her mother,

2 refusal = Weigerung, Ablehnung
3 to mourn = trauern um
4 mankind = Menschheit
5 fathering = Zeugung, Vaterschaft
6 humbling = demütigend
7 tumbling in harness = in der Rüstung taumelnd
8 bead = Perle
9 ear of corn = Ähre
10 seed = Same(n)
11 sackcloth = Sackleinen
12 grave = ernst
13 blaspheme = lästern; Gotteslästerung
14 elegy of innocence = Klagegesang der Unschuld
15 robed = eingekleidet, eingepackt
16 grain (eigentlich kein Plural möglich) = Getreide, Korn
17 vein = Ader

Secret by the unmourning water
Of the riding Thames.
After the first death, there is no other.

Aus: Thomas, Dylan: A Refusal to Mourn the Death, by Fire, of Child in London. In: Thomas, Dylan: The poems of Dylan Thomas. New Directions Bock. New York 1971, S. 191 f.

Text 2

Nichts Schöneres als die Legende. Nichts Banaleres als deren liebste Nachbarin, das Klischee: „Ich bin ein Waliser; ich bin ein Trinker; ich bin ein Menschenfreund, vor allem liebe ich die Frauen", schrieb Dylan Thomas, der rhapsodische Dichter aus Wales, über sich selbst. Und alle schrieben hinterher: Er war ein Waliser, er war ein Trinker, er war ein Frauenheld. Dylan Thomas tat ihnen dann den Gefallen, diese Zeilen immer wieder lebend zu bestätigen. Trunkenheit, Schulden, Liebe, Prügeleien, hektische Reisen zum Geldverdienen und die sehnsüchtige Rückkehr in die blaue Holzhütte über dem Fischerdorf in Wales gehörten zu den Ritualen eines Mannes, der sich lustvoll qualvoll selbst zerstörte und am 9. November 1953 in New York starb. 39 Jahre war er alt geworden. Seine Frau Caitlin, die den Toten nach Wales holte, betrank sich auf der Schiffsreise so anhaltend, dass sie aus dem Passagierdeck in den Laderaum umquartiert wurde. Die Matrosen spielten Karten auf dem Sarg von Dylan. So heißt es. Und wenn wir nicht schon die andere, die allerschönste Geschichte von Suff und Sarg kennen würden, Joyces „Finnegans Wake"[1], dann wäre es eine schöne Legende.

Mit elf Jahren schon soll Dylan Thomas die ersten Gedichte geschrieben haben, und wir halten es für keine Legende, denn Sprache war nicht seine zweite, sondern seine erste Natur. Ein Waliser unter seinesgleichen und in seinem Element. [...] Ein „Spiel für Stimmen" hatte Dylan Thomas sein Stück „Unter dem Milchwald" im Untertitel genannt, den Lobgesang auf das Dorf in Wales, ein Hörspiel und Theaterstück, dessen Aufführung er selber nicht mehr erlebt hatte. [...] Dylan Thomas selber war nicht nur ein großer Sprachkünstler, er muss auch ein Sprechzauberer gewesen sein. Er war als Rezitator begehrt bei der BBC und reiste als umjubelter Vorleser der eigenen Werke durch England und Amerika. Bei der szenischen Urlesung von „Under Milkwood" in New York hatte er selber den Part der „Ersten Stimme" übernommen, den ersten Satz, die Gottvaterrolle: „Es ist Frühling, mondlose Nacht in einer kleinen Stadt, sternlos und bibelschwarz, die Kopfsteinpflasterstraßen still, und der geduckte Liebespärchen- und Kaninchenwald humpelt unsichtbar hinab zur schlehenschwarzen, zähen krähenschwarzen, fischerbootschaukelnden See."

Der Dramatiker lyrisch, der Lyriker dramatisch, der Poet als Stimmenimitator, der Rhetor als Dichter. So weit, so wunderbar. Und ein bisschen kennen wir diesen Expressionismus der Nachkriegsgeneration auch von Wolfgang Borchert, dessen „Unter dem Milchwald" aber „Draußen vor der Tür" hieß und der noch jünger starb als Thomas und viel zu krank war, um sich betrinken zu können. Von John Donne, dem kühn formulierenden metaphysical poet des frühen 16. Jahrhunderts, oder auch von Shakespeare haben die Rezensenten gesprochen. Aber [...] Dylan Thomas war ein Rhapsode in eigener Machtvollkommenheit. „Männer sollten mit zwei Werkzeugen ausgestattet sein, und des Poeten drittes Bein ist sein Bleistift", schrieb der Dichter in seiner Rolle als Mann. „Ich, bildverwickelt, schreite auf zwei Schichten", fängt eines seiner Gedichte an, seine Rolle als Dichter beschreibend. Aber das ist eine Untertreibung. Denn Thomas war nicht nur bildverwickelt, er war bildverbuhlt, und er schritt nicht auf zwei Ebenen, sondern er wanderte über Berg und Tal, stolperte durch Dreck und Träume der Wörter, der Klänge und Bilder. Und Wales war es, wo er alles fand, was er brauchte und noch viel mehr. Alle seine Gedichte enthalten ein Stück von ihm: eine Frau, die er geliebt, Meeresgischt, die er auf der Haut gespürt, einen Fisch, den er gerochen, Laub, in dem er gelegen, Kormorane, die er gesehen, einen Tod, den er miterlebt hatte. Wilde Wörter, endlos. [...]

In Gedichten [...], in denen Thomas ein Bild, ein Thema, eine Erinnerung umkreist, ohne sie gleich durch seinen mächtigen Atem zu bedrängen, fangen seine Wörter und Sätze an zu leuchten, werden, wie er es von einem gelungenen Gedicht forderte, „ein Beitrag zur Wirklichkeit". Die Wörter können blühen und wachsen, aber sie können auch blitzen, irrlichtern, Kopfstand machen, Mesalliancen[2] eingehen. Denn die frei fließenden Verse von Dylan Thomas haben nicht nur ihre eigene Zärtlichkeit und ihr eigenes Pathos, sondern auch ihre eigene Komik.

Oft allerdings erschlägt ein Wortkatarakt[3] den anderen, wuchern die Metaphern wie Krebs, ohne Anfang und Ende, von nirgendwo nach nirgendwo. „Ich bin ein verrückter Benutzer von Worten, kein Dichter", schrieb Thomas in einem Brief an Pamela Hansford Johnson. Er war wohl beides.

Aus: Petra Kipphoff: Wilde Wörter. Die Gedichte von Dylan Thomas. In: DIE ZEIT Nr. 50 vom 04.12.1992

[1] Finnegans Wake = letzter Roman des irischen Autors James Joyce, welcher als eines der bemerkenswertesten, aber auch am schwersten verständlichen Werke der Literatur des 20. Jahrhunderts gilt, was insbesondere in der selbst kreierten Sprache begründet ist, bei der er englische Wörter neu zusammenfügt, umbaut, trennt oder auch mit Lehnwörtern mischt

[2] Mesalliance = Ehe bzw. eheähnliche Lebensgemeinschaft nicht zusammenpassender Partner; früher: nicht standesgemäße Ehe

[3] Katarakt = Stromschnelle, Wasserfall

Ablauf der Methode des Gruppenpuzzles (Folie)

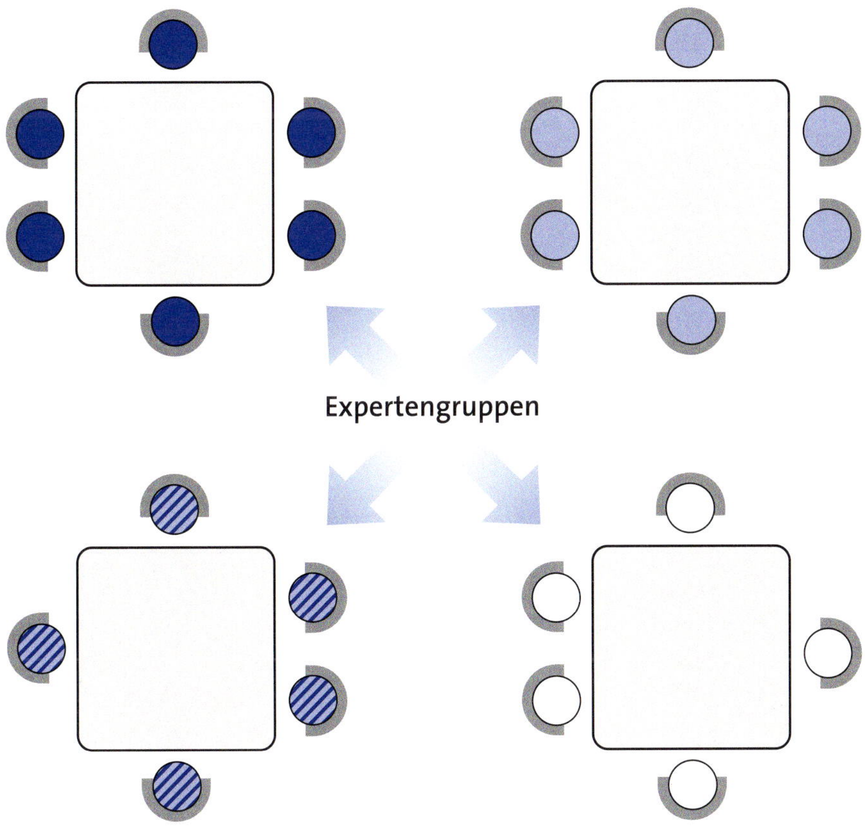

Phase 1:

✔ Jede Expertengruppe bearbeitet ihren jeweiligen Arbeitsauftrag.

✔ Anschließend muss jedes Gruppenmitglied mit den Arbeitsergebnissen vertraut sein.

Wechsel

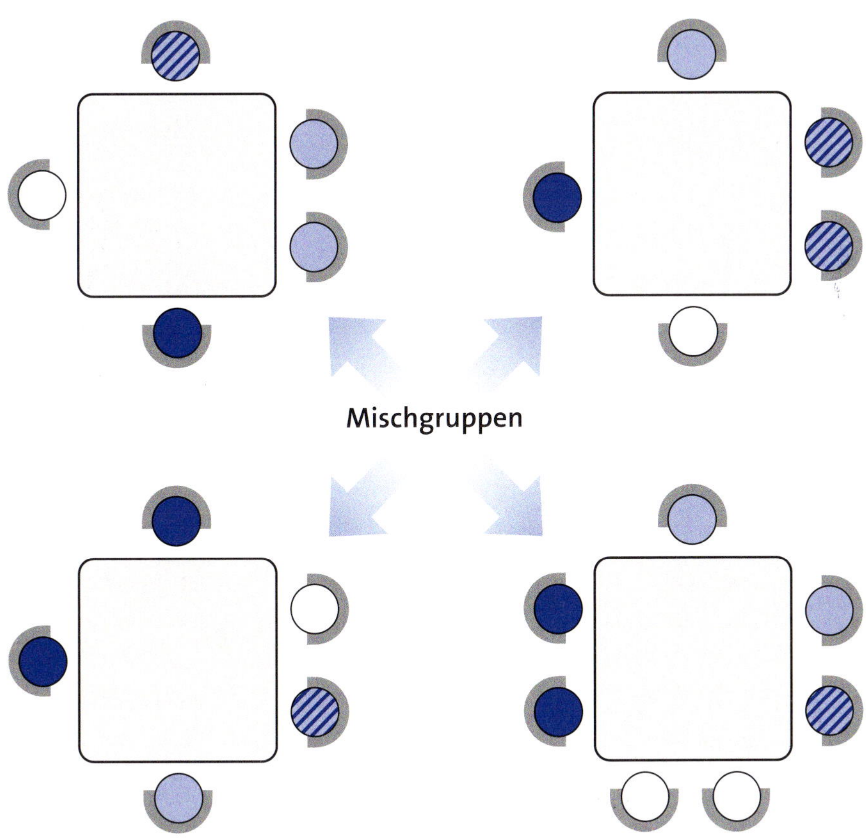

Phase 2:

✔ In den Mischgruppen muss immer mindestens ein Vertreter jeder Expertengruppe sein.

✔ Die in den Expertengruppen erarbeiteten Ergebnisse werden ausgetauscht, erläutert und in die eigenen Unterlagen übernommen.

Checkliste für den „Master of Ceremony" zur Organisation des Poetry Slams[1]

Ablauf

- Zeitplan (Beginn, Ende, Pausen) aufstellen
- Anzahl der Runden (Qualifikation in Gruppen, Finalrunde) festlegen
- Startliste der Live-Poeten („Slammer") erstellen

Räumlichkeiten

- technische Voraussetzungen (Mikrofon, Lautsprecher, Musikanlage) überprüfen bzw. schaffen
- Bühne (Lampe, Bilder, Stuhl/Hocker) gestalten

Musik/DJ

- Musikauswahl für die Pausen treffen und Play-List zusammenstellen
- akustisches Signal zum Ende der Redezeit vereinbaren

Unterhaltungsprogramm

- Vorprogramm zur Einstimmung des Publikums planen
- evtl. Special-Guests einladen
- Witze bzw. Sprüche für die Moderation überlegen

Bewertung/Siegerehrung

- Regeln (Zeitlimit, Regelverstoß, Bewertung) zusammenstellen[2]
- ggf. Stimmzettel vorbereiten
- witzige „Preise" (mit symbolischem Wert) besorgen

---

[1] Nähere Informationen zum Poetry Slam sind im Internet unter www.arte.tv/de/Kultur-entdecken/Poetry-Slam/Poetry-Slam-von--A-Z-/1773528,CmC=1763232.html (Stand: 23.08.2010) zu finden.

[2] Entsprechende Anregungen sind auf den Internetseiten der verschiedenen Veranstalter von Poetry Slams zu finden, wie z. B. das Regelwerk des Vereins Dichterschlacht e.V., das unter www.dichterschlacht.de hinterlegt ist.

Bewertungsbogen für die Performance der Live-Poeten („Slammer")

Inhalt
(Thema und dessen Umsetzung, Bezug zum Drama, inhaltliche Höhepunkte, Stimmung dem Inhalt angemessen usw.)

sehr schlecht	❑	❑	❑	❑	❑	❑	❑	❑	❑	❑	❑	sehr gut
	0	1	2	3	4	5	6	7	8	9	10	

Bemerkungen: ______________________________

____

Sprache
(Artikulation, Rhythmus, Klang, Lautstärke, Betonung, wirkungsvolle Sprechpausen, Aufbau von Spannung usw.)

sehr schlecht	❑	❑	❑	❑	❑	❑	❑	❑	❑	❑	❑	sehr gut
	0	1	2	3	4	5	6	7	8	9	10	

Bemerkungen: ______________________________

____

Körpersprache
(Mimik, Gestik und Körperhaltung angemessen, Blickkontakt, sicheres Bewegen auf der Bühne usw.)

sehr schlecht	❑	❑	❑	❑	❑	❑	❑	❑	❑	❑	❑	sehr gut
	0	1	2	3	4	5	6	7	8	9	10	

Bemerkungen: ______________________________

____

Performance insgesamt
(frei und ohne Fehler, Originalität, Einbeziehen des Publikums, Einhaltung der Slam-Regeln usw.)

sehr schlecht	❑	❑	❑	❑	❑	❑	❑	❑	❑	❑	❑	sehr gut
	0	1	2	3	4	5	6	7	8	9	10	

Bemerkungen: ______________________________

____

Gesamtpunktzahl: ________ Punkte von max. 40

Platzierung: ________

Literaturverzeichnis

Das Literaturverzeichnis enthält zunächst eine Auswahl an Werken, die einen generellen Überblick über den Roman „Agnes" verschaffen (Abschnitt 7.1) und somit Hilfestellungen für das Gesamtverständnis dieses Textes geben. Im Folgenden sind die jeweiligen Quellen aufgeführt, die der Einführung in die jeweiligen Untersuchungsaspekte dienen (Abschnitt 7.2) und letztlich für die Erarbeitung der Bausteine verwendet wurden.

Allgemeine Quellen

Bethke-Bunte: Peter Stamm: Agnes. In: Schurf, Bernd/Wagener, Andrea (Hrsg.), Texte, Themen und Strukturen. Kopiervorlagen. Cornelsen Verlag. Berlin 2011.

Dautel, Klaus: Peter Stamm: Agnes. Praxisbericht und Arbeitsvorschläge. In: URL: www.zum.de/Faecher/D/BW/stamm/ (Stand: 26.05.2011)

Möckel, Magret: Erläuterungen zu Peter Stamm: Agnes. In: Bange Verlag (Hrsg.), Königs Erläuterungen und Materialien. Band 405. Hollfeld 2001.

Rowinska-Januszewska, Barbara: Liebe, Tod und virtuelle Realität. Zum Roman *Agnes* von Peter Stamm. In: Komorowski, Dariusz (Hrsg.), Jenseits von Frisch und Dürrenmatt. Studien zur gegenwärtigen Deutschschweizer Literatur. Verlag Könighausen & Neumann. Würzburg 2009, S. 95–108.

Quellen zu den einzelnen Bausteinen

zu Baustein 1 (Einstieg in den Roman)

Haas, Gerhard: Handlungs- und produktionsorientierter Literaturunterricht. Theorie und Praxis eines „anderen" Literaturunterrichts für die Primar- und Sekundarstufe. Sonderband Praxis Deutsch. Kallmeyer'sche Verlagsbuchhandlung. Seelze 1997.

zu Baustein 2 (Liebe als zentrales Thema des Romans)

Courthion, Pierre: Georges Seurat. DuMont Verlag. Köln 1991.

Doelker, Christian: Ein Bild ist mehr als ein Bild. Visuelle Kompetenz in der Multimedia-Gesellschaft. 3., durchgesehene Auflage. Klett-Cotta Verlag. Stuttgart 2002.

Dudenverlag: DUDEN Abiturhilfen. Kunstgeschichte II. 19. und 20. Jahrhundert. Mannheim.

Düchting, Hajo: Wie erkenne ich? Die Kunst des Impressionismus. Belser Verlag. Stuttgart 2003.

Frisch, Max: Tagebuch 1946–1949. Suhrkamp Verlag. Frankfurt am Main 1950.

Fromm, Erich: Die Kunst des Liebens. Deutscher Taschenbuch Verlag. München 2011.

Klant, Michael/Walch, Josef: Praxis Kunst. Malerei. Materialien für den Sekundarbereich I und II. Schroedel Verlag. Braunschweig 1997.

Luhmann, Niklas: Liebe. Eine Übung. Suhrkamp Verlag. Frankfurt am Main 2008.

Peirano, Julia: Der Einfluss des Beziehungspersönlichkeitsprofils auf die Beziehungszufriedenheit und das Paarklima. Hamburg 2008. Zitiert nach URL: ediss.sub.uni-hamburg.de/volltexte/2008/3684/pdf/doktorarbeitinternet.kurz.pdf (Stand: 23.07.2011)

Reckefuß, Elke: „Agnes" von Peter Stamm. Die (mögliche) Auflösung einer Identität. In: Oldenbourg Schulbuchverlag (Hrsg.), Deutschmagazin. Nr. 5/2004. München 2004, S. 45–50.

Scheller, Ingo: Wir machen unsere Inszenierungen selber (I). Szenische Interpretation von Dramentexten. Theorie und Verfahren zum erfahrungsbezogenen Umgang mit Literatur und Alltagsgeschichte(n). Zentrum für pädagogische Berufspraxis der Carl-von-Ossietzky-Universität Oldenburg. Oldenburg 1993.

Scheller, Ingo: Szenisches Spiel. Handbuch für die pädagogische Praxis. Cornelsen Verlag Scriptor. Berlin 1998.

Stamm, Peter: „Ich kann nicht lieben, weil ich will." Die freie Liebe ist gescheitert, aber um die unfreie steht es nicht viel besser. In: Redaktion NZZ Folio (Hrsg.), NZZ Folio. Die Zeitschrift der Neuen Zürcher Zeitung. Thema: Freiheit. Nr. 12 vom 01.01.2006. Zürich 2006, S. 74.

Stamm, Peter: Vom Glück des Butterbrotstreichens. Der Schweizer Autor Peter Stamm über verpasste Gelegenheiten, das Glück im Leben und die Schönheit von Plattenbauten. In: Büchergilde Gutenberg (Hrsg.). Interview Teile 1 und 2. Frankfurt am Main o.J. Zitiert nach URL:
www.buechergilde.de/archiv/exklusivinterviews/stamm_teil1.shtml (Teil 1)
www.buechergilde.de/archiv/exklusivinterviews/stamm_teil2.shtml (Teil 2)
(Stand: 20.07.2011)

zu Baustein 3 (Postmodernes Erzählen)

Borchmeyer, Dieter/Zmegac, Viktor: Moderne Literatur in Grundbegriffen. Max Niemeyer Verlag. Tübingen 1994.

Dreier, Ricarda: Peter Stamm: *Agnes* – Die literarische Konstruktion von Wirklichkeit. In: Lange, Günter/Ziesenis, Werner (Hrsg.), Deutschdidaktik aktuell. Band 19: Literatur der 90er-Jahre in der Sekundarstufe II. Schneider Verlag Hohengehren. Baltmannsweiler 2005, S. 101–122.

Einecke, Günther/Nutz, Maximilian: deutsch.kompetent. Zielgerichtet zum Abitur. Ernst Klett Verlag. Stuttgart/Leipzig 2009.

Migner, Karl: Zur Theorie des modernen Romans. Kröner Verlag. Stuttgart 1970.

Raab, Alexander/Oswald, Ellen: Postmodernes Erzählen. In: Mentor Verlag (Hrsg.), Das Parfum – Inhalt, Hintergrund, Interpretationen. 3. Auflage. München (1999), S. 30–33.

Schuenke, Christa: William Shakespeare: Die Sonette. Zweisprachige Ausgabe. Mit einem Essay und Literaturhinweisen von Manfred Pfister. 5. Auflage. Deutscher Taschenbuch Verlag. München 2009.

Stamm, Peter: Literatur muss nackt sein. In: Neue Zürcher Zeitung. Ausgabe vom 26.09.2009. Zitiert nach URL:
www.nzz.ch/nachrichten/kultur/aktuell/literatur_muss_nackt_sein_1.3675255.html
(Stand: 08.09.2011)

Zeller, Rosmarie: Der Neue Roman in der Schweiz. Die Unerzählbarkeit der modernen Welt. Universitätsverlag. Freiburg (CH) 1992.

zu Baustein 4 (Rezeption und Wirkung)

Doering, Sabine: Eiswinde in Chicago. An der Literatur erfroren: Peter Stamms gelungener Debüt-Roman. In: Frankfurter Allgemeine Zeitung. Ausgabe Nr. 94 vom 23.04.1999, S. 42.

Hamm, Peter: Der Tod der erzählten Frau. In: Focus. Jg. 1998. Ausgabe Nr. 47 vom 16.11.1998, S. 184.

Stamm, Peter: Peter Stamm. Texte aller Art. Winterthur o.J. Zitiert nach URL: www.peter-stamm.ch (Stand: 02.07.2011).

Ukena, Silja: Wenn das Leben zum Zwang wird. In: Hamburger Abendblatt. Ausgabe Nr. 292 vom 15.12.1998, o.S.

EinFach Deutsch

Unterrichtsmodelle

Herausgegeben von Johannes Diekhans